中小学海洋意识教育
班会活动设计与实施

宋秋前　张志萍　范　群 ◎ 主编

海洋出版社

2017年·北京

内 容 简 介

主要内容：班会课是中小学教育活动成功开展的重要抓手，如何利用好班会课、创新班会课形式，积极推动海洋意识教育活动开展，是促进海洋意识教育进课堂的有益探索和捷径。本书以海洋意识教育特色班会活动设计与实施为切入点，分五个专题：初识海洋、海洋文化、海洋安全、海洋环保与海洋经济，详细介绍了 30 余个海洋意识教育主题班会活动实施方案。为使读者在使用该书时更好地了解主题班会活动的设计思想和活动安排，使班会活动主题鲜明、富有意义，每个活动的设计和实施都包括了活动理念、活动目标、活动准备、活动过程和活动反思等部分，有些还提供了开展活动所需的相关资料。

本书特色：本书由长期从事基础教育课程与教学理论、教师教育、中小学班级教育与管理的著名专家，长期从事中小学教育并荣获全国优秀教师、全国中小学优秀班主任等荣誉称号的多名一线教师组成作者团队，倾力打造。本书通过中小学学生熟悉而又喜闻乐见的主题班会课这一载体来开展海洋意识教育活动，是对中小学海洋意识教育活动方式的一大创新。书中所列主题班会活动，全部经过多所中小学的主题班会课长期探索与实践，通过实际的教学活动不断地检验、完善与提高，主题活动的设计具有很强的指导性和可操作性。

适用范围：本书可作为中小学教师的教学参考书，也可作为教育工作者、海洋意识教育推动者的参考读物。

图书在版编目 (CIP) 数据

中小学海洋意识教育班会活动设计与实施 / 宋秋前，张志萍，范群主编 .—北京：海洋出版社，2017.2
ISBN 978-7-5027-9692-1

Ⅰ . ① 中… Ⅱ . ① 宋… ② 张… ③ 范… Ⅲ . ① 海洋 － 科技意识 － 教学活动 － 课程设计 － 中小学
Ⅳ . ① G633.73

中国版本图书馆 CIP 数据核字 (2017) 第 019428 号

责任编辑：郑跟娣	发 行 部：010-62132549 010-68038093
责任校对：肖新民	总 编 室：010-62114335
责任印制：赵麟苏	网 址：www.oceanpress.com.cn
出版发行 海洋出版社	承 印：北京朝阳印刷厂有限责任公司
地 址：北京市海淀区大慧寺路 8 号	版 次：2017 年 2 月第 1 版
邮 编：100081	印 次：2017 年 2 月第 1 次印刷
开 本：787mm×1092mm 1/16	印 张：17.5
字 数：360 千字	定 价：49.00 元

本书如有印、装质量问题可与本社发行部联系调换

本社教材出版中心诚征教材选题及优秀作者，邮件发至 hyjccb@sina.com

前　言

　　党的十八大提出，要提高海洋资源开发能力，发展海洋经济，保护海洋生态环境，坚决维护海洋权益，建设海洋强国。2013年7月30日，习近平总书记在中共中央政治局就建设海洋强国进行第八次集体学习时强调指出，我们要着眼于中国特色社会主义事业发展全局，统筹国内国际两个大局，坚持陆海统筹，坚持走依海富国、以海强国、人海和谐、合作共赢的发展道路，通过和平、发展、合作、共赢的方式，扎实推进海洋强国建设。海洋强国目标要求的提出，表明开发、利用和保护海洋，建设海洋强国，已经成为我国重要的发展战略。

　　近年来，随着我国"海洋强国"发展战略的深入实施和海洋事业的不断发展以及钓鱼岛、南海等海洋主权问题的凸显，有关海洋意识教育的研究和实践日益引起人们的重视，研究成果逐渐丰富。在CNKI数据库中对"海洋意识"进行"主题检索"时发现，2001—2014年的论文数量分别为31、20、11、14、26、26、27、33、39、42、40、85、107、99篇，总体呈逐年增加趋势。同时，研究主题也逐渐扩展。综合来看，我国海洋意识教育的研究主题主要集中在以下几个方面：第一，海洋意识含义研究；第二，海洋意识的类型及其指标体系研究；第三，我国国民海洋意识的现状调查研究；第四，我国海洋意识宣传教育中存在的问题及对策研究。

　　就中小学海洋意识教育而言，近年来我国各地尤其是舟山、厦门、青岛和北京等地开展了大量的研究和实践活动。2014年，由海军政治部、国家海洋局宣传教育中心等七家单位联合主办的北京学生海洋教育年主题系列活动更是把中小学生海洋意识教育推向新的高度。概而言之，我国中小学海洋意识教育研究和实践取得的成果主要如下。

　　第一，编写出版了一系列教材和读本（音像制品）。比较重要的有：舟山市普陀区组织编写的《现代海洋教育读本》系列教材（上海科学技术出版社，

2014）、国家海洋局宣传教育中心组织编写的《我们的海洋》系列教材（中国海洋大学出版社、海洋出版社，2014）、国家海洋局等联合摄制的纪录片《走向海洋》（2011）、北京海洋科普教育中心等组织编写的《探索海洋》《认识海洋》（海洋出版社，2010）、青岛市市南区教体局编写的《少年海洋科普活动（1-6年级）》（海洋出版社，2002）、浙江省定海区教育教学研究中心组织编写的《海洋知识读本》（1998）等。

第二，开设了以海洋意识教育为主旨的校本课程或地方课程。1998年，浙江省舟山市虾峙镇中心小学开展了"小学海洋教育课程研究"课题，初步构建了以海洋教育活动课为主的小学海洋教育课程体系；1998年，浙江省舟山市定海区小学以《中小学海洋教育实践与研究》课题为载体，历时6年时间完成了更具操作性的综合性海洋教育课题，在中小学开设相关课程教学活动；2011年，山东省把《海洋教育》列入地方课程，并组织编写了《海洋教育》教材；厦门市科技中学等学校近年来一直向学生开设《认识海洋生物》《海洋中的物理知识》《海洋趣闻》《海洋体育》等系列校本选修课程；北京市海淀区向东小学（现中国农业科学院附属小学气象路校区）一直向学生开设《走进海洋》等校本课程。

第三，开展系列社会实践活动。这些活动主要与我国海洋教育的有关论坛、会议等活动结合进行。重要的有世界海洋日暨全国海洋宣传日、国际海洋城市论坛、全国大中学生海洋知识竞赛等活动，各地都有中小学生参与的报道。

上述研究和实践成果表明，我国的海洋意识教育在理论和实践上都取得了重要成绩。然而我们也要看到，我国的海洋意识教育研究和实践与建设海洋强国要求相比仍较薄弱，有待进一步的探索和努力。在CNKI数据库中对"海洋意识教育"进行"主题检索"时发现，在1997年到2009年十余年的时间里，论文数量每年都只有1～2篇，2010年后有所增加，但年均论文也不足8篇。这些数据表明，我国的海洋意识教育研究虽呈明显上升趋势，但总体上仍比较薄弱。总体而言，目前我国中小学生的海洋意识教育研究和实践主要集中于教材和读本编写、校本课程开设和社会活动参与，其活动形式总体上是授-受式的，缺乏学生的主动参与和系统探究。

针对这些问题，近年来浙江海洋大学与舟山教育学院紧密合作，从中小学生实际出发，认真研究和系统建构中小学海洋意识教育班会活动的内容、形式、方法和实施途径，在地方中小学校广泛开展海洋意识教育主题班会活动。中小学海洋意识教育系列班会活动的设计和有效实施，较好地弥补了传统海洋教育存在的问题和不足，提高了学生参与教育活动的主动性、探究性和有效性，对培养中小学生海洋意识产生了重要影响。

实践表明，结合实际情况开展中小学海洋意识教育系列主题班会活动，对改进海洋意识教育方式、拓展海洋意识教育渠道和培养学生海洋意识都具有重要的作用。

首先，班会活动是开展海洋意识教育的重要载体和有效途径。组织得好的海洋教育班会活动是海洋意识教育的重要载体，是提高学生海洋意识、增进海洋知识、培养海洋情感的有效途径，是学生接受海洋教育的"黄金强档"。

其次，海洋意识教育班会活动可以改进中小学海洋意识教育的方式，提高海洋意识教育的效果和质量。长期以来，我国不仅对中小学生海洋意识教育的重视程度不够，而且从已经开展的一些教育活动情况来看，其活动方式也主要是对"课程知识"的"传授"，缺乏学生主动的参与和探究学习，因而常常出现既加重学生学习负担又难以激发学习兴趣和保证学习效果的问题。以班级活动方式开展中小学生海洋意识教育，充分利用"活动"的优势和特点，引导中小学生在活动中自主学习、自我教育、合作探究，是对传统海洋意识教育活动方式的补充和改进，有利于提高中小学生海洋意识教育的实际效果。

再次，通过班会活动对中小学生开展海洋意识教育是提高我国国民素质的紧迫任务。近年来，我国周边海域争议不断，维护海洋权益形势十分严峻。但是，我国国民的海洋意识却十分淡薄，海洋意识教育也没有引起足够的重视，特别是青少年海洋意识培养没有形成完整的教育体系。由《中国青年报》发起的一项包括大学生在内的"中国青年蓝色国土意识"大型调查显示，只有30.5%的被调查者知道我国国土除陆地外还有300多万平方千米的主张管辖海域，能说出我国四大岛屿的被调查者仅占27.8%。因此，通过班会活动对中小学生开展海洋意识教育是提高我国国民素质的紧迫任务。

鉴于中小学海洋意识教育班会活动的价值和意义，我们把近年来开展得比较成功的海洋意识教育主题班会活动汇集起来，编辑出版《中小学海洋意识教育班会活动设计与实施》。这既对我们近年来开展的海洋意识教育主题班会活动进行了总结，也为今后更好地开展相关活动积累经验和提供借鉴。

本书共五个专题，分别为初识海洋、海洋文化、海洋安全、海洋环保与海洋经济。为使教师在使用本书时更好地了解主题班会活动的设计思想和活动安排，使班会活动主题鲜明、富有意义，每个活动的设计和实施都包括了活动理念、活动目标、活动准备、活动过程和活动反思等几个部分，有些还提供了开展活动所需的相关资料。

需要说明的是，本书内容具有很强的地方特色，大多围绕舟山市的渔、海、景等介绍，但本书所介绍的海洋意识教育活动开展的方案和经验却可以作为中小学海洋意识教育活动实施的范本，向全国中小学推荐。各地中小学在开展班会活动时，可适当进行内容替换，以突出本地海洋教育特色。另外，在具体实践中，教师应特别注意以下几点：第一，活动的开展要以中小学生身心发展特点为依据，结合不同年级学生学科知识的学习进度、教育任务，系统整体设计主题鲜明、内容充实、形式活泼、前后连贯的海洋意识教育系列班会活动，使海洋意识教育活动系列化和科学化，使相关活动既有一定的内在联系和螺旋上升性，又不出现简单的重复教育现象；第二，相关教育活动的开展要适合不同学校的具体实际，不能照搬照抄书中的具体做法；第三，要正确处理海洋意识教育班会活动与学校开展的海洋意识教育校本课程教学的关系，使之互相配合，协同育人。

本书由宋秋前、张志萍、范群主编。各专题作者如下：专题一　初识海洋。①我的名字叫海洋/徐静飞；②大海的脾气/徐静飞；③与海洋"居民"交朋友/陈娜；④奇妙的海洋共生族/陈娜；⑤关爱海洋朋友/张洁；⑥领略海洋之美/干赛红。专题二　海洋文化。①舟山渔歌号子/陈英英；②小手绘海洋/柴雪南；③接力海洋文化　传承海洋艺术/江南青；④历史悠久的海神信仰/干赛红；⑤美丽的沙雕/何艳波；⑥巧手剪纸，话说海洋/钟艳；⑦直挂云帆济沧海——"船文化"主题活动/范群；⑧"蛟龙腾飞，福佑东海"开捕节启动仪式/范群；⑨走进海洋诗歌/吴琼；⑩走进海洋文学/范群；⑪走进渔民画，读懂沧海桑田/杨晓芳；⑫与海洋电影结缘/邵斌。专题三　海洋安全。①蓝色的保卫/陈静；②携手共护我们的海洋权益/何燕，黄燕；③生于忧患，死于安乐——"强我海防"主题班会活动/张优波，黄燕。专题四　海洋环保。①我是海洋小卫士/沈燕；②鱼儿都去哪儿了/沈晓静；③海洋渔业的保护/戴承惠；④为了那片蔚蓝色的深情/缪芳芳；⑤和海洋污染说再见/严瑾瑾；⑥保护海洋，从我做起/尹恩芳。专题五　海洋经济。①舟山"四大鱼产"资源的保护与开发/胡妙红；②走进跨海大桥/虞莺燕；③走进舟山海味小吃/徐婉霞；④神奇的海水/叶海燕；⑤我是海岛小导游/邱璐璐；⑥遇见海岛民宿/邵斌；⑦平安出航，鱼虾满仓——海上安全主题教育活动/邵斌。

本书由浙江海洋大学教材出版基金资助出版。在本书编写和出版过程中，得到了浙江海洋大学程继红处长、王健鑫副处长、包镕副处长的大力支持和帮助。在此，本书全体编者向他们表示衷心的感谢。

本书在编写过程中，参阅和引用了大量相关的研究成果，在此谨向有关作者表示诚挚的谢意。

由于编者水平所限，不足之处诚望广大读者批评指正。

编　者

2016.7

目　录

专题一　初识海洋

　　海洋约占地球表面积的71%，是孕育地球生命和人类文明的摇篮。它浩瀚辽阔，美丽壮观，与大陆、岛屿相拥相偎，共同在地球上构成了一幅绚丽画卷；它物产丰富，是个名副其实的聚宝盆，为人类带来充足的食物、能源和矿产；它生机勃勃，是无数动植物的家园，那里生活着珊瑚、海藻、海豚、海豹等种类繁多的生物；它是人类的朋友，无私地向人类奉献着自己拥有的一切，但发起脾气咆哮起来也会给人类带来巨大的灾难；它变幻莫测，神奇无比，充满无数尚待探求的未知和奥秘……21世纪是海洋的世纪，认识海洋、开发海洋、利用海洋、保护海洋成为响遍全球的号角和声势浩大的行动。

　　让我们的海洋意识教育主题班会首先走进这个充满神奇和奥秘的海洋世界，对它做一初步的认识吧。

　　本专题共设六个主题班会，分别是"我的名字叫海洋""大海的脾气""与海洋'居民'交朋友""奇妙的海洋共生族""关爱海洋朋友""领略海洋之美"，活动对象主要是小学低年级段学生。本部分主题班会旨在通过生动的故事讲述、直观的视频图片展示和学生全员主体参与活动，使学生对海洋的形成、海洋的性格、海水的味道、海洋的动植物等有个初步的认识，并初步培养和激发学生热爱大海、关爱大海、向往大海和探索大海的兴趣。

第1课　我的名字叫海洋

【活动理念】

　　地球大部分被海水覆盖，是一个"蓝色水球"，我们就生活在这个"蓝色水球"上。曾经，我们用罗盘观星辨向，乘三桅帆船漂洋过海去寻觅新的大陆，风帆和蒸汽机推动着船在一望无际的大海上航行，现代动力设备让我们得以航行远方、解开关于海洋的秘密。21世纪是海洋的世纪，探索、开发、利用、保护海洋已成为世界各国的共同行动。党的十八大更是提出要进一步关心海洋、认识海洋、经略海洋，推动我国海洋强国建设，不断取得新成就。

　　本次主题活动的对象是低年级学生，旨在通过生动的故事、直观的视频和图片，使学生进一步了解什么是海洋，海洋是怎样形成的，大海为什么是蓝色的，海水的味道以及五大洋的由来及特点，让他们更多地了解海洋，认识海洋，对海洋产生浓厚的兴趣，从而走进海洋，保护海洋，宣传海洋，利用海洋，让伟大的"中国梦"从海洋起飞。

【适用年级】

　　二年级。

【活动目标】

　　（1）认知目标：通过活动初步认识海洋，知道什么是海洋，了解五大洋以及海水的味道。

　　（2）行为目标：初步了解海洋的形成，能够说出五大洋的名称和基本特点。

　　（3）情感目标：初步培养学生热爱大海、热爱祖国的情感，增强海洋意识，树立现代海洋价值观。

【活动准备】

　　教师：多媒体课件、图片与其他资料，实验工具和材料。

　　学生：了解有关世界海洋日暨全国海洋宣传日的由来以及世界海洋日的主题，了解有关五大洋的资料以及海水作用的资料。

**【活动过程】**

一、知道什么是海洋

播放《大海啊，故乡》

同学们，听了这首歌，你有什么感受？

是呀，大海是我们的故乡，我们要了解大海。

1."我"是这样形成的

出示图片：同学们，在茫茫的宇宙中，飘浮着一颗美丽的"水球"，那就是我们的地球。你们知道蓝色的、黄色的、绿色的部分各代表什么吗？

蓝色的部分是海洋。地球上大部分地区被蓝色的海水覆盖着，所以可以称其为"蓝色水球"。

黄色的和绿色的部分是陆地。

是呀，地球上约71%都被海洋覆盖着，那些蓝蓝的彼此相通的广大水域——海洋，是怎样形成的呢？

（观看视频：《海洋是怎样形成的》）

教师小结

就这样，因为火山喷发，下了大雨，落到地面上的大量雨水都向低处流淌，最后聚集在低洼的地方，就形成了海洋。

海洋是地球上最广阔的水体的总称，海洋的主体部分称作洋，洋远离陆地，洋的面积大、水深。海洋的边缘部分称作海，海靠近陆地，面积小、水浅。海和洋彼此沟通组成统一的水体。

海洋是人类热爱的"蓝色家园"！

2. "我"为什么是蓝色的

舀一勺海水看看,海水既不是蓝色的,也不是白色的,海水就像自来水一样,是无色透明的。是谁给大海涂上了颜色呢?(观看视频:《海水为什么是蓝色的》)

教师小结

是谁给大海涂上了颜色呢?这是太阳光变的戏法。太阳光是由红、橙、黄、绿、青、蓝、紫七种颜色的光组成的。当太阳光照射到大海上,红光、橙光这些波长较长的光,能绕过一切阻碍,勇往直前。它们在前进的过程中,不断被海水和海里的生物所吸收。而像蓝光、紫光这些波长较短的光,虽然也有一部分被海水和海藻等吸收,但是大部分一遇到海水的阻碍就纷纷散射到周围去了,或者干脆被反射回来了。我们看到的就是这部分被散射或被反射出来的光。海水越深,被散射和反射的蓝光就越多,所以,大海看上去总是碧蓝碧蓝的。

3. 涂一涂

让我们把"地球"上的海洋找出来,快来涂一涂。

我发现地球上的海洋是相互联通的,把地球表面分10份的话,海洋占7份,让我们快来涂一涂吧。(把海洋的部分用蓝色水彩笔涂上)

二、认识五大洋

从太空往下看，有辽阔的太平洋，有形状像哑铃一样的大西洋，有热乎乎的像山芋一样的印度洋，还有像冰激凌一样的北冰洋，风景真是太美太美了！它们像一颗颗巨大的宝石镶嵌在地球上，一个个光彩夺目！

1. 找出太平洋、大西洋、印度洋和北冰洋的位置

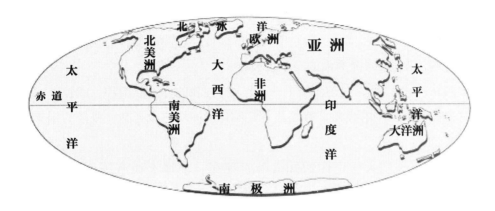

同桌合作在地球仪上找出太平洋、大西洋、印度洋、北冰洋的位置。

2. 初识五大洋

我有五个兄弟姐妹，分别是大哥——太平洋、二哥——大西洋、三哥——印度洋、四妹——北冰洋、五妹——南大洋，你们想了解我们吗？请听我的介绍。

（1）认识大哥——太平洋：我是大哥——太平洋，你们知道我的来历吗？（听故事）

1519年9月20日，麦哲伦率领西班牙探险队从西班牙出发，沿大西洋向西，开始环球航行。一年多以后，他们的船队来到了南美洲的南端。在沿南美海岸航行过程中，他们突然发现海岸一分为二，麦哲伦便命令船队顶着惊涛骇浪驶进了一个海峡。经过38天的艰苦奋斗，他们终于战胜狂风巨浪，绕过险滩暗礁，平安地驶过了海峡。这时，一片茫茫无际的大洋又在他们眼前出现了。海水浩浩荡荡，舒缓平静。麦哲伦的船队又经过3个月的航行，从南美洲越过关岛，来到菲律宾群岛。在航行中，始终没有遇到一次大的风浪，海洋十分平静。队员们高兴地说："这里真是个太平之洋呀！"从此，人们就把美洲、亚洲和大洋洲之间的一片大洋，叫作"太平洋"。

你们知道我的形状是什么样的吗？有什么特点呢？

我的形状大致近于圆形。我还是世界上最大的海洋，比地球上陆地总面积还大1/5，

也是世界上最大、最深、岛屿最多的大洋。

（2）认识二哥——大西洋：我是二哥——大西洋，我的"大西"一词，出自古希腊神话中大力士阿特拉斯的名字。传说阿特拉斯住在大西洋中，能知任何一个海洋的深度，有擎天立地的神力。1845年，伦敦地理学会把我所在的区域统一定名为大西洋。

我是世界第二大洋，呈"S"形。我可厉害了，全世界一半以上的渔场都在我这里。

（3）认识三哥——印度洋：我是三哥——印度洋，我的形状呈三角形，我的石油产量世界闻名，我还有风光秀丽的马尔代夫。

（4）四妹——北冰洋：我是四妹——北冰洋，我的样子圆圆的，我在地球的最北端，我这里有离奇梦幻的极光，有漂移不定的巨大冰块，我还是北极熊的乐土、因纽特人的家园。

（5）五妹——南大洋：你们知道吗？现在，地球上还有第五大洋，它就是"我"——南大洋，快去找找看，"我"在哪里？

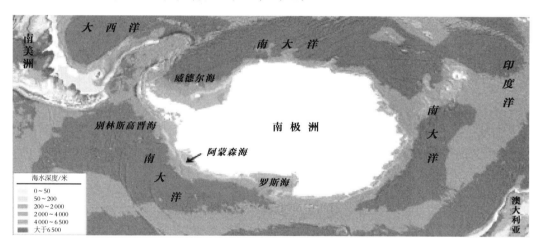

虽然我比北冰洋大，但是因为我是在2000年春天才被国际水文组织命名的，所以我只能是五妹了。我的水非常深，水深大都在4 000～5 000米，我还有很多强烈的风暴和巨大的海浪。

3. 我来演

"大洋之星"比赛开始了，参赛队员分别是：太平洋、大西洋、印度洋、北冰洋、南大洋。每个"大洋之星"都要认为自己是最棒的。

先在小组里比赛，各小组推选出来一名成员，在全班比赛。

例：我是太平洋，我的样子（   ），我的由来（   ），我的特点（   ）。

三、海水的味道

1. 了解海水为什么是咸的

（1）说一说：我们生活在大海边，夏天有的同学在爸爸妈妈的带领下，到大海里游泳。游泳的时候海水可能呛到嘴里，哪个同学有这样的经历？快告诉我们你尝到的海水是什么味道的？

（2）尝一尝：老师出示准备好的三杯水：一杯白开水，一杯糖水，一杯海水，让学生舔一舔，尝一尝。然后说说三杯水各是什么味道。

（3）猜一猜：现在我们都知道海水是咸的，请同学们大胆猜一猜：海水为什么是咸的？

（4）看视频：《海水为什么是咸的》。哦，原来海水是这样变咸的。

2. 人为什么不能喝海水

（1）讨论人为什么不能喝海水。

鱼儿为什么能"喝"海水？我们口渴了，为什么不能喝海水？

（2）看视频：《人为什么不能喝海水》。

原来海水中含盐太多，这么多的盐是人体无法接受的，所以人不能喝海水。

3. 了解海水淡化

（1）结合《人为什么不能喝海水》中的故事，让我们来做个小实验验证一下海水中真的有盐吗？

（老师做演示实验，注意让学生观察）通过实验，师生明确海水中的水分蒸发后，剩下的白色粉末就是盐。从而确定海水中含有盐这个结论。

（2）海水淡化厂所采用的方法和我们一样吗？海水淡化对我们的生活有什么重大意义呢？（观看视频：《世界有名的海水淡化技术》）

4. 课外拓展

教师补充：海水每天都会输送大量的水蒸气，为陆地补充淡水资源，海水中含有多种微量元素。

我们在课外不妨去查查海水还有什么作用？

四、了解海洋宣传日

1. 出示图标

（1）认识这个图标吗？

它是世界海洋日暨全国海洋宣传日标志。

（2）你了解这个标志的寓意吗？

翻腾的海浪代表着海洋，寓意着"世界海洋日暨全国海洋宣传日"对海洋事业的发展将起到推波助澜的积极作用。飞翔的海鸥，寓意不断超越发展，预示着中国的海洋事业将获得新的腾飞。海鸥积极的态势，预示着海洋知识的宣传及推广必将取得丰硕的成果。地球，寓意"世界海洋日暨全国海洋宣传日"同步世界海洋日，中国的海洋宣传将得到长足的发展。标志外轮廓包含着字母"C"和"O"的造型，是China和Ocean的开头字母；同时，红色图形是字母"X"的意象，蓝色图形是字母"C"的意象，分别是"宣传"的两个拼音的开头字母。标志体现出中国海洋事业面向世界，腾飞发展的想象，又呈现出蓬勃向上、日新月异的内涵；表现了和谐稳定、快速发展、欣欣向荣的前景。

2. 你知道世界海洋日暨全国海洋宣传日的由来吗

小组汇报交流。

3. 你会连吗

连线：2009—2015年世界海洋日主题。

时　间　　　　　　　　　　　主　题

2009年　　　　"团结一致，我们就有能力保护海洋"

2010年　　　　"健康的地球，健康的海洋"

2011年　　　　"我们的海洋：机遇与挑战"

2012年　　　　"海洋与可持续发展"

2013年　　　　"我们的海洋，我们的责任"

2014年　　　　"建设海上丝路，联通五洲四海"

2015年　　　　"Our Oceans: greening our future"

4. 观看视频

欣赏首部以世界海洋日健康海洋为主题的海洋沙画表演视频。

5. 设计一条海洋宣传日口号

(1) 欣赏"全国海洋宣传日"口号。

①扬帆绿色奥运，拥抱蓝色海洋。

②海洋宣传日：一天的提醒，一生的行动。

③拥抱蓝色海洋，珍爱生命摇篮。

④生命从海洋开始，善待海洋从你我开始。

⑤民无海洋不富，国无海洋不强。

⑥坚持科学发展，构建和谐海洋。

⑦拥抱海洋，感恩海洋，善待海洋。

⑧手拉手保护海洋环境，心连心传承海洋文明。

⑨实施海洋强国战略，共图民族复兴大业。

⑩海洋，中国腾飞的加速器。

(2) 小组讨论设计一条海洋宣传日口号并交流。

结束语

　　同学们，通过本组的活动开展，我们初步了解了大海，认识了五大洋，还了解了世界海洋日暨全国海洋宣传日并对其进行了宣传，如果你还想进一步了解海洋，不妨课外去查阅资料或上网学习，这样你就能更多地了解海洋世界，从而热爱海洋，宣传海洋，利用海洋，让伟大的"中国梦"从海洋起飞。

【活动反思】

　　谈起蓝色的海洋，孩子们总是兴奋不已，大海不仅给人以辽阔壮丽的感受，还能勾起孩子们对海洋的种种遐想，鉴于学生们对海洋的特殊感受，再加上是低年级的学生，所以要从学生的视野出发来认识海洋，我们设计了这一单元。

　　因为是低年级的学生，所以在内容编排上，我们安排了：知道什么是海洋、了解五大洋、海水的味道、世界海洋日暨全国海洋宣传日的由来以及世界海洋日主题。在设计上主要有组织学生讨论、演一演、小组合作等多种方式，开展探究活动，交流、汇报探究成果。通过这样的活动既能培养学生热爱大海、热爱祖国的情感，增强海洋意识，树立现代海洋价值观，又能培养学生的交流与表达能力以及团结协作等各种综合能力。

　　在备课的过程中，我们想到：关于海洋的知识实在是太多了，要想学生在课堂上去学习、了解时间有限，那么让学生利用网络去查找是不是更合适呢？经过思考，我们选择了几个重点部分内容让学生利用网络去搜集资料。如有关世界海洋日暨全国海洋宣传日的由来以及世界海洋日主题的资料，有关五大洋的资料以及海水作用的资料。我们用提前制作的课件来引导学生了解海洋的知识，将一些能够帮助学生理解海洋重要性的资料查找出来，在课堂上，以图文并茂、视频呈现等方式激起低年级学生的兴趣，再加上让学生自己涂一涂，上台演一演，小实验做一做，设计一条海洋宣传日口号等，特别是通过实验探究，让学生体会海水如何淡化等环节，增加对海洋的兴趣。在设计过程中，我们注重对问题情景的创设，引导学生主动思考、阅读、讨论等。这些设计使学生热情高涨，了解了海洋世界，从而激发他们热爱海洋，宣传海洋，利用海洋，让伟大的"中国梦"从海洋起飞。

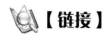 **【链接】**

世界海洋日暨全国海洋宣传日的由来以及每年主题

1993年，联合国教科文组织政府间海洋学委员会第17届大会通过了一项关于号召各国共同举办国际海洋年的决议。联合国认识到海洋、海洋环境、海洋资源和海洋可持续发展的重要性，1994年12月，在第49届大会上通过了这项由102个成员发起的决议，宣布1998年为"国际海洋年"。早在1998年"国际海洋年"期间，我国政府就积极参加国际社会为迎接"98'国际海洋年"而举办的各类活动，发布了《中国海洋政策白皮书》，并开展了系列宣传活动。

2008年，正值"国际海洋年"十周年，国家海洋局会同有关部门决定启动"全国海洋宣传日"活动，并将时间定于每年的7月18日，目的在于通过连续性、大规模、多角度的宣传，促进全社会认识海洋、关注海洋、善待海洋和可持续开发利用海洋，显著提高全民族海洋意识。

2008年12月5日，第63届联合国大会通过第111号决议，决定自2009年起，将每年的6月8日确定为"世界海洋日"。联合国秘书长潘基文就此发表致辞时指出，人类活动正在使海洋世界付出可怕的代价，个人和团体都有义务保护海洋环境，认真管理海洋资源。

为了进一步贯彻落实党中央、国务院"高度重视海洋工作和增强全民海洋意识"的指示精神，从2010年起，国家海洋局将全国海洋宣传日活动改期为每年的6月8日举行，并更名为"世界海洋日暨全国海洋宣传日"。

第2课　大海的脾气

 【活动理念】

海洋，是我们的家园，她辽阔、美丽，资源丰富，更是地球上所有生命共同的摇篮。它不仅美丽而神奇，还变幻无常又深不可测，通过本次活动使学生初步了解"大海的脾气"：大海有时平静，有时海浪滔天，会刮台风，会发生海啸。但是，人们也可以利用海浪来为人们服务。通过本次活动让学生更多地了解海浪的成因及类型，感知海浪与生活的关系，利用海洋，发展经济。

【适用年级】

二年级。

【活动目标】

(1) 认知目标：初步了解海浪的成因及类型，感知海浪与生活的关系。

(2) 行为目标：通过实验发现风是海浪形成的关键，初步了解如何预防台风与海啸。

(3) 情感目标：树立学生的环保意识，保护海洋，保护环境。

【活动准备】

教师：多媒体课件、图片与其他资料，实验工具和材料。

学生：了解一些有关台风、海啸的资料以及利用海浪发电的资料等。

【活动过程】

导言：同学们，你们见过大海吗？谁愿意说说你眼中的大海是什么样子的？

我认为大海是美丽的，温柔如妈妈！

我认为大海是可怕的，凶猛如狮子！

一、感受大海的脾气

让我们来听一听大海的声音。

1. 感受宁静的大海

出示平静的大海画面，以歌曲《大海摇篮》作为背景音乐。

同学们，讲讲你们都看到了什么？听到了什么？

2. 感受不宁静的大海

刚才的大海是美丽、平静的，可大海永远都是这么美丽、平静吗？我们再来听一段音乐，大海发生了什么变化？你的心情怎么样？

对呀，大海也有脾气，那是个多变的家伙，时而轻柔舒缓像妈妈，让人安心；时而波涛汹涌，巨浪滔天像狮子，让人害怕。

二、了解海浪的成因

同学们，大海发脾气，它用海浪在告诉我们它的喜怒哀乐，你知道海浪是怎样形成的吗？让我们来做个实验——海浪的形成与风有什么关系。

（1）准备：鼓风机、盛满水的鱼缸。

（2）实验：鼓风机对着鱼缸上面工作，鼓风机风力从小到大。

（3）学生观察水的波动与风力的大小。

（4）学生分小组通过讨论、对鱼缸进行吹气实验来初步感知风与浪的关系。

（5）初步得出结论：海浪的形成与风有关，海浪的大小与风力有关。

（6）可是海浪的成因并非只源于风，除了风，海浪的形成还与什么有关呢？让我们课后查阅一下相关的资料来了解吧。

教师总结

海水在外力的影响下，离开了原来的位置，向前、向后、向上、向下运动，就形成上下起伏的波浪。

三、海浪与我们的生活

同学们，海浪能给我们的生活带来什么呢？

1. 认识海浪对我们的作用

出示图片：利用海浪发电的图片和人们在冲浪时的图片。

你们看到人们利用海浪在干什么？

对的，人们利用海浪发电，利用海浪强健自己的身体，海浪给我们带来了许多好处。

2. 认识海浪带给我们的危害

同学们，海浪虽然给我们的生活带来了很多好处，但是，它也给我们带来了许多坏处。

巨浪可引起海上船舶倾覆、折断和触礁，摧毁海上平台，给海上运输和施工、渔业捕捞、海上军事活动等带来很大的危害。

巨浪可摧毁沿海的堤岸、海塘、码头、海水养殖设施等各类海工建筑物。

它是在台风、海啸等作用下形成的。

（1）初步认识台风。

什么是台风？中国台风博物馆在哪里？

对呀，你知道什么是台风？台风博物馆在哪里吗？

（出示图片）

台风实际上是强烈的热带气旋。热带气旋是发生在热带海洋上的强烈天气系统，它像在流动江河中前进的涡旋一样，一边绕着自己的中心急速旋转，一边随周围大气向前移动。

中国台风博物馆位于被誉为"浙江抗台第一坝"的岱山县枵门大坝北坝头，北临著名的大黄鱼故乡——岱衢洋，占地1 000余平方米，总投资350余万元，是集科研、科普教育、台风实时监测和旅游于一体的多功能现代化博物馆。该馆系我国首家以台风为主题的博物馆，也是中国首个灾难旅游景点，由岱山县人民政府发起建造。

同学们，我们知道，每年的7月到9月是台风最多的时候，台风会给我们的生活带来哪些危害，你知道吗？

在小组里说说你知道的台风的危害。

全班交流。

教师补充：1991年4月底，在孟加拉国登陆的台风曾经夺去了13.9万人的生命。我国是世界上受台风危害最多的国家之一，近年来，因台风而造成的年平均损失在百亿元人民币以上。(看台风过后的图片)

学生联系自己生活实际，交流如何做好防台风工作。教师补充。

（2）初步认识海啸。

同学们，台风给我们的生活带来了危害，海啸更是可怕。

海啸是指一种具有强大破坏力的海浪。海底发生地震，会引起海水剧烈的起伏，形成强大的波浪，向前推进，将沿海地带一一淹没。

让我们来看一看海啸的起因。（观看视频：《海洋系列——海啸的起因》）

（3）总结。

的确，海啸是一种灾难性的海浪，水下或沿岸山崩或火山爆发也可能引起海啸。

让我们来看看海啸的危害。（观看视频：《智利地震海啸过后场景》）

海啸的危害的确是太可怕了。

我们怎样才能减少海啸带来的危害呢？学生讨论交流。

教师小结

我国已经建立了海啸预警系统，但是在大地震之后如何迅速地、正确地判断该地震是否会激发海啸，这仍然是一个悬而未决的科学问题。尽管如此，根据目前的认识水平，仍可通过海啸预警为预防和减轻海啸灾害做出一定的贡献。其次，做好避难安全。不是所有的地震都会引起海啸，但任何一种地震都可能引发海啸。当你感觉大地在颤抖时，要抓紧时间尽快远离海滨，登上高处。不要去看海啸，如果你和海浪靠得太近，危险来临时就会无法逃脱。如果收到海啸警报，即使没有感觉到震动也要立即离开海岸，快速到高地等安全地区避难。在没有解除海啸警报之前，不要靠近海岸。若是在海上航行时遇到海啸，应快速驶向海水深的地方。

同学们，海浪虽然给我们的生活带来很多的危害，但是，我们也要充分利用，让它能为我们人类所用。

结束语

同学们，通过本组的活动开展，我们初步了解了海浪的成因，认识了台风、海啸，我们知道只要我们热爱大海，利用大海的特性，大海也可以为我们人类做事。人类对大海的认识还很有限，神奇的大海正等着我们去不断地了解它、认识它呢！

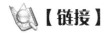【链接】

资料一：利用海浪发电的LED警示灯——Wavelight

它可以将海浪的能量转化成电能供LED灯发光。多只Wavelight连接在一起围绕着海中的建筑物、暗礁、小岛，警示过往船只躲避。也可以放在沉船附近，吸引救援人员的注意，以求更快地得到救援。

资料二：苏格兰利用海浪和潮汐建厂发电

黑烟不冒，大坝也找不见，漂浮着的发电站你听说过吗？它就在英国的苏格兰东北角，是一大片被称作奥克尼群岛的岛屿，虽然这里风急浪高、波涛汹涌，不过一条全身樱桃红的钢铁海蛇坚守在此，拗着劲给人们发电。蜿蜒海面140米，可以发出11 000伏交流电的"海蛇"——海浪发电机真是个天才般的设计，它利用仿生技术避免风暴的摧毁，外形就像一条真的大海蛇。每台"海蛇"发电机由4节直径为3.5米的圆柱形浮筒组成，每两个金属节段之间用铰链连接起来。这条金属大海蛇的嘴垂直于海浪的方向，而组成它身子的这些圆筒会随着波浪上下起伏，关节处的上下运动和左右摇摆会推动圆筒内的液压活塞做往复运动，把液压油从发动机中间压过去，驱动发电机，这样电就产生了。如果把"海蛇"展开横越在100万平方米的海面上，运转起来发出的电量足够20 000个家庭使用！漂浮在海面上工作的"海蛇"能适应多种海洋环境，即使海浪不是很大，也能获得很好的发电效果。不过发出电来只是个开始，这个设备还可以用来淡化海水或制造氢气。千万别小瞧了海浪的潜能！

第3课　与海洋"居民"交朋友

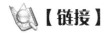【活动理念】

海洋面积大约有3.6亿平方千米，占地球总面积的71%，大约等于陆地面积的2.5倍。海洋是一个巨大的宝库，它拥有人体所必需的大量物质和人类生活所需的丰富资源。在浩瀚而神秘的大海里，生活着一群生物，它们既有植物，又有动物，也有微生物。它们以自己独有的方式生活并繁衍着，和陆地上的生物构成了一个完整的生物世界。这其中有闪闪发光的夜光虫和身体晶莹透明、随波逐流的水母，有美丽无比的珊

瑚、五彩缤纷的海葵和"顶盔掼甲"的虾蟹，有"喷云吐雾"的乌贼、名贵的海参和鹦鹉螺，还有千奇百怪的鱼类、古老的海龟和憨态可掬的海豹，更有聪明灵巧的海豚和硕大无比的巨鲸……但是，由于它们深藏在海里，大多数的海洋生物是不为我们所熟知的。所以让学生们从小了解海洋世界，了解海洋中的"居民"是非常有必要的。走进海洋世界，可以为孩子们打开另一扇窗，更多地了解大自然，了解我们赖以生存的美丽家园。

【适用年级】

二年级。

【活动目标】

（1）认知目标：了解各种各样的海洋生物，知道几种海洋生物的生活习性。

（2）行为目标：能够通过查阅书刊、上网查找等方法，搜集有关海洋生物的信息。

（3）情感目标：欣赏各种美丽的海洋生物，感受海洋世界的多样性，激发学生对大自然的热爱；同时在活动中培养学生合作与交流、善于倾听的良好品质。

【活动准备】

（1）教师：搜集有关海洋生物、海洋环境以及海洋生物适应环境的本领方面的文字、图片资料，并制成多媒体课件，便于师生、同学之间自主互动地学习；准备《海底总动员》的相关视频资料；出一份有关海洋生物的知识竞赛题。

（2）学生：了解和搜集有关海洋生物及海洋生物适应环境的本领方面的资料，深入海洋馆、海产品市场等地，和海洋生物近距离接触。

（3）教室环境布置：出一期关于"和海洋'居民'交朋友"的黑板报，张贴各种各样的海洋生物图片，创设良好氛围。

【活动过程】

一、揭开蓝色面纱：初识千奇百怪的海洋"居民"（课内）

1. 谜语课堂激趣

有头没有颈，身上冷冰冰，有翅不能飞，无脚也能行。（打一动物：鱼）

八只脚，抬面鼓，两把剪刀鼓前舞，生来横行又霸道，嘴里常把泡沫吐。（打一动物：螃蟹）

有红有绿不是花，有枝有叶不是树，五颜六色居水中，原是海底一动物。（打一动物：珊瑚）

2. 揭示活动主题

同学们，在浩瀚而神秘的大海里，生活着一群生物，它们既有植物，又有动物，也有微生物。在海洋这个广阔的空间里，它们以自己独有的方式生活并繁衍着，它们中有世界上最大的动物蓝鲸，有貌似家犬的海豹，有海中爬行动物海蛇，有古老而长寿的海龟……还有各种奇奇怪怪的鱼类。它们中还有种类繁多、千姿百态的海洋植物，甚至还有细菌和病毒。但是，由于它们深藏在海里，大多数的海洋生物是不为我们所熟知的。为了让同学们了解海洋里的另一个世界，我们现在就一起出发，去畅游海底世界，去探索海洋生物精彩的生活吧！

课件出示活动主题：和海洋"居民"交朋友。

3. 观看视频材料

播放《海底总动员》的视频节选，再次让学生爱上千奇百怪的海洋"居民"。

4. 小讲解员介绍

选六位小讲解员戴上头饰，为同学们介绍6种海洋生物（两种鱼类，两种海兽，一种海贝，一种植物），进一步了解海洋"居民"。（附资料）

5. 小组合作阅读

发放一份阅读材料，分小组阅读，之后每小组派代表汇报阅读感受。

6. 海洋"居民"知多少

以必答和抢答形式开展知识竞赛，活跃气氛，加强学生对海洋生物知识的了解。

海洋"居民"知多少知识竞赛部分选题。

（1）紫菜属于（　　　　）。

    A. 红藻　　　　　　B. 蓝藻　　　　　　C. 绿藻　　　　　　D. 褐藻

（2）下列海洋鱼类中，（　　　　）的血液几乎是无色的。

    A. 冰鱼　　　　　　B. 刺鱼　　　　　　C. 星星鱼　　　　　D. 扳机鱼

（3）下列生物中，（　　　　）在地球上存在了4亿年，和三叶虫一样古老。

    A. 鲨　　　　　　　B. 鲎　　　　　　　C. 蟹　　　　　　　D. 虾

（4）章鱼（八代鱼）有8条腿，乌贼有（　　　　）条腿。

    A. 6条　　　　　　B. 8条　　　　　　C. 10条　　　　　　D. 12条

（5）蟹横着走路的原因是（　　　　）。

    A. 令其他生物不敢靠近

    B. 眼睛横向生长，只能看到两侧的路

    C. 便于猎杀食物时，横向挥动大钳子

    D. 蟹足的关节只能向下弯曲，必须横行才能推动身体

（6）有史以来个头最大的鲟鱼是（　　　　）。

    A. 高首鲟　　　　　B. 俄罗斯鲟　　　　C. 中华鲟　　　　　D. 欧洲鲟

（7）海洋生物中可以发电的鱼是（　　　　）。

　　　　A. 章鱼　　　　　　　B. 墨鱼　　　　　　　C. 射水鱼　　　　　　D. 电鳗

（8）鱼类靠什么来平衡身体？（　　　）

　　　　A. 鱼鳔　　　　　　　B. 鱼鳃　　　　　　　C. 鱼鳞　　　　　　　D. 鱼尾

（9）怎样来确定一条鱼的年龄？（　　　）

　　　　A. 根据鱼的长度　　　B. 根据鱼身上的鳞环　　　C. 根据鱼的牙齿

（10）鱼怎样睡觉？（　　　）

　　　　A. 睁着眼睛睡　　　　B. 闭着眼睛睡

（题量可适当增加）

参考答案：（1）A；（2）A；（3）B；（4）C；（5）D；（6）A；（7）D；（8）A；
（9）B；（10）A

7. 布置蓝色行动

二、开展蓝色行动：搜寻随处可见的海洋生物（课外）

蓝色行动预设：

1. 选取自己感兴趣的话题进行资料搜集（至少两个）

①海洋中有很多千奇百怪的鱼，你知道哪些鱼？能较详细地介绍其中一种鱼的生活

习性及适应环境的本领。

②海洋中的海兽各显神通，你知道哪些海兽?介绍一种自己最感兴趣的海兽。

③海洋中的贝壳五光十色，常见的海洋贝类有哪些?你觉得最奇特的海贝是哪一种? 请你介绍一下。

④整理搜集1~2种海洋植物的名字、图片和作用，做成小书签和同学们分享。

⑤海洋中的哪些生物有"再生"功能? 请介绍其中一种。

⑥关于海洋"居民"有很多有趣的故事，请搜集一个吧!

2. 参观附近的海洋馆，实地考察，亲近海洋"居民"

参观时间：	参观地点：
参观人员：	
参观记录（我在海洋馆中见到的海洋生物有哪些？文字图画都可以）：	
介绍我印象最深的一种海洋生物	

3. 走进海产品市场认识海鲜，并能用海鲜做一道菜

考察时间：	考察地点：	
考察人员：		
考察记录（罗列市场中见到的海洋生物，以海鲜为主，文字图画都可以）：		
海鲜菜名		简单的制作过程	

以上三项活动选择其中两项参加，教师整理之后把表格及图文资料呈现于教室板报及宣传栏中，为学生创设良好的学习氛围，加深印象。

三、交流蓝色成果：握手神奇有趣的海洋"居民"（课内）

1. 我为海洋"居民"分分类

（1）各小组派代表上台介绍我的海洋"居民"朋友。

（2）老师讲解海洋生物的分类。

原生生物界：原生生物是海洋浮游生物的主要类群之一，虽然个体很小，但数量非常大，素有"海洋中的小巨人"之称，是海洋食物链的重要环节。另外，由于原生生物在地球上的生存年代久远，其种类、分布、化石还是研究地质演化、寻找石油矿藏等的重要指示生物。世界已知的原生生物约有6.5万种。

植物界：常见的海洋植物主要是大型藻类和红树。大型藻类包括红藻门、褐藻门、绿藻门。大型藻类不但是海洋初级生产力的重要组成部分，而且一些种类可以食用，或者提取活性物质用于生物制药，或者作工业原料，或者兼而用之。

动物界：一般来说，海洋动物可分为海洋无脊椎动物、海洋原索动物（现代科学一致归为无脊椎动物中）和海洋脊椎动物三类。世界上的海洋动物估计有16万～20万种。

课件出示十余种海洋生物，请学生分类。

2. 海洋"居民"本领大揭秘

（1）我的资料卡：请四位学生上台示范说说自己搜集到的海洋生物具有的特殊本领。

（2）迷你讨论吧：在四人小组中交流自己搜集到的海洋生物的本领。

（3）快速来配对：在老师的提示下，完成图片和文字的配对。章鱼、海绵、海星、海参的作用连线。

3. 海洋"居民"小小故事会

结合蓝色行动中搜集的资料，选取2～3个故事进行生动讲述。

4. 海洋"居民"之最我知道

海洋"居民"中最大的哺乳动物——蓝鲸；

海洋"居民"中最聪明的动物——海豚；

海洋"居民"中有"瞌睡大王"之称的——海象；

海洋"居民"中最大的软体动物——大乌贼；

海洋"居民"中最不怕冷的鱼——南极的鳕鱼；

海洋"居民"中最小的蟹——豆蟹；

海洋"居民"中最小的鱼——胖婴鱼；

海洋"居民"中最大的水母——北极大水母。

5. 我的海洋"居民"名片展

（1）结合蓝色行动中搜集的海洋植物资料，展示学生事先做好的小书签。

（2）制作海洋生物小名片。

同学们，很多大人都有一张属于自己的名片，当与陌生朋友见面时，互赠名片就彼此认识了，让我们来为自己喜欢的海洋动物设计一张属于它的名片，好吗？你想为它设计哪些内容呢？

引导学生从海洋动物的学名、美称、家族传说、神奇本领、图片等进行设计。

（3）分享展示。

教师小结

　　亲爱的同学们，通过这次"我和海洋'居民'交朋友"的主题活动，我们对海洋生物有了更多的了解。相亲相爱的小丑鱼，游泳冠军旗鱼，表演明星海豚，潜水高手海狮，有趣的虾兵蟹将，五光十色的贝壳，神秘的海底"花园"……深深地吸引了大家的眼球，这是一群非常有意思的海洋"居民"，更是一些特殊的朋友。

　　我国的海洋资源十分丰富，如果你还想了解更多的海洋生物，不妨再次查阅资料或上网学习，这样你就能更多地了解海洋世界，热爱海洋，和更多的海洋"居民"交上朋友。

 【活动反思】

　　整整一个星期，学生们都沉浸在海洋生物的世界中。从课内的揭开蓝色面纱，初识千奇百怪的海洋"居民"到课外的开展蓝色行动，搜寻随处可见的海洋生物再到课内的交流蓝色成果，握手神奇有趣的海洋"居民"，活动过程设计合理，内容丰富，各环节联系紧密，环环相扣，深深地吸引了每一位学生。

　　纵观此次活动，我们觉得有几点值得肯定：①开篇入胜，牢牢抓住了每个学生的心。从猜谜语到观看《海底总动员》视频，一下子就激发了学生们参与的兴趣，课件生动形象，充分展示了海洋世界的美丽，使学生们兴致大增。②活动形式灵活多样，充分体现低年级学生的年龄特点。猜谜语、看视频、搜材料、讲故事、做书签、制名片……这些活动无疑为学生们的积极参与增添了内动力。同学们就这样在丰富多彩的活动中和可爱的海洋"居民"交上了朋友。③注重活动的有效性，做到人人参与。爱因斯坦曾经说过："教育应该使提供的东西，让学生作为一种宝贵的礼物来享受，而不是作为一种艰苦的任务要他负担。"因此，在此次活动中我们不仅为学生们创设了良好的教室环境，而且一直为学生们营造着一种轻松、愉快、积极的课堂气氛，让学生们在一种愉快的情绪状态下参与活动，获得体验，获得成长。特别是在课外开展的蓝色行动环节，学生们和爸爸妈妈一起动手查阅资料，参观海洋馆，考察菜市场，甚至自己动手做菜，虽说很多孩子都是第一次做这样的事，但他们觉得新奇有趣。这样的体验实践性强，收效高。④引导学生合作探究，共享活动成果。活动中我们安排了三次小组合作的环节：一次是共同阅读一份有关海洋生物的资料；一次是海洋"居民"本领大揭秘中的迷你讨论吧环节；还有一次是海洋生物小名片完成之后的交流展示，学生们通过读一读、说一说、议一议、赏一赏，真正体味到参与的快乐，收获成功的体验。同时也培养了学生们主动学习、合作学习的能力，并通过合作和分享，不

断丰富、扩展自己的经验，不断激发学生们学习的愿望，满足自我成长的需求。

不过，此次活动也有些许不足，由于活动内容有趣，活动形式多样，学生们参与热情高涨，特别是知识抢答环节，同学们都非常兴奋，场面差点失控。活动中虽然对海洋居民进行了大致分类，但在其他环节中都是笼统介绍，学生对于海洋"居民"的门类了解不多。若能分篇章进行，效果可能会更好些，但费时也会更长，因此作为一学期的主题系列活动会更合适！

**【链接】**

小讲解员介绍材料

1. 医生鱼

大家好，我是医生鱼。同人类一样，鱼儿也会生病、负伤。我们专门在海底珊瑚礁、岩石旁、海草茂盛、水流不急的水域或沉船残骸附近开设"医院""免费"为这些需要治疗的鱼儿"治病"。我们的治病方式很特别：专做外科手术——用我们的尖嘴清除病鱼伤口里的细菌、寄生虫或坏死的细胞，我们的医术非常高明。经过我们的治疗，"病人"几天内就会痊愈，真可谓"妙手回春，嘴到病除"。

2. 䲟鱼

在海洋鱼类家族中，有这样一种鱼，头上有一个大印章状的结构。这实际上是一个吸盘，而且吸力很大，能紧紧吸住五六千克重的东西。我的名字叫䲟鱼，不少地方的人们都称我为船底鱼、黏船鱼、吸盘鱼或鞋底鱼。我正是利用这一吸盘，吸附在船底下或大型鱼的身体上，自己不用出一点力气，就可以随着船或大鱼南来北往，四处周游。我就是海洋中的"免费旅行家"——䲟鱼。

3. 海獭

我的名字叫海獭，是最小的海兽。我的食物很广，包括蟹类、牡蛎、海胆及各种贝和螺等，甚至包括各种鱼类、鲍鱼和海星。虽然我的牙齿尖锐，但对贝和螺那坚硬的贝壳是咬不动的，而我自有妙法。我会用前肢把捕到的食物夹在腋下，从海底拣回一块石头，仰浮水面，把腹部当餐桌，用石头当毡，将海螺等带壳的食物用力往石头上猛击，等到壳破肉出时，我就可以吞而食之了。怎么样，我的本领够大吧？

4. 海象

我是海象，顾名思义，即海中的大象。你瞧，我的身体庞大，皮厚而多皱，因为眼睛小，所以视力也不太好。我长着两枚长长的牙，与陆地上肥头大耳、长长的鼻子、四肢粗壮的大象不同的是，我的四肢因适应水中生活已退化成鳍状，不能像大象那样可以在陆地上行走，我只能靠后鳍脚朝前弯曲以及獠牙刺入冰中的共同作用，才能在冰上匍匐前进。我的鼻子短短的，没有耳壳，看起来有点丑陋哦！

5. 紫菜

我的名字叫紫菜，顾名思义，我一般为深褐、红色或紫色，当然紫色最多。我喜欢住在浅海潮间带的岩石上，风浪大、潮流通畅、营养盐丰富的海区我最爱。我们紫菜是个大家族，主要有条斑紫菜、坛紫菜、甘紫菜等（20世纪下半叶我国沿海地区就推行人工栽培，至21世纪初我国紫菜产量跃居世界第一位）。紫菜包饭、紫菜蛋花汤、紫菜烧麦的味道不错吧？

6. 海蟹

大家肯定都认识我吧?我就是横行四方的海蟹，白天休息，晚上行动。如果遇到敌人和猎物，我就会举起我的"大钳子"。哈，小鱼，别想逃！我还有很多名字，梭子蟹、门蟹、海虫、水蟹、小门子……我喜欢生活在我国南北各海域，每年的3—5月和9—10月是我的生产旺季。我的营养价值非常高，肉质细嫩、洁白，富含蛋白质、脂肪及多种矿物质。但由于我属凉性，肠胃不好的人不宜多吃，患出血症的人更是不能吃哦！

第4课　奇妙的海洋共生族

 【活动理念】

共生是指两种不同生物之间所形成的紧密互利关系。动物、植物、菌类以及三者中任意两者之间都存在"共生"关系。在共生关系中，一方为另一方提供有利于生存的帮助，同时也获得对方的帮助。

进化本身是一件很奇特的事，但看似毫无关系的不同的物种之间可以和平共处则更是奇观。在神秘的海洋深处，也有这样一群奇妙的共生族，它们会互相保护、相互喂食，甚至互相清洁对方的身体。它们共生的方式也是千奇百怪，鲨鱼与其他鱼类为伍，鱼类与虾共生，虾则和海参相伴……

本方案设计旨在通过生动的故事、直观的视频、丰富的图片和低年级学生喜闻

乐见的表演、游戏等方式了解奇妙的海洋共生族，从而产生对研究海洋生物的浓厚兴趣，激发学生们热爱海洋的情感。

【适用年级】

二年级。

【活动目标】

（1）知识与技能：知道什么是"共生"，了解几对海底世界中的"共生族"以及它们是如何互相帮助、互利互惠的。

（2）过程与方法：通过角色扮演、竞猜游戏等形式，开展探究活动，培养学生的交流合作能力。

（3）情感态度与价值观：通过活动，加深学生对海洋生物研究的兴趣，激发学生热爱海洋的情感。

【活动准备】

教师：制作多媒体课件；搜寻有关海洋生物"共生族"的资料；《海底总动员》电影片段。

学生：请两位学生准备示范表演。

【活动过程】

一、视频激趣，初识"海洋共生族"

1. 播放有关视频：《海底小纵队——奇妙的共生关系》

视频链接：http://v.qq.com/cover/j/j324wyy9rpo9dqn/s0014z6ego8.html

2. 明确"共生"概念

共生是指两种不同生物之间所形成的紧密互利关系。海洋中，两种动物生活在一起，相依为命或互相帮助，被称为海洋动物世界的"共生族"。

二、精彩故事，了解"海洋共生族"

1. 老师讲述故事：相濡以沫的朋友——小丑鱼和海葵

（课件出示图片）还记得迪士尼动画片《海底总动员》里的主人公尼莫吗?在海洋

世界里真的有一种长着斑斓色彩的，以白色或者黑色条纹为点缀，犹如马戏团小丑脸上的油彩的小鱼，人们给它取名为小丑鱼。

小丑鱼分布广泛，从欧洲到亚洲的广阔海域都能见到它们的身影，但是新几内亚岛北部海岸是小丑鱼最喜欢的生活乐园。

人们也给了小丑鱼另外一个名字——海葵鱼，因为小丑鱼几乎终生不会离开海葵，海葵有毒的触角足以吓退任何一个企图伤害小丑鱼的动物。

小丑鱼是一种不惧怕海葵毒性的鱼类，它可以在海葵中来去自如，海葵不但可以保护它们，还可以保护正在孵化的小丑鱼卵。小丑鱼会自觉清理海葵内部的卫生，将残余的食物拣食干净。

世界上有1 000多种海葵，但其中只有10种是小丑鱼可以寄居的。至于为何只有小丑鱼不怕海葵有毒的触角，迄今还没有答案。

2. 听了这个故事，你有什么收获？小丑鱼和海葵是如何互帮互助的

小丑鱼是唯——种能抵抗海葵触角毒性的鱼类，它们可以在海葵群中自由自在的嬉戏。海葵是小丑鱼的保护者，小丑鱼则是留在海葵这儿拣食鱼儿留下的残余食物，残余食物有桡脚类和等脚类以及浮游动物。同时它们也会疯狂保护自己的领地，将单个海葵据为己有。

3. 观看《海底总动员》电影节选

观看小丑鱼尼莫和朋友们在海葵群中快乐玩耍的镜头。

4. 海洋中还有哪些这样的"共生"伙伴

海洋中还有哪些这样的"共生"伙伴呢？今天就让我们一起来个大揭秘。

三、合作探究，揭秘"海洋共生族"

1. 发放百宝箱

分组发放百宝箱，解读百宝箱中的"海洋共生族"秘密，教师巡视。（百宝箱内分别装有资料、图片及头饰，请小组成员分配好任务，派代表上台展示。教师重点指

导一组学生上台演一演）

1号百宝箱资料：清洁虾爬进鳗鱼嘴里觅食。

不得不说，能在鳗鱼大嘴里爬进爬出的动物是勇敢的。清洁虾就敢在鳗鱼嘴里横冲直撞，在尖利的牙齿中寻找食物，图中清洁虾的小命实在令人担忧，千钧一发呀，可事实上呢，这是一种古老的清洁方式。另外，清洁虾是天生的清洁员，它先是找到鳗鱼，吃掉鳗鱼口腔中的寄生物，并大量聚集形成了"清洁站"。我想如果您的口腔也需要优秀牙齿保洁员，清洁虾们也会乐意为您效劳，尽职尽责地为您清洁口腔。

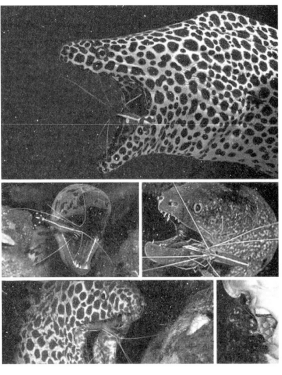

2号百宝箱资料：拳击蟹拿海葵防天敌。

拳击蟹和隐居蟹等一些蟹类喜欢和各种各样的海葵生活在一起，并能从中获益。如图上部的拳击蟹"手握"海葵，就像专业的拳击手一样，左勾拳，右勾拳，用海葵的毒肢挡住那些潜在的敌人。一些隐居蟹则另有办法，它们举起海葵，把海葵附在自己的硬壳上，以吓退进攻者。而海葵也乐意与蟹为伍，凭借其硬邦邦的蟹壳，当蟹在水中游动时，海葵也就能够找到更多的食物来维持生命了。

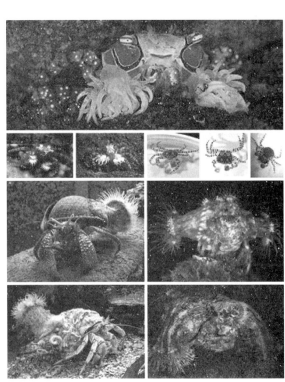

3号百宝箱资料：虾虎鱼与小虾同居。

天生长着一身可爱斑点的虾虎鱼与聪明能干的硬壳虾似乎很幸福地生活在一起。这可不仅仅是童话故事，在现实生活中，虾虎鱼和它的虾类朋友——硬壳虾却是真正同心同德的同居伙伴。它们共同生活在一个小洞里，分工十分有序。小虾是挖洞能手，专职挖洞，虾虎鱼则是负责安全保卫工作。几乎看不见的小虾得全凭虾虎鱼的超强视力才能守卫自己的家园，遇到危险，也是虾虎鱼示意什么时候可以安全撤离。与此同时，虾虎鱼也是依靠着好伙伴的挖洞技巧，才有了个赖以生存的窝，可以美美地睡上一觉。

4号百宝箱资料：鲫鱼与鲨鱼共舞。

鲨鱼是海洋中的霸主，一个冷血霸主应该是很难找到盟友的。它的体型巨大，游动起来速度非常快，同时它也是一个血腥残酷的狩猎者。那么，这些霸主们怎么会对鲫鱼如此的宽容大度，甚至可以允许它们把脑袋中奇怪的芒刺和鲨鱼自己的下腹部连接在一起呢？这一情形一开始被认为是一种共栖模式，如今这种认识在渐渐地发生改变，更为流行的看法是，在鲨鱼猎食完后，鲫鱼可以享受鲨鱼吃剩的食物残渣，但与此同时它也为鲨鱼清理了下侧表皮的寄生物，真是互惠互利。

5号百宝箱资料：发亮细菌帮琵琶鱼捕猎。

别看琵琶鱼面容丑陋，它的游泳技巧可不一般，即使在深海中也照样能驰骋水域。它还有一个绝招，能让猎物自投罗网，钻进它的口中。它是怎样做到这一点的呢？秘密在于琵琶鱼的前额有一块类似鱼竿的突出物，在这个突出物上依附着一个小小的发光体，这个发光体是由成百万的发亮细菌组成的。

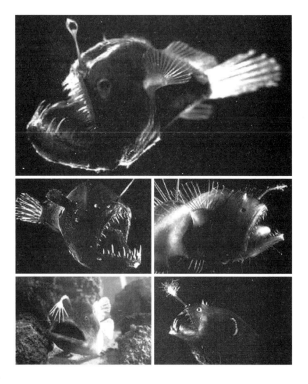

6号百宝箱资料：皇帝虾借势大型海洋动物。

皇帝虾在共居生活中，真正如皇帝一样，饭来张口，获益良多。这些有着海上旅行者别号的皇帝虾，喜欢依附在身形巨大、移动迅速的动物身上，如鳗鱼、海参等。当这些大型动物沿着海底移动时，它们就如皇帝般，静静地享用零星美食。

7号百宝箱资料：僧帽之下好安家，小小鲳鱼自在游。

　　僧帽水母是一种有毒的水母，它的毒液对于动物来说是致命的，可如此可怕的毒液却伤害不了双鳍鲳鱼，这种小鱼可以在水母的触手下自由出入而没有生命危险，即使有大量的毒液直接注入双鳍鲳鱼体内，它也不会毒发身亡，这样双鳍鲳鱼便为自己找到了一个安全的避难所。而双鳍鲳鱼并不是无偿地受到保护的，生物学家经过研究发现，双鳍鲳鱼生活在水母的触手下能够吸引一些身体小巧的食肉鱼类前来捕猎，随后这些鱼类就成为了水母和双鳍鲳鱼的美食，但是两者的友谊并不长久，因为一旦食物稀缺，双鳍鲳鱼就会以水母的触手为食了。

2. 展示交流

每组派代表上台汇报，形式自选：读一读，说一说，演一演。

3. 游戏：找朋友

游戏规则：一位学生戴上头饰，先上讲台介绍自己：亲爱的同学们，我是（　　）。后绕教室奔跑，口中念道：找，找，找朋友，我来找个好朋友。这时，它的共生族伙伴站起来，口中说道：我是（　　），你的朋友在这里。然后两个人一起来到讲台前向大家展示爱心造型，齐说：（　　）和（　　）是好朋友。

四、活动小结，拓展共生族朋友

1. 学生谈收获

同学们，这节课有意思吗？你有什么收获呢？

2. 推荐好书

《一辈子不分离的朋友——动物们的共生故事》。

教师小结

　　这节课，我们一起潜入海底，在神秘的海洋深处，探究了奇妙的海洋共生族，这是一群特殊的海洋生物，它们会互相保护、相互喂食，甚至互相清洁对方的身体，它们是一辈子不分离的朋友。

　　同学们，海洋是个万花筒，色彩斑斓而又神秘莫测，希望有更多的同学能喜欢上它，探究它的秘密，更好地保护我们的海洋资源。

 【活动反思】

　　对于二年级的学生而言，"共生"原是一个比较抽象的概念，但在这堂主题班会课中，学生却得到了很好的体验，相信这8对"海洋共生族"已牢牢扎根于学生们的内心深处。本次活动主题鲜明，选材独到，形式多样，寓教于乐，充分体现了学生的自主、合作、探究能力，激发了学生热爱海洋的情感。首先，同学们在视频《海底小纵队——奇妙的共生关系》中初识了海洋共生族，明确了"共生"的概念，接着在《相濡以沫的朋友——小丑鱼和海葵》的精彩故事引领下对"海洋共生族"有了具体的了解，然后合作探究，在"百宝箱"中一起揭秘"海洋共生族"并进行了自主演绎，最后以"找朋友"这一游戏巩固了课上认识的8对"海洋共生族"，每个环节看似简单，但清晰明了，"海洋共生族"的主题非常突出。特别点赞的是合作探究环节，同学们带着好奇，小心翼翼地打开"百宝箱"，一起搜寻宝藏，揭秘一对有趣的"海洋共生族"，共同阅读，共同探讨，最后推荐几名学生进行了汇报。或说说自己小组了解到的这对"海洋共生族"，或绘声绘色地讲述这个故事，或戴上头饰分角色演一演，激情互动，乐趣无穷，发挥了学生最大的潜能。教师如能在"揭秘"环节给予恰到好处的指导，那么演绎效果会更佳！

第5课 关爱海洋朋友

【活动理念】

自古以来，海洋就与人类文明、社会进步息息相关，而21世纪更是一个海洋的世纪。随着现代科技、经济的飞速发展，我们的海洋遭受很大破坏，众多海洋生物数量减少，甚至导致了部分海洋生物物种的灭绝。我们设计本次主题班会活动，意在通过生动的故事、典型的案例、直观的视频和图片，使学生能进一步了解海洋生物，认识到海洋生物的生存危机，激发学生热爱海洋的情感，加入宣传保护海洋生物的行列，树立正确的海洋价值观。

【适用年级】

三年级。

【活动目标】

（1）认知目标：进一步认识海洋生物，知道海洋生物可以与人类友好相处；了解海洋生物的生存现状并探究海洋生物数量减少的原因，认识到过度捕捞、海洋环境污染等对海洋生物生长繁殖的危害。

（2）行为目标：通过学习，懂得如何来保护海洋生物，能以自己的实际行动来保护海洋生物。

（3）情感目标：激发学生热爱海洋的情感，树立人与海洋和谐共处的意识。

【活动准备】

（1）教师：搜集与海洋生物生存相关的文字、图片资料，并制成多媒体课件，便于师生、学生之间自主互动地学习；准备海底世界的视频，使学生了解到美丽的海底世界和被污染的海洋所形成的鲜明对比。

（2）学生：通过查阅书籍、网上搜索、访谈等方式搜集下列资料：①野生大黄鱼的习性与特点；②海洋生物濒临灭绝的各种原因；③保护海洋生物的措施。

【活动过程】

一、走近海底世界

教师谈话导入：同学们，今天让我们走近大海，一起去看看美丽的海底世界。

（观看视频材料：《美丽的海底世界》）

二、可爱的海洋朋友

（1）过渡：你们看，机灵温顺的海豚，体形庞大的海龟，色彩斑斓的珊瑚……多么迷人的海底世界啊！你知道海洋里还有哪些动物、植物吗？

（2）学生交流，教师补充介绍珍稀海洋生物并出示图片。

出示资料：儒艮、中华白鲟、中华白海豚、红珊瑚、库氏砗磲、多鳃孔舌形虫、黄岛长吻虫、鹦鹉螺、短尾信天翁、白鹳、黑鹳、玉带海雕、白尾海雕、白腹军舰鸟，等等。（文字及图片）

儒　艮

中华白鲟

中华白海豚

红珊瑚

（3）过渡：它们都是我们可爱的海洋朋友！它们在海洋里快乐生活，相互联系、相互制约，形成了一个稳定的生物圈，海洋是它们的幸福家园。有些朋友还能帮助我们人类呢！

（4）教师讲述海豚救人的故事。

（5）提问：同学们看完故事，你们的心情如何？有什么想说的吗？

（6）学生交流。

（7）教师小结：浩瀚的海洋给人类带来了无限美好的风光和丰富的资源，也给我们带来了可爱的海洋朋友。

三、海洋朋友生存危机

1. 观看视频

（1）过渡：现在，老师请大家再看一段视频。

（播放视频材料：受污染的海洋，海洋生物的死亡）

（2）提问：你看到了什么？

（3）学生交流。

（4）教师小结：刚刚那一幕是我们大家都不愿看到的，可它确实发生了：美丽的海洋被破坏，可爱的海洋朋友离我们远去。

2. 舟山大黄鱼的生存危机

（1）教师：在舟山，曾经有一位人们特别熟悉的海洋朋友，但时至今日，我们却难觅它的踪影，那就是——野生大黄鱼。（出示图片）

（2）小组讨论：填写《大黄鱼的档案》。

（3）全班交流。

大黄鱼的档案

别　　名	黄鱼、大王鱼、金龙、桂花黄鱼、石头鱼
产　　地	黄海中部以南至琼州海峡以东的中国近海海域
习　　性	浅海的中下层
营养价值	蛋白质、微量元素、维生素丰富，营养价值高，对体质虚弱的人有很好的食疗效果；肉质细腻、味道鲜美，除供食用外，还具有药用价值

（4）教师谈话：2015年1月，老师的朋友去宁波的象山、石浦开会，会议期间谈起了野生大黄鱼。据象山友人说，正宗的野生大黄鱼要一千多元或两千多元一尾，并且要费尽心思才能购得。野生大黄鱼真的是一尾难求啊！

（5）介绍大黄鱼的捕捞史。据老师了解，以前可不是这样的，一起来看大黄鱼的捕捞史。

（6）提问：东海里的野生大黄鱼游到哪儿去了呢？同学们，你们说呢？

（7）学生交流。

（8）教师小结：正因为过度捕捞，野生大黄鱼越来越少，出现了严重的生存危机。

3. 其他海洋生物的生存危机

（1）过渡：大黄鱼不见了，它们也正在消失。

（2）介绍濒临灭绝的海洋生物。

2008年，加勒比僧海豹灭绝。

抹香鲸是动物王国的"潜水冠军"，也是世界上最大的齿鲸，目前数量稀少。

加勒比僧海豹　　　　　　　　　　　抹香鲸

红树林能够抵御海浪对海岸的侵蚀，可以调节气候，目前也在悄然减少。

鲨鱼、企鹅、鲸鱼等被屠杀。

兰·坎皮海龟是目前全世界范围内12种最濒危动物中唯一数目呈增长趋势的动物。

白鳍豚大约在长江生活了2 500万年，有"活化石"的美称。由于数量奇少，被列为中国一级保护野生动物。

龙王鲸——已经灭绝的古代海洋哺乳动物。

（3）小组讨论：同学们，你们知道是什么原因让那么多海洋朋友濒临灭绝吗？

（4）小组汇报交流，教师进行随机点评。

预设生成：

人为因素：尤其在捕捞观念、捕捞方式和捕捞强度上出现了严重错误。

①在捕捞观念上，从20世纪50年代后期起，由于没有生态环境和鱼类资源的保护意识，认为大海里的鱼是捕不完的。②出现了渔轮拖网等作业形式。③在捕捞时段上，错误地提出"变淡季为旺季"，把季节性生产变成了常年性生产，致使海洋鱼类无法得到休养生息。

海洋环境污染：①大量工业污染用水排放到大海，使得海洋中的浮游生物、贝藻类等大量减产，食物链遭到破坏，失去平衡，赤潮频发，造成大量鱼类死亡。②海上石油勘探开发、海运业带来的油块、油膜，破坏了海洋环境。③全球气候变暖、海洋环境污染，鱼类习性也起了变化，游到深海、远海区域，离近海越来越远了。

人类的猎杀：为了牟取暴利，人类残忍地杀害了数量众多的海洋动物，大规模的屠杀导致海洋动物快速灭绝。

（5）教师：同学们，我们再来看看大家找出的原因，你们发现了吗，这一切都跟谁有关？——人类。

（6）过渡：人类伤害了海洋，其实最终将伤害的是自己。

（7）简要介绍日本水俣病。

（8）教师小结：日本人对海洋的伤害让他们付出了沉重的代价，直到今天，日本那些水俣病患者还在经受病痛的折磨。

4. 保护我们的朋友

（1）教师：同学们，看了这么多，你觉得现在我们该怎么做？

（2）学生交流。

（3）小组讨论：那你觉得应该采取哪些保护措施呢？

5. 小组汇报交流

预设生成：

（1）要制止对海洋生物资源的过度利用，对海洋鱼类的捕捞实行休渔制度。

（2）要保护好海洋生物栖息地或生境，特别是它们洄游、产卵、觅食、躲避敌害的海岸、滩涂、河口、珊瑚礁，要防止重金属、农药、石油和有机物等物质污染海洋。

（3）保持海洋生物资源的再生能力和海水的自然净化能力，维护海洋生态平衡。

（4）大力进行海洋环境保护，关爱海洋生物的宣传，提倡"善待海洋，就是善待人类自己"，让每个人都有这个意识。

（5）教师：如今，人类已经意识到了破坏海洋的后果，正在为保护海洋而努力行动着。我国政府批准了《联合国海洋法公约》，出台了《中华人民共和国海洋环境保护法》，建立了海洋自然保护区，还有很多海洋保护组织在积极行动。

（6）介绍海洋自然保护区和海洋保护组织。

（7）提问：同学们，你觉得你能为保护海洋朋友做些什么呢？

（8）学生交流。

结束语

　　今天，我们与海洋朋友们来了一个亲密接触，它们的美丽、可爱、无私让我们深深着迷，同时我们也必须正视一个问题——这些朋友的生存现状令人揪心，为此同学们都发挥了自己的聪明才智，想出了很多金点子，相信它们今后的生活会越来越好。

【活动反思】

一、教学环节紧扣目标，循序渐进

本活动的环节设计如下：走近海底世界—认识可爱的海洋朋友—正视海洋朋友的生存危机—为保护海洋朋友出谋划策。整个活动环节紧紧围绕着活动目标层层深入：先让学生认识海洋生物，通过一些真实的故事让学生们深深地喜欢上海洋的精灵，然后通过故事、图片、数据让学生们意识到可爱的海洋生物朋友们的生存危机如此严重，并且探寻其中的原因，从而激起他们保护海洋生物的欲望和情感，最后学生们集思广益，寻找保护海洋生物的措施，并且让他们认识到每个人都应该为保护海洋生物做一些力所能及的事。整个过程符合学生的认识规律，循序渐进，步步推进。

二、教学过程以学生为本，自主探究

活动过程中从始至终都很注重学生能力的培养，真正体现以学生为本。上课前，要求学生做好准备，每个学生通过各种方式查找搜集下列资料：野生大黄鱼的习性与特点；海洋生物濒临灭绝的各种原因；保护海洋生物的措施等。在教学过程中，组织开展了三次小组讨论，通过自主、探究、合作的学习方式让学生来交流各自搜集的资料，在组长的组织下进行讨论，对全组同学的资料进行概括、提炼，记录员负责记录，最后各小组选出一个代表在课堂上进行交流，呈现出这样的学习过程：独立思考→相互探讨→交流看法→实现目标。教师在这其中只是一个管理者、引导者、评价者，让学生们在一个宽松的学习环境中能力得到发展。

三、教学效果显著，达成预设目标

本次活动目标明确，环节设计合理，内容充实，而且在教学过程中教师使用了多媒体课件，起到了很好的辅助教学作用。在活动过程中，教师播放了两个视频：第一环节播放了海底世界的视频，学生们被美丽的海底世界深深折服；而在第三环节中，播放了海洋被污染后的视频，跟前一个视频形成了鲜明的对比，让学生意识到我们的海洋被污染得多么严重。在第二环节中教师出示了很多海洋生物的图片，在第三环节中教师也出示了很多海洋生物的图片，但那是濒临灭绝的生物或是生物遭到血腥屠杀后的场面，这样的对比让学生对海洋生物的生存现状有了更直观的认识，激起了他们想要保护海洋朋友的强烈欲望。

课堂中的最后一个问题是："同学们，你觉得你能为保护海洋朋友做些什么呢？"学生们说了很多，虽然都是一些小事，但可以清楚地感受到他们都想为保护海

洋出一份力。教师在活动开展过程中提到如果在生活中发现了有伤害海洋朋友的行为，大家可以向有关部门举报，于是学生们纷纷追问举报电话。通过这堂课，学生们已经有了保护海洋生物的意识，也懂得了如何去做，并且愿意付诸行动，由此可以看出本活动的预设目标已经达成。

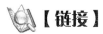【链接】

资料一：海豚救人的故事

1966年，韩国一艘渔船在太平洋海面上捕鱼时不幸沉没，16名船员中有6名当即丧生。其余的10名船员在水中游了近10个小时，一个个累得筋疲力尽，就在他们求生无望之际，一群海豚匆匆赶来，围在他们周围，好像是来营救他们的。这10名船员喜出望外，抓住海豚的胸鳍就往海豚背上爬。不料，海豚却把身子往下沉，自动游到他们身下，然后把身子往上一抬，就把他们驮在背上了。就这样，海豚们驮着这10名船员，一直游了46海里，然后猛地一使劲，把他们安全地甩到了海岸上。

1972年9月，南非一位23岁的姑娘伊瓦诺所乘的船在离海岸40千米处的海面上，不幸被海浪打翻了，她拼命往岸边游，这时有一头鲨鱼向她游来，她甚至已经清楚地看见鲨鱼狰狞的面目了，不由得下意识地闭上了眼睛，呼吸都快停止了。就在这时，有两头海豚出现在她身边，把鲨鱼赶跑了，护送她到靠近港口的安全地带。

1992年，一艘印度尼西亚货轮正在大西洋航行，有两名海员不小心掉入海中。这时一群海豚赶来，它们围成一个圆圈，把落水的一人托出水面，直到被救起为止。另一名船员正在水中挣扎，突然感到腰间被撞了一下，原来也是一头海豚。这头海豚一直陪伴着他，与他并肩游泳，直到船员游到船边。

资料二：大黄鱼的捕捞史

大黄鱼的捕捞史，可追溯到吴越春秋时期，大约在2 500年前，洋山海域发生了一场激烈的海战。在粮尽、风狂的危难时刻，"鱼出海中作金色，不知其名。吴王见脑中有骨如白'石'，号为石首鱼"。从此，开创了舟山渔场大黄鱼的捕捞史。

从宋元直至明代，大黄鱼的主渔场在嵊泗的洋山海域。但是，随着历史的进程和海况的变化，大黄鱼的渔场逐步向外推移。直至新中国成立初期，舟山渔场的鱼产量达30万担，其中一半是大黄鱼，可见当年之兴旺。

资料三：日本水俣病

水俣是日本的一座滨海小城。100年前，这里还是一个小渔村。日本氮肥公司水俣

工厂的开工，彻底改变了水俣这个小渔村的命运。工厂的开办繁荣了当地的经济，但人们的灾难也由此开始。

长期以来，这个工厂把没有经过任何处理的废水排放到水俣湾中。1956年，水俣湾附近发现了一种奇怪的病，这种病最初出现在猫的身上，被称为"猫舞蹈症"。病猫步态不稳，抽搐、麻痹，甚至跳海死去，被称为"自杀猫"。随后不久，发现也有人患有这种病。患者由于脑中枢神经和末梢神经被侵害，口齿不清、步履蹒跚、面部痴呆、手足麻痹或变形、视觉丧失，严重者神经失常，或酣睡，或兴奋，身体弯弓高叫直至死亡。

这种怪病就是日后轰动世界的"水俣病"，是由于工业废水排放污染造成的公害病。水俣湾由于常年被工业废水严重污染，这里的鱼虾类生物也因此被污染。这些被污染的鱼虾通过食物链进入动物和人的体内，工业废水中的甲基汞被人的肠胃吸收，侵害脑部和身体的其他器官。进入脑部的甲基汞会使脑萎缩，侵害神经细胞，破坏掌握身体平衡的小脑和知觉系统。

资料四：我国第一批国家级海洋自然保护区

目前，我国已建立各种类型的海洋自然保护区60处，第一批国家级海洋自然保护区有5个，即河北省昌黎黄金海岸自然保护区，主要保护对象是海岸自然景观及海区生态环境；广西山口红树林生态自然保护区，主要保护对象是红树林生态系；海南大洲岛海洋生态自然保护区，主要保护对象是金丝燕及其栖息的海岸生态环境；海南省三亚珊瑚礁自然保护区，主要保护对象是珊瑚礁及其生态系；浙江省南麂列岛海岸自然保护区，主要保护对象是贝、藻类及其生态环境。

资料五：海洋保护组织

海洋保护组织：蓝丝带海洋保护协会、中国海洋保护组织、绿色和平组织等这些组织虽然名称不同、规模不同，但它们有着共同的使命——保护海洋。

蓝丝带海洋保护协会目前已有会员单位61个，捐赠单位5个；在海南、广东、上海多所大学建立了"蓝丝带志愿者服务社"，有超过万人的志愿者队伍。组织各类海洋保护宣传活动300多次，发放宣传册20万册，海洋环保腕带30万个，向超过1000万的公众进行海洋保护的宣传，有近百万人次的志愿者参加蓝丝带海洋保护活动。

绿色和平组织在世界环境保护方面已经贡献良多。在其中一些环节更是扮演着关键角色：禁止输出有毒物质到发展中国家；阻止商业性捕鲸；制定一项联合国公约，为世界渔业发展提供更好的环境；在南太平洋建立一个禁止捕鲸区；50年内禁止在南极洲开采矿物；禁止向海洋倾倒放射性物质、工业废物和废弃的采油设备；停止使用大型拖网捕鱼；全面禁止核武器试验——这是绿色和平组织最早和永远的目标。

第6课　领略海洋之美

【活动理念】

我国是一个海洋大国，有着约300万平方千米的主张管辖海域，却称不上海洋强国。党的十八大提出建设海洋强国的战略目标，时代更呼唤同学们去关注海洋，拥抱海洋，为实现我们的海洋强国梦贡献力量。本次活动设计基于学生的生活常识，紧密联系家乡生活实际，通过观看风光无限的海边风景和美丽的珊瑚礁、极地风光，让学生萌生热爱海洋、保护海洋、热爱家乡的情感，增强海洋意识，让伟大的"中国梦"从海洋起飞。

【适用年级】

三年级。

【活动目标】

（1）认知目标：初步了解我国沿海地区风景的特点，了解珊瑚礁的形成，欣赏南北极地的奇异风光，感受绚丽多彩的海洋之美。

（2）行为目标：通过欣赏图片、搜集海洋美景资料，集体交流，在探索、欣赏中感受海洋的不同之美，养成自觉保护海洋的好习惯。

（3）情感目标：培养学生热爱大海、热爱祖国的情感，增强海洋意识，树立现代海洋价值观。

【教学重难点】

让学生主动参与，认识各种各样的大海和珊瑚礁，了解珊瑚礁的形成，感受极地风光，意识到环境保护的重要性；同时结合本地特色让学生感受大海的美丽。

【活动准备】

教师：多媒体课件、图片与其他资料，实验工具和材料。

学生：搜集有关沿海景点、珊瑚礁、极地奇景的图片及文字资料以及自己在家乡等地沿海景点拍的照片。

【活动过程】

课时一：欣赏海边风光

一、创设情境，导入新课

1. 出示一组沿海风景的照片

（1）你们都看到了哪些美丽的景点？

（2）你们能说出它们的名字吗？

2. 谈话导入

蓝天白云下，粼粼波光中，倒映着一幅幅美妙绝伦的海边胜景。它们或雄伟壮丽或典雅秀美，或历史悠久或现代时尚，为我们勾勒出一道独特的沿海风景线。下面让我们一起走进这些景点。

二、祖国沿海，初涉风姿

（1）教师：在刚才展示的图片中，你们都去过哪些沿海景点呢？

（2）学生交流。

（3）展示教师在沿海景点拍摄的照片并解说。

（4）教师：我国东南两面临海，海岸线长达1.8万多千米，大约有14座城市处在沿海一线上，你们知道有哪些城市吗？我们一起来看看吧！

（5）出示中国海岸线地图。

（6）师生交流。

小结过渡：我国拥有漫长的海岸线，沿海岛屿星罗棋布，沿海景点像一颗颗珍珠一样璀璨迷人，让我们赶紧去看一看。

三、景点采撷，深悟美丽

1. 舟山美景

美丽的舟山群岛可以用"海上花园，碧水蓝天"来形容，每年的"五一""十一"期间，美丽的沙雕便会点缀在朱家尖的海滩上，吸引着大批的市民和游客来观看。接下来就让我们一起来欣赏舟山美丽的风景吧！

（1）展示舟山沿海景点照片。

（2）教师：舟山如此之美，你们都到过哪些地方呢？你们有什么样的感受？

（3）师生交流。

（4）学生展示自己在舟山各个景点的照片。

（5）出示图片、文字和补充资料。

①普陀山及其悠久的观音文化。

②朱家尖的沙雕及乌石塘的传说。乌石塘是一条全部由乌黑发亮的鹅卵石自然垒积而成的海塘，气势庞大甚是壮观。鹅卵石乌黑发亮，花纹斑斓，光洁可爱，小如珠玑，大如鹅卵。每当台风将临，依水斜垒的乌石会一反常态，皱叠起一道道竖沟，发出一阵阵"沙……啦啦……沙沙……啦啦"的声响，朱家尖的渔民们称之是小乌龙在预报台风即将到来的信息，呼唤出海打渔的渔民快快回港。

乌石塘何以如此灵验？相传它是乌龙的化身。原来东海龙王的三太子，生得一身乌黑，顽皮而聪颖，深得父母的宠爱。一天，它耐不住龙宫的寂寞，一个人离开龙宫，独自来到东海大洋遨游。正玩得兴起，不料遇到了一群鲨鱼精。鲨鱼精们曾听说吃了龙肉，可以成仙，所以一见小乌龙，就一起张着嘴向小乌龙猛扑过去。小乌龙寡不敌众，斗得筋疲力尽，遍体鳞伤，向莲花洋节节败退，鲨鱼精们穷追不舍，在这千钧一发之际，被正在捕鱼的朱家尖渔民发现，众渔民奋勇将小乌龙救到樟州湾内，又精心为小乌龙疗伤，于是小乌龙与朱家尖渔民结下了深厚的友情。小乌龙伤好后，为

报答渔民的救命之恩，放弃了龙宫的生活，情愿留在樟州湾，立志守护海塘，造福朱家尖百姓。

③东极的美誉——"海上丽江"。东极岛，属于浙江省舟山市普陀区东极镇，位于中国大陆东端。身处大海，四周被东海包围。东极诸岛远离舟山本岛，距沈家门45千米，拥有大小28个岛屿和108个岩礁。不仅有浓厚、古朴的渔家特色，更有那美不胜收的风光，它几乎包揽了真正意义上的阳光、碧海、岛礁、海味。且气候宜人，水质清澈，是少有的纯洁之地。东极主要风景有庙子湖、青浜岛、东福山、黄兴岛。是电影《后会无期》的重要拍摄地点，被称为海上的丽江。

（6）小结：舟山是一个美丽的海岛城市，我们可以在假期一睹它的风姿！

2. 厦门鼓浪屿

（1）同学们，让我们暂别舟山，一起南下，去厦门看看那里的风光吧！厦门的鼓浪屿清洁幽静、空气新鲜，岛上树木苍翠、繁花似锦。

（2）出示厦门鼓浪屿的图片。

（3）谁知道鼓浪屿名字的来历？

（4）学生交流。

（5）教师小结：鼓浪屿岛上岩石峥嵘，挺拔雄秀，因长年受海浪扑打，形成许多幽谷和峭崖，沙滩礁石、峭壁、岩峰相映成趣。

3. 走进海南三亚

同学们，我们继续海上风景的采撷。下面我们一起飞向海南岛，去三亚看一看。

（1）出示"天涯海角"和"南天一柱"的图片。

（2）谁来介绍一下你知道的"天涯海角"？

（3）学生交流。

（4）"故事大王"讲"南天一柱"的故事。

（5）师生交流。

（6）教师小结：大自然把宜人的气候、清新的空气、和煦的阳光、湛蓝的海水、柔和的沙滩、美味的海鲜……都赐予了这座中国最南端的沿海景点，有机会我们一定要去那里走一走。

4. 北戴河的鸽子窝公园

（1）刚才老师带领大家一起浏览了几个美丽的沿海景点。同学们，现在你们自己开始探究，去北戴河看看，然后交流汇报。

（2）学生拿出搜集到的资料，以小组为单位进行探究。

（3）学生汇报交流。

（4）教师小结：通过同学们的介绍、展示，我们了解了北戴河鸽子窝公园的来历以及有关它的故事。它拉近了我们与鸽子的距离，愿象征和平的鸽子在这里快乐地繁衍生息。

5. 海外沿海景点

我们刚才领略了祖国美丽的沿海风景线，现在让我们走出国门，开阔视野，去看看国外的海边美景。

（1）出示澳大利亚悉尼歌剧院等图片。

（2）学生当小导游介绍国外的海上景点。

（3）交流感受。

（4）教师小结：海外的风光很迷人，也很时尚、现代，现在让我们一起努力学习，将来把我们国家的城市建设得更加美丽、时尚。

四、景点推介，学做导游

（1）"小导游"让我们近距离欣赏到沿海美丽的风景线，现在请同学们制作关于沿海景点的明信片吧，把美丽传播出去，让更多的人感受到沿海景点的魅力。

（2）提出要求：①明信片上先贴上要宣传的景点的小照片。②用一句话来概括你们推荐它的理由。

（3）师生欣赏交流。

课时二：认识海洋绿洲

一、情境导入，开启珊瑚礁之旅

（1）教师：我们饱览了美丽的沿海风光，了解了一些沿海城市的美丽景点和文化，今天，我们的好朋友小海豚博士还要带我们去一个地方，知道是哪儿吗？

（卡通人物介绍——同学们好！我是小海豚博士，今天要带大家进行一次神秘的海底旅行，准备好了吗？出发吧！）

（2）课件播放潜水艇下海底珊瑚礁奇异景象，并呈现我国西沙、南沙群岛珊瑚礁景色。

（3）教师：同学们，徜徉在这神奇的海底旅行中，你们都看到了什么？有什么感受？

（4）学生根据自己的认识交流——如海底景色奇异，就像一个美丽的花园；海底生活着各种鱼类、藻类，种类繁多；我还看到了美丽的珊瑚礁。

（5）教师：刚才有的同学说到珊瑚礁，你了解它吗？这就是我们这节课要探究学习的主题。

（板书：海洋中的绿洲——珊瑚礁）

二、初识珊瑚礁

（1）教师：下面让我们走进珊瑚礁和它进行一次亲密的接触吧！课前，我们查阅、搜集了关于珊瑚礁的资料。考考大家：珊瑚礁是怎样形成的呢？

（2）学生交流。

（3）教师：我们初步了解了珊瑚礁的形成过程，现在来听一听小海豚博士的介绍。

（4）课件展示：海洋中的珊瑚虫在生长过程中能吸收海水中的钙和二氧化碳，然后分泌出石灰石，变为自己生存的外壳。一个单体的珊瑚虫只有米粒那样大小，它们一群一群地聚居在一起，一代代地新陈代谢，生长繁衍，同时不断分泌出石灰石，并黏合在一起。这些石灰石经过以后的压实、石化，形成岛屿和礁石，也就是所谓的珊瑚礁。

（5）教师：现在我们了解了珊瑚礁的形成过程，你还了解到关于珊瑚礁的哪些信息呢？让我们继续来交流。

（6）学生分组交流，完成后全班汇报。

如：珊瑚礁的分布概况、所处的地理位置、生长条件、形态、种类、著名的珊瑚礁……

教师利用课件补充介绍一些典型的资料内容。

（7）接下来让我们再来看一段视频，看看从这段视频中你都了解到哪些内容？

（课件播放：描述珊瑚礁生物群落的视频资料，内容包括：珊瑚礁自然生态系统被称为海洋绿洲、世界上最大的"居所"，珊瑚礁为大量的海洋生物提供了栖息地……）

（8）小结：看到这些介绍，我们不禁为美丽而神奇的珊瑚礁赞叹！它不仅是海洋生态环境的重要组成部分，也为成千上万的海洋生物提供了良好的栖息场所！其实珊瑚礁还有一些重要的作用呢！让我们继续进行探究之旅吧！

三、"海洋绿洲"作用大

（1）教师：你还知道珊瑚礁有哪些作用吗？

学生交流：①珊瑚礁能维持渔业资源。②珊瑚礁可以保护海岸线。③珊瑚礁可以作为我们医疗药材的重要来源。④珊瑚礁对于优化地球上的大气环境扮演着重要角色。

（2）教师小结：看来珊瑚礁不仅有丰富的生态系统、较高的利用价值，还与我们人类的生活息息相关，是我们人类共同的自然文化遗产。

四、保护绿洲在行动

（1）教师：不过，珊瑚礁的生存现状可不那么令人乐观！让我们一起来看一段视频资料。（课件播放珊瑚礁濒临灭绝的现状短片）

（2）学生认真观看视频。

（3）教师：看到这些，你有什么想说的吗？

（4）学生交流自己了解到的知识、感受和体会。

人类的许多活动，如海水污染、海滨开发、过度捕鱼、岩油开采、过度潜水活动、开采和贩卖珊瑚等，正在破坏着珊瑚礁的生态系统。使珊瑚礁接近崩溃的边缘……世界上的许多国家和一些组织都已经意识到了这一点，正在用实际的行动来保护它们。

（5）教师小结：同学们，海洋是生命的摇篮，人类善待海洋、就是善待自己！让我们积极地行动起来，保护珊瑚礁、守护美丽的蓝色家园吧！

课时三：探访极地奇景

一、情境引入，寻找极地

（1）教师：地球有两个极寒的地区，充满了神秘气息，你知道在哪里吗？

（2）学生交流。

（3）教师小结：南极和北极分别位于地球的最南端和最北端，南极是海洋中的高原陆地，被巨大的冰盖所覆盖；北极的核心是北冰洋，大部分水域终年结冰。

二、欣赏奇景，探究奥秘

（1）下面就让我们到南极和北极走一遭吧！视频引入极冷的冰雪世界。

（2）看了这美丽的画面，你有什么疑问吗？

（3）迷你讨论：你知道极地为什么这么寒冷吗？

（4）学生查找资料，在小组中交流。

（5）在两极还存在着有趣的极昼、极夜现象，我们一起去看看。（图片出示极昼、极夜时的景色）

（6）信息直通车：为什么极地会有这一现象呢？你知道吗？（学生交流）

（7）出示（小海豚博士告诉你）：地球在绕太阳公转时也在绕地轴自转，地轴与公转轨道形成一个约23°27′的倾斜角，因而出现了公转时6个月里一极朝着太阳全是白天、另一极背向太阳全是黑夜的现象。

（8）趣味操作演示：用手电筒和地球仪演示极昼、极夜现象。

三、极地精灵，大开眼界

（1）极地虽是个冰雪世界，但却充满灵动，因为那里有许多可爱的精灵，你所了解的极地精灵有哪些呢？

（学生交流，教师穿插介绍）

南北极的动物也不尽相同：北极有皮毛厚厚的北极熊；南极则有企鹅。

地球的南北两端，是这个星球上最寒冷的地方。当海洋结冰的时候，也就意味着极地最冷季节的到来。即使是生活在这里习惯了寒冷的动物，它们大多数也难以抵挡冬日的严寒，有谁能度过这世界上最冷的寒冬，它们又经历了怎样的冬天呢？

（2）视频播放企鹅、北极熊、海豹等极地动物的可爱样子。

（3）信息直通车：企鹅与北极熊趣闻。

企鹅和鸵鸟一样，是一种不会飞的鸟类，但企鹅的游泳速度快得惊人，成年企鹅的速度比一些万吨巨轮的行驶速度还要快。

北极熊高大威猛，其嗅觉发达程度是犬类的7倍，行动速度可达16米/秒，是百米世界冠军的1.5倍。

四、拓展延伸，蓝色行动

（1）南极和北极这两个特殊地区，令人惊叹、着迷，可是随着气候变暖，极地冰雪慢慢融化，这极大地影响了极地动物的生存环境，那我们该怎样做呢？

（2）学生交流，教师提炼，并倡议蓝色行动，出示：

①不把废弃物品或垃圾倾倒在海边，维护海洋环境的清洁。

②出门多步行或使用自行车或公共交通工具，少使用私家车。

③节约用电、用气、节能减排，空调的温度设定得高一点，减少有害气体的排放。

（3）教师小结：同学们的回答让老师坚信——有了文明的爱海人、环保的小卫士，我们的大海会永远美丽下去。

（4）拓展作业：①探索极地风光，举办一次极地风光图片展。②设计一张宣传海报，积极进行维护海洋环境的宣传。

 【活动反思】

海洋世界真的是一个很神奇的地方，学生们对各种海洋生物充满了强烈的好奇心。学生们喜欢探索，有深入了解海洋生活的欲望。

本次活动从学生的兴趣点出发，让学生了解海岛、珊瑚、极地等不同海洋风光，唤起学生对沿海风景的回忆，并初步感受沿海地区风景的特点，引发学生探究，并深入了解舟山等沿海景点的历史与文化。走近海岛、了解海洋，调动学生参与活动的积极性，感受不同沿海景点的风格，学会与他人合作，培养团队精神。

海洋世界又是千奇百怪的，海边景色及海洋动物对学生来说充满了吸引力，教师通过让学生自由地讲述、自由地观察去发现海洋生物不同的特征，在这一过程中，学生能够多方位地表达自己，而且参与度更高。

活动中，教师给予学生表达的机会很多。学生充分地表达了自己想要表达的话语。当然，在教学中也有一些不足，如教学评价形式相对单一，主要表现教师对学生的评价，而忽略了学生的自评和互评；评价侧重于对教学结果的评价，而忽略了对教学过程各个环节的评价。

 【链接】

资料一：舟山悠久的观音文化

舟山是我国著名的四大渔场之一。渔业生产的流动性、作业方式的特殊性和海洋生活的危险性，迫使广大渔民去寻找自己的某种精神寄托。古时候，渔业生产工具简陋，舟山渔民终年提心吊胆地过着"三寸板里是娘房，三寸板外见阎王"和"前有强盗，后有风暴，开船出洋，命靠天保"的日子。因此，观世音"诸恶莫作，众善奉行，大悲心肠，怜悯一切，救危济苦，普度众生"的教义，很能引起广大渔民的共鸣。渔民把一切苦乐祸福都寄托于观世音。海上遇到风暴，求观世音保佑；家里有人生病，求观世音救治；渔业生产丰收，是托观世音的福；有了天灾人祸，怨己拜观世音不诚。他们真的把观世音信奉为"济世造福的神圣""主宰命运的上帝""拯救苦难的救星""送子送福的神仙"，加上海岛自然条件的神奇怪异，人们更把这海岛视为虚无缥缈的神仙佛地，信佛拜观音的风俗也因此在各地流传。据元大德《昌国州图志》记载，早在东晋年间，岛上就建有"观音庵"（今北门外普慈寺遗址），之后，各岛各屿造庙塑观音的越来越多，到编定《昌国州图志》时，舟山各地已造有23处供奉观音的寺院，占有田产576公顷，山林超过1 300公顷；到清末民初时期，舟山渔村已是"岛岛建寺庙，村村有僧尼，处处念弥陀，户户拜观音"。

资料二：南海珊瑚礁分布概况

我国的南沙群岛西起万安滩，东至海马滩，北起雄南礁，南至曾母暗沙附近的亚西南暗沙，东西长1 195千米，南北宽973千米，面积达70.68万平方千米。它包括23座灰沙岛，50多座干出礁和60多座暗礁，还有一些疑存的未被发现的礁滩。南沙群岛海底地形为自南向北逐级下降的三级阶梯地形：第一级为水深浅于150米的南海南部大陆架；第二级为由上、下陆坡和南沙台阶构成的南海南部大陆坡，上陆坡水深150～1 500米，下陆坡水深2 000～4 000米，位于1 500～2 000米的南沙台阶构成大陆坡

的主体；第三级为水深4 000米左右的南海深海盆。

南沙群岛的全部灰沙岛和大部分礁滩分布在南沙台阶上，小部分分布在南部大陆架和上陆坡。据礼乐滩钻孔资料，从晚渐新世中期至现在，为厚度达2 164米的生物礁灰岩。永暑礁南永1井深152.07米的剖面首次揭示了南沙群岛第四纪早更新世晚期90多万年以来的珊瑚礁碳酸盐沉积的地质演化与环境变化的历史。

南沙群岛珊瑚礁体类型，主要为环礁（中部有潟湖），其次为台礁（无潟湖）和水下礁丘。礁镯（若干小环礁）围圈一个深水潟湖，组成一个有统一礁座的大环礁（群礁），面积大者达1 000平方千米左右，如郑和群礁。

资料三：两个极地的差异

当从太空望向地球时，可看到南北极的地形完全不同。南极是一块广大的陆块，面积约1 261万平方千米，称作南极洲；而北极则是一片汪洋，面积约1 409万平方千米，称作北冰洋。从数据我们可以发现它们的大小十分相近。

北极海深约1 200米，是世界上最浅的海；相反地，南极大陆的标高则平均在1 500米左右。南极大陆几乎都被巨大的大陆冰河所覆盖，且冰层的平均厚度约为1 700米，最厚的地方则高达2 800米。这里的冰占了全世界总量的90%左右，为北极海冰量的8～10倍，如果南极洲的冰全部融化流入海中，将会使全球的海平面上升60～80米。

在极地有两种冰：海冰与冰山，它们的形成环境不同。海冰是直接在海里就结冻，所以融化后都是咸水；相反地，冰山则是邻近海边的冰河，里面的大冰块掉入海中形成的，所以融化后是淡水。南北极天空中时常出现的极光，是发生在大气层中的电离层，是太阳风吹至地球的结果，十分美丽。

专题二　海洋文化

　　海洋文化，是指缘于海洋而生成的文化，是人类在认识、利用和开发海洋的社会实践过程中形成的一切精神和物质成果，如人们的海洋意识、海洋认识、海洋思想、海洋信仰、海洋民俗以及涉及海洋的语言文学艺术和法规制度等形态，都属于海洋文化的范畴。中华民族是人类海洋文化的重要创造者，在长期的海洋活动中形成了悠久而灿烂的海洋文化。当今时代，随着21世纪"海洋世纪"蓝色浪潮的兴起，海洋文化日益成为国家综合国力的重要组成部分，成为海洋竞争的软实力。在这一背景下，我国对海洋文化的研究和探索日渐深入，海岛文化、航海文化、海洋文学、海洋旅游文化、海洋体育文化、海洋影视文化以及海洋文化历史遗产的保护都得到了迅速发展。与此同时，社会也比以往任何时候更期望学校加强海洋文化知识的传授，不断提高学生的海洋文化素质和创造能力。

　　本专题共设"舟山渔歌号子""小手绘海洋"等12个海洋文化教育主题班会，旨在通过主题班会这一学生喜闻乐见的活动形式，组织中小学生共同了解和学习海洋文化，感受海洋文化的博大精深和迷人魅力，为提升海洋文化意识、提高传承和创造海洋文化能力奠定基础。

第1课　舟山渔歌号子

【活动理念】

　　渔歌，顾名思义就是渔民捕鱼、织网、晒网等劳动或休息时口头传唱的民歌。它是民歌，也属于民谣。千百年来，一直流传于舟山民间的渔歌，就是舟山渔民根据渔业生产的特殊性和流动性，逐步积累和创作出来的一种口头文学，它不仅富有浓郁的海洋气息和渔乡风情，而且含有深刻的人生哲理和生活知识。

　　渔歌，作为舟山本土文化的一块瑰宝，对它的保护势在必行。特别是渔歌中的原生态渔歌号子，它是一种活态的遗产，通过口传心授流传，随着民间渔歌手日渐衰老且相继过世，传承者日趋减少，几近绝响。在传统木帆船作业被机械化渔船所代替的现代社会背景下，原生态渔歌号子的生存环境遭遇了极大冲击，传统渔歌实际上正处在一个消亡的过程。

　　在渔歌渐行渐远的今天，我们应抱有强烈的危机感和责任感，通过本次活动，让学生从小就树立对本土乡音文化的传承意识，让学校成为"舟山渔歌"传承和推广的主渠道，让"舟山渔歌"得以在下一代身上继续传承和发扬。

【适用年级】

　　二年级。

【活动目标】

　　（1）认知目标：初步了解舟山渔歌号子，知道渔歌号子的来源与种类。

　　（2）行为目标：通过走访群众、查阅书刊、上网搜寻等方法，搜集有关舟山渔歌号子的信息。

　　（3）情感目标：通过欣赏、学唱舟山渔歌号子，感受民间艺术的独特魅力，激发学生热爱美丽家乡舟山的深厚感情。

【活动准备】

　　（1）教师：搜集有关舟山渔歌号子方面的文字、图片资料，并制成多媒体课件，便于师生之间、学生之间自主互动地学习；准备《渔歌号子》情景剧、《起蓬号子》

的相关视频资料等。

（2）学生：了解和搜集有关舟山渔歌号子方面的资料。

（3）教室环境布置：出一期关于舟山渔歌号子的黑板报，张贴有关舟山渔歌号子的图片和资料，营造良好的学习氛围。

 【活动过程】

系列活动一：欣赏舟山渔歌号子（课内）

一、激趣导入

（1）同学们，你们喜欢唱歌吗？今天老师给大家带来一段视频，大家想看看吗？（播放《渔歌号子》情景剧视频）

（2）看了视频，同学们你们想说什么呀？

（3）在这段视频中，他们唱的歌和我们平时唱的可不一样哦！你们知道他们唱的是什么歌吗？这是舟山特有的歌曲。（板书：舟山渔歌号子）

二、欣赏了解

（1）老师告诉大家：舟山渔歌号子是舟山群岛各类渔船工号子的总称，是舟山渔民船工在大海和岸上劳作中创作形成、逐渐积累、不断丰富并世代相传、朝夕相伴的海洋民间口头音乐。在很久以前，那时还是木帆船时代，船上一切工序全靠手工操作，集体劳动异常繁重。各种工序都要喊号子以统一行动，调节情绪，由此就形成了舟山渔歌号子，传唱的人以渔民、船工为主。在那个年代，渔歌号子同样是一种生产工具，它们的作用除了指挥船只开航、渔民生产以外，还能最大限度地激励人心。

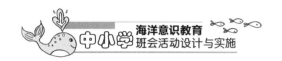
（2）了解了渔歌号子的来历，下面就让我们一起来欣赏一下舟山渔民劳作和演唱渔歌号子的图片吧！

（3）刚才看了那么多的图片，你知道渔歌号子分为几种吗？

小小讲解员介绍。（请3位学生上台讲解）

①按作业时用力的部位，渔歌号子可分为：手拔类号子、手摇类号子、手扳类号子、测量类号子、牵拉类号子、抬物类号子、敲打类号子、肩挑类号子、吊货类号子、抛甩类号子等20多种。

②按作业的工序，渔歌号子又可分为：拔篷号子、起锚号子、拔网号子、拔船号子、摇橹号子、打绳索号子、打水篙号子、打桩号子、起舱号子、涤网号子，等等。

③按工序操作所付出的力度大小，渔歌号子又派生为小号和大号，同时各类号子之间相互灵活兼用。

（4）欣赏渔歌号子《起蓬号子》。

舟山渔歌号子现在已经被列入国家级非物质文化遗产保护名录，是"国宝"级的民间艺术了。

三、小结延伸

（1）今天这堂课，我们只是简单地认识了舟山渔歌号子，想要更深入地了解它，我们必须利用课外时间去实践、去探究，并且把你们搜寻到的知识记录下来一起分享，好吗？

（2）布置任务（详见系列活动二）。

系列活动二：搜寻舟山渔歌号子（课外）

同学们，接下来几个星期，你们就要和小伙伴，还有你们的爸爸妈妈一起去寻找有关舟山渔歌号子的资料，希望你们积极行动起来，获取更多的知识！

一、同伴手拉手，和小组成员一起搜集你感兴趣的资料（至少完成两项）

（1）搜集1～2种舟山渔歌号子，能比较详细地介绍。

（2）搜集1～2首舟山渔歌号子现传的曲谱和歌词。

（3）搜集1～2首舟山渔歌号子的录音或视频。

（4）画一幅有关渔民传唱舟山渔歌号子的图画。

（5）学唱一首简单的舟山渔歌号子。

二、小手牵大手，和爸爸妈妈一起搜集资料并完成记录表（至少完成一项）

（1）拜访舟山渔歌号子的传承人，了解渔歌号子的现状。

（2）录制渔歌号子传承人演唱的歌曲。

（3）参观舟山渔歌号子演示基地。

（4）游览渔村，拉拉锚、撒撒网，亲身体验一下渔民生活。

参观时间：	参观地点：
参观人员：	
参观记录（文字图画都可以）：	

　　以上这些活动由学生自由选择，教师整理之后把表格及图文资料呈现于教室板报及宣传栏中，为学生创设良好的活动氛围，加深印象。

系列活动三：走进舟山渔歌号子（课内）

一、谈话引入

同学们，这几个星期以来，大家都在非常认真地做一件事情，那就是——认识舟山的渔歌号子，搜集有关的知识。你们实践得怎么样呢？这节课就和大家一起来交流你们的收获，好吗？

二、交流展示

（先组内交流，再选出代表参加班内交流）

1. 我来说一说舟山渔歌号子

（1）各小组派代表上台介绍搜集的一种舟山渔歌号子。

（2）教师详细讲解舟山渔歌号子的分类：

①手拔类号子分为拔篷号子、起锚号子、拔网号子、溜网号子、拔船号子和拔舢舨号子。

②手摇类号子分为摇橹号子、打绳索号子和打大缉号子。

③手扳类号子如起舵号子。

④测量类号子如打水篙号子。

⑤牵拉类号子分为牵钻号子和牵锯号子。

⑥抬物类号子分为抬船号子和抬网号子。

⑦敲打类号子分为打桩号子、打夯号子和夯点心号子。

⑧肩挑类号子如挑舱号子。

⑨吊货类号子分为吊水号子、起舱号子、吊舢板号子和荡勾号子。

⑩抛甩类号子分为涤网号子和掼虾米号子。

舟山的渔歌号子种类可真多啊，除了老师介绍的这些，还有一些号子，由于罕唱或失传，现在已经难以搜集起来了。那这些渔歌号子，现在谁还会唱呢？

2. 我来讲一讲舟山渔歌号子的传承人

（学生上台介绍搜集到的资料）

（1）"舟山渔歌号子"代表性传承人周文利。2008年，嵊泗县76岁老渔民周文利被评为"舟山渔歌号子"代表性传承人，使《拔篷号子》和《摇橹号子》等嵊泗渔歌号子得以传承。自16岁下海捕鱼，周文利已和渔歌号子相伴60个年头。周文利参加"舟山渔歌号子王"电视总决赛一鸣惊人，获得"风采""大众人气"两项大奖。同年，他受邀参加了中国渔歌邀请赛，比赛中以一曲《拔锚号子》成为现场最受关注的演员之一。

（2）洪国壮是定海区首批非物质文化遗产传承人，唱起舟山渔歌号子粗犷豪放，也正是在他的一次次演绎中，人们感受到了渔歌号子的魅力。2004年9月，洪国壮参加了长三角地区嘴上功夫民间艺术邀请赛，当粗犷辽远的渔歌号子响彻在剧院上空时，台下响起雷鸣般掌声，他如愿捧回银奖。2005年，洪国壮参加岱山首届中国海洋文化节中国沿海地区渔歌号子邀请赛捧回金奖；2007年他代表舟山参加泛太平洋地区渔歌邀请赛，获"最佳渔歌号子王"称号。

3. 我来秀一秀舟山渔歌号子

（1）学生上台展示搜集的舟山渔歌号子的简谱和歌词，并做简单地介绍。

（2）学生上台展示有关舟山渔歌号子的图画。

（3）学生上台展示搜集的传承人演唱舟山渔歌号子的视频或录音。

（4）学生上台演唱课前学会的简单

的舟山渔歌号子。根据演唱情况，评选出若干名"小小渔歌号子手"。

三、开心学唱

（1）今天，我们请来了音乐老师教大家学唱一首渔歌号子《起蓬号子》："一拉金嘞格，嗨哟！二拉银嘞格，嗨哟！三拉珠宝亮晶晶，大海不负捕鱼人。"

（2）学生学唱。

（3）全班齐唱。

（4）再次欣赏原汁原味的《起蓬号子》，感受舟山渔歌号子的独特魅力。

教师小结

　　亲爱的同学们，通过这次活动，我们对舟山的渔歌号子有了很多的了解。

　　舟山渔歌号子作为舟山市第一批列入国家非物质文化遗产保护名录的项目，正不断受到各方面的重视。虽然我们只是一名小学生，虽然我们的力量还很小，但是，学会用家乡的方言来唱一首家乡的渔歌，这是一件多么自豪的事情啊。同学们，就让我们迎着海风、踏着海浪，唱响我们舟山的渔歌号子吧！

【活动反思】

　　舟山的先民在长期的劳动和生活中，留下了许多富有海洋特色、海岛特色的舟山传统民间艺术。"舟山锣鼓""观音传说""舟山渔歌号子""渔民开洋、谢洋节""传统木船制造技艺"5个项目已列入国家级非物质文化遗产保护名录。近几年来，舟山致力于打造"中国海洋文化"的品牌标志，成为国内最具特色的海洋文化体验地。在文化部门的努力下，一些渔歌号子正在不断地被发掘、整理。在舟山，渔歌号子是一张地域文化名片，它是世代舟山渔民劳动与智慧的结晶，是我们文化家底的一部分，是不可取代的一块独特的海洋文化瑰宝。作为舟山人，我们为之自豪，我们有责任、也有义务把这些优秀的民间艺术作品发扬光大。

那么，在小学教育中如何推广舟山渔歌号子，如何渗透海洋文化，让学生进一步认识海洋、善待海洋，使这个优秀的地方特色艺术形式广泛传唱和传承呢？这一次的系列活动，虽然不能让学生们完完全全地去传承舟山渔歌号子，但至少在学生心中撒下了一颗蓝色的种子，对舟山渔歌号子有了一些认识和了解。

一、搜集渔歌号子资源，培养实践能力

在开展"搜寻渔歌号子"的调查活动中，学生以"同伴手拉手，和小组成员一起搜集你感兴趣的资料"这种形式，分配好任务。在课外的实践活动中，有的学生上网查资料，有的学生进行调查分析，有的学生实地考察，学生们积极投入到活动中。虽然他们的年纪还小，但照样做得有模有样。一部分学生还学会了自主获取信息的方法，在需要一些资料时，他们知道通过什么手段、从哪里去获取。这样的活动不但让学生了解了舟山的渔歌号子，而且培养了学生的实践能力。

二、小小渔歌号子手，提升综合能力

学生虽然年纪小，但在课外调查舟山渔歌号子的阶段，他们既分工又合作，遇到困难时不退缩，请教父母、老师，上网查找资料，用各种方法来解决困难。在交流成果阶段，学生们畅所欲言，充分交流，并以课件、录像、图文等不同的方式展示了自己的调查成果。他们学会了分析和思考，学会了理解和宽容，学会了赞美与分享，提高了综合素质。同时，在成果分享课中，音乐老师为学生现场教授简单的舟山渔歌号子，更激发了学生们对舟山渔歌号子的浓厚兴趣。

三、开发利用家长资源，形成教育合力

由于学生的年龄较小，有些资料的搜集和活动的开展，都需要有大人的帮助和陪同，所以我们充分利用亲子关系，小手拉大手，深化主题活动。在活动中要求家长带孩子一起去书店或网上寻找、查阅舟山渔歌号子的相关资料，并能耐心细致地讲给孩子听，帮助孩子完成资料的搜集任务。同时和孩子一起参与实践活动，如拜访渔歌号子的传承人，参观渔歌号子的演示基地，游览小渔村，体验渔民生活等活动。家长的参与，让我们的亲近舟山渔歌号子的活动更具多样性、丰富性和实效性。

在这次的实践活动中，学生们投入了较多的精力，收到了不错的效果，但同时

也存在着许多不足之处。舟山渔歌号子是舟山各岛渔民、船工世代相传的海洋民间口耳相传的音乐，寻找资料比较困难，所以在成果汇报课时，大家寻找到的资料都差不多，更有个别学生对网上查询到的资料不会甄别，以致汇报时把不是舟山渔歌号子的曲谱当作汇报材料。还有一小部分学生由于家长的参与度不高，造成无法完成实践活动，等等。

舟山渔歌号子已正式入选国家级非物质文化遗产名录。但是入选保护名录，仅仅是保护舟山渔歌号子万里征途的第一步。让我们从孩子开始，赶快行动起来，保护和传承我们舟山的这张文化名片——舟山渔歌号子吧！

第2课　小手绘海洋

【活动理念】

广袤无垠的海洋，孕育了地球上包括人类在内的亿万生灵，它是人类诞生的摇篮，也是海洋生灵的家园。海洋调节着全球的气候，创造了人类能够生存的自然环境，同时它还是人类潜在的巨大资源宝库。海洋是人类可持续发展的宝贵财富，作为人类生命系统的基本支柱，不论过去、现在，还是将来，对人类的生存、发展都起着决定性的作用。因此，我们需要在小学生中进行海洋意识教育，培养学生从小热爱海洋、敬畏海洋的意识。

如何培养热爱海洋、敬畏海洋的意识呢？学生前期已经初步认识了海洋，还跟海洋生物"交上了朋友"，对海洋已经有了初步的了解。在此基础上，根据低年级学生的年龄特点，我们尝试让学生通过动手实践——作画，来表达对海洋的崇敬之情。

舟山是我国的第一大群岛，世界著名渔场，孕育了渔民画、沙雕、沙画等一系列具有浓郁的地域特色的艺术表现形式。渔民画顾名思义，是指源自渔民群体的民间艺术家所创造的独有风格的一个画种。渔民画家用大海的天真纯朴和无限的想象，把美好的愿望以及真挚的情感，通过一幅幅奇趣构思的斑斓图画表现出来。而沙画，简而言之就是用沙子做成的图画。本次活动设计试图引导学生了解与海洋相关的画种——渔民画和沙画，欣赏绘画作品，并尝试用渔民画及沙画的方式来描绘海洋，表达对海洋的崇敬、热爱之情。

【适用年级】

三年级。

【活动目标】

（1）认知目标：认识渔民画、沙画，了解这些画种的特点、作画用到的工具以及作画步骤。

（2）情感目标：激发学生对海洋的崇敬、热爱之情，培养学生的合作精神。

（3）行为目标：尝试制作渔民画、沙画。

【活动准备】

（1）搜集渔民画、沙画的图片以及文字资料，制作成多媒体课件。

（2）准备沙画制作的工具：底板、木胶、竹制刮刀、吹风机等。（每四人小组准备一份）

【活动过程】

本活动可以分两大板块进行，第一板块"渔民画"，第二板块"沙画"，每个板块可以安排一个课时。两个板块的操作步骤基本相同：先是对渔民画及沙画这一画种有一个直观的认识，接着了解绘画制作过程，最后动手制作。

课时一：渔民画

一、谈话导入

（1）同学们，我们已经初步认识了广袤无垠的海洋，跟海洋里的"居民"交上了朋友，还用动听的歌声传唱海洋、赞美海洋，接下来的实践活动，我们要用一双双灵巧能干的小手画海洋。

（2）板书课题：小手绘海洋（1）。

二、认识画种——渔民画知多少

（1）同学们，你们知道吗？舟山是中国的第一大群岛，世界著名的渔场。这里生活着一群纯朴的渔民画家，他们用大海的天真纯朴和无限的想象，把美好的愿望以及真挚的情感，通过一幅幅奇趣构思的斑斓图画表现出来。这种图画有一个专门的名字——渔民画。

（2）看，这就是舟山的渔民画。（多媒体课件播放）

欣赏，看看这些渔民画有什么特点？（颜色鲜艳，表现大海以及与海洋相关的事物，构图饱满，造型夸张，想象丰富等）

（3）舟山的渔民画造型夸张、随意，制作精致，赢得了国内外专家和观众的认可。1987年11月，舟山渔民画在中国美术馆展出，获得了广泛好评。1988年舟山被文化部命名为"现代民间绘画画乡"。

（4）这么漂亮的渔民画，同学们想不想也来画一画呢？咱们先来了解一下怎么画渔民画。（出示多媒体课件）

三、尝试作画——渔民画

（1）了解了怎么画渔民画，接下来，就让我们一起来创作渔民画吧！

（2）构图思路大拓展：和周围的同学商量商量，在你的这幅图画中，你要表现什么内容呢？（画面内容）为了表现这个内容，要画哪些东西呢？（绘画题材）

（3）交流：在交流中拓宽学生的创作思路，大海、渔船、海底生物、渔民、渔网等都可以作为题材，表现渔民捕鱼、织网、谢海、祭洋等所有的生活生产场景均可。

（4）学生创作渔民画，教师给予帮助指点。

四、赏析评价

（1）寻找学生创作的渔民画中比较具有代表性的作品，进行展示，由学生进行互评。

（出示评价标准，由学生对照标准进行互评）

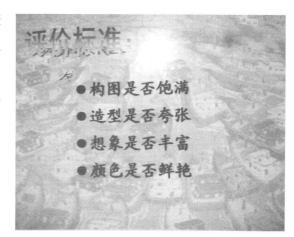

（2）学生互评。

（3）教师小结：同学们，大海真是我们人类的好朋友，它不仅孕育了那么多的海洋生物，还能启发我们的灵感，让我们创作出那么多漂亮的渔民画，就让我们把这一幅幅作品送给这位大海朋友，好不好？

（多媒体课件播放动态的大海，一边配上声音"同学们，大家好！"，然后学生模拟送渔民画给大海，活动在"哗——哗——哗——"的海浪声中结束）

课时二：沙画

一、谈话导入

（1）同学们，上节课我们认识了渔民画，还亲手画了一幅渔民画送给大海朋友，这节课，我们还要来认识一种跟海洋有关的画种，并且要制作一幅这样的图画。

（2）板书课题：小手绘海洋（2）。

二、认识画种——沙画知多少

（1）除了渔民画，还有一种画种也是非常具有舟山地域特色的，那就是——沙画。沙画，顾名思义就是用沙子做成的图画。沙子既可以堆成沙雕作品，具有立体造型美，又可以做成平面沙画作品，装饰我们的生活空间。沙雕作品相信很多同学在朱家尖的沙雕节上都见过，我们这节课要尝试的是平面的沙画制作。

（2）大家看，这就是精美的平面沙画作品。（出示多媒体课件）

欣赏，这些精美的图画有一个共同的特点，都是用沙子作画的。

（3）同学们想不想制作这么精美的沙画呢？在制作沙画之前，我们先来认识一下沙画制作要用到的工具。（出示多媒体课件）

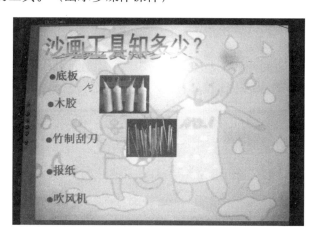

（4）了解了制作沙画的工具，我们还应该了解制作沙画的步骤。（出示多媒体课件）

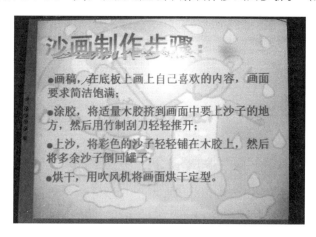

三、尝试作画——沙画

（1）说了这么多，同学们是不是已经按捺不住激动的心情了呢？接下来，就让我们一起以小组为单位来制作沙画吧！

（2）制作要求。（出示多媒体课件）

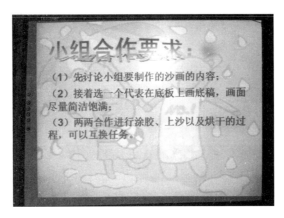

（3）小组合作制作沙画，教师指导帮助。

四、赏析评价

（1）寻找学生创作的沙画中比较具有代表性的作品，进行展示，由学生进行互评。

（2）学生互评。

教师小结

　　同学们，海洋是人类诞生的摇篮，也是海洋生灵的家园。对我们舟山人来说，它更是我们的故乡！勤劳的舟山人民依海而生、靠海而作，海洋不仅赐予我们跳动的"黄金白银"，还激发了我们的创作灵感，一幅幅精美的渔民画、沙画走出国门，走向世界，让世界认识了舟山，让舟山走向世界！

【活动反思】

大海孕育了生命，人类也应该感恩海洋、敬畏海洋。如何表达对海洋的崇敬、热爱之情？对于低年级的学生来说，用小手来描绘海洋，是一个符合低年级学生年龄特点的方式。美丽富饶的舟山群岛，孕育了渔民画、沙雕、沙画等一系列具有浓烈的地域特色的艺术表现形式。因此，我们基于地域特色以及学生年龄特点的考虑，在学习内容上选取了渔民画和沙画两块内容。

实践过程中，我们按照认识渔民画（沙画）—尝试作画—展评作品的板块式推进方式进行，应该说，让学生尝试作画是授课的重心所在，但在第一堂课的实践中，由于认识渔民画环节花的时间有点偏多，致使学生尝试作画的时间不够宽裕，展评作品环节也有点匆匆走过场。所以在沙画这一课中，我们做了调整，认识沙画部分简单了解即可，对于三年级孩子来说不作深入讲解，而是将重点放在让学生动手制作上面，由于时间宽裕了，所以学生创作的作品就有了一定的质量保证，孩子们也表现得兴趣盎然。

第3课　接力海洋文化，传承海洋艺术

【活动理念】

在了解舟山群岛历史的基础上，看舟山现代化的建设，放眼舟山未来的发展，作为新一代的舟山人，我们学习海洋文化，传承优秀的海洋文化传统，更应该参与海洋的保护和建设。时代呼吁学生们去关注海洋，拥抱海洋，为实现我们的海洋强国梦贡献力量。本活动设计旨在让学生了解舟山历史的演变，搜集和学习舟山传统文化，热爱海洋，保护海洋，激发学生热爱家乡、建设家乡的美好心愿。

【适用年级】

三年级。

【活动目标】

（1）认知目标：初步了解舟山的演变历史，回顾舟山的昨天，看今朝舟山的发展。

（2）情感目标：培养学生热爱家乡的传统文化，增强海洋意识，树立现代海洋价

值观，放眼未来，我们的舟山明天将更加辉煌。

（3）行为目标：让学生主动参与，积极搜寻舟山的历史发展轨迹，看舟山新区的发展变化。通过查找资料、实地考察、参观博物馆等了解家乡的历史和现状。

 【活动准备】

教师：多媒体课件、图片与其他资料，实验工具和材料；邀请一位民间艺人参加现场剪纸教学。

学生：搜集反映舟山发展历史的图片、资料，相关的舟山海洋传统文化图片。

 【活动过程】

一、创设情境，导入新课

（1）出示舟山人文图片。

问题一：舟山为什么称之为舟山呢？（请大家各抒己见）

教师：舟山为什么叫舟山？外地来舟山的人常常这样问。舟山人自己平时不曾留心这方面的事，被人一问，往往想当然地回答一通。或者说：舟山海里舟（船）多、岛上山多，所以叫舟山。或者说：舟山本岛形状狭长，像条船，岛上又多山，所以叫舟山。要弄清楚这个问题，我们得请舟山达人为我们解答。

（2）舟山达人：同学们，其实舟山本是定海城南一座小山的名称（播放舟山演变视频）。定海城南门外（原址在人民路与解放路交叉口）有两座山，它们与定海南城门几乎在南北一条直线上。离南城门半里的是舟山，离南城门两里的是关山。据元代《昌国州图志》记载："舟山在州之南。有山翼如，枕海之湄，以舟之所聚，故名舟山。"这段话说得很清楚：舟山在昌国州（元代舟山市称为昌国州）城的南面。有座山像鸟儿展翅的形状，横横地枕靠在海岸边。因为舟船停泊聚集于此，所以叫作舟山。

二、穿越古舟山，寻访古文化

（1）教师：感谢舟山达人给我们做的介绍，舟山的古文化更是源远流长。你知道我们舟山的传统海洋文化吗？

（2）小组交流汇报自己搜集的舟山古文化材料。

（3）看来大家搜集的材料都很有特色，为了让大家对舟山古文化有一个系统的了解，让我们一起乘上"舟山"号先去寻访舟山的海洋文化吧。

三、欣赏舟山海洋文化

1. 第一站

（1）教师：世世代代生活在沿海地区的人们，认为万物都有神，山有山神，大地有土地神，相信大海自然有海神。海龙王是渔民心目中的大海之神，它呼风唤雨、神通广大、喜怒无常，既能赐福人类，又会给人类带来灾难。所以靠海吃海的渔民们把自己一生的命运都寄托在龙王身上，"出海祭龙王、丰收谢龙王、求雨靠龙王"，处处充满着浓郁的龙崇拜、龙信仰的氛围。当年的岱衢洋，渔汛最盛时，渔船上万艘，渔人上十万人。他们将传说中的四海龙王和海上诸神明奉为生命保护神和丰收的赐福神，所以每逢渔汛开洋、谢洋时节均要举行祭海仪式，称之为"谢龙水酒"或者"行文书"。礼仪定式讲究，程序完整。现在，让我们去欣赏民间的"谢洋"活动。（观看视频剪辑）

（2）视频中你感受到的是什么？（学生可以各抒己见）

（3）教师小结：视频中的谢洋保留了祭海虔诚、纯朴的原生态文化风貌，展示着东海海域渔民龙信仰的独特传统文化与深厚的民俗内涵。今天的"休渔谢洋"，又有超乎民俗以外的意义，珍惜保护海洋，永续利用资源，与大海和谐相处。渔民们已深深意识到，大海不是予取予夺的，它同样需要善待。

2. 第二站

教师：谢洋祭海让我们看到的是舟山渔民对海的敬畏，对大海母亲的特殊的爱，除了用祭海来表达，还有许多方式来表达人们的这种敬畏。接下来，老师要带着大家去第二站看我们舟山的渔民是怎样表达对大海的浓厚而又朴实的情感的。

（1）播放视频《舟山渔歌号子》《舟山船拳》。

（2）教师：哪些同学熟悉刚才的视频，我们都怎么称呼这些表演形式？

（3）请学生来说，老师适当进行补充。

舟山锣鼓是浙江省舟山市汉族民间艺术的代表，以锣、鼓、钹及唢呐为基调，间以丝竹，音响宏壮，旋律急荡奔放，气氛极为热烈，具有鲜明的海岛特色。舟山船拳是根据渔船船舱面积和船只行驶特点，融合吴越船拳特点而创造的一种拳术，发源于吴越春秋，形成于明清，也是明清时期舟山渔区帮会组织之一"洪帮"特有的拳种。船拳极具海岛特色和浓郁的生活气息，且对强身、护体和全民健身运动具有较好的促进作用。舟山渔歌号子，是舟山群岛船渔工号子的总称，是舟山各岛渔民、船工世代相传的海洋民间口头音乐，旧时岱山及舟山诸岛，木帆船是捕鱼和海上交通的主要工

具。船上一切工序全靠手工操作，集体劳动异常繁重。各种工序都要喊号子以统一行动，调节情绪，于是形成了丰富的号子。

四、传承艺术，接力海洋文化

（1）教师：同学们，舟山的海洋文化还有许多，比如舟山渔民画（投影出示），看这一幅幅富有海岛气息的渔家乐，我们感受到的就是浓浓的舟山海洋文化，充满了地方特色。

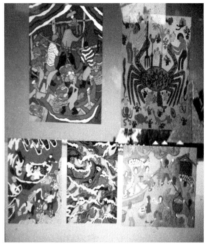

（2）教师：在民间还流传着另外一种代表性的地方特色文化瑰宝，那就是剪纸艺术。最初它只是单一的民间艺术，大多用于丧礼、祭祀活动。改革开放以来，经过海岛儿女的大胆创新，使大海的无私、渔夫的豪情、渔家的欢乐……在一纸一剪中得到张扬，赋予了剪纸强大的艺术表现力和感染力，成为深受海岛群众喜爱的民间艺术。

（3）教师：今天，老师特意请来一位民间艺人，为大家现场教授舟山的剪纸艺术，大家欢迎。

（4）民间艺人登场，为同学们手把手教授剪纸。

五、现场展示

教师：看大家都非常认真地进行剪纸，老师真不忍心打断大家，我看有几个同学已经完成了作品，我想请他们上台展示，并说说对这节海洋文化课的认识。

（1）现场展示。

（2）学生交流感受。

（3）作为舟山的新一代，我们要让舟山有自己的海洋文化、自己的海岛特色、自己的文化品牌，因此，我们更有责任传承我们舟山的传统文化。

六、课后延伸

教师：刚才我们所了解的，都是和大海息息相关的海洋文化，除了这些，充满智慧的劳动人民还创造了哪些有特色的古文化呢？（也可以是民间的习俗）

（1）请学生说说。

（2）同学们，劳动人民的智慧是无穷的，我们舟山的人民同样勤劳善良而且充满智慧，一代又一代先辈们为我们留下了许多富有想象且具有艺术性的文化，请大家课后好好去搜集相关的资料，我们下次进行汇报。

 【活动反思】

这堂课一结束，学生们就兴致勃勃地来告诉我："老师，跳蚤舞以前我在白泉街头看到过，可有趣了。一个老头涂脂抹粉，穿着花衣服，手上拿一块手绢，一扭一扭，走起来把观众都逗笑了。""老师我知道舟山还有小戏文的。"……

看来，同学们对舟山的传统文化还是有些了解的。问他们印象最深刻的是什么？他们都说是视频中壮观的谢洋场面，从来没有看见过。

虽说舟山的海洋文化在其悠久的历史长河里不断地发展、完善，深受一代又一代舟山渔民的喜爱，具有鲜明的海洋特色和地方特点，但是对于现代的孩子来说还是陌生的，有些孩子只是见过或听说，却从未接触过，这节课对于他们来说是新奇的。这节课追求的是"海味""乡味"，或许更接近教育的真实和海岛儿童的现实；它虽然没有网络、电玩新奇、刺激，但却是一种淳朴的创造——因为舟山渔民把传统文化玩出了花样。可以说舟山的传统文化，使我们的孩子在对家乡的认同与热爱上发挥了重要的作用。在今天，舟山的海洋传统文化离我们越来越远，有的甚至已经"失传"。

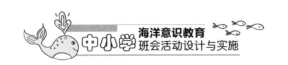
因此，通过对舟山海洋传统文化全方位的学习，挖掘传统文化，开发和利用其特有的教育功效，并通过教学实施，对于继承和发展舟山传统文化具有深远的意义。

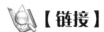【链接】

资料一：舟山锣鼓

舟山锣鼓是浙江省舟山市汉族民间艺术的代表，以锣、鼓、钹及唢呐为基调，间以丝竹，音响宏壮，旋律急荡奔放，气氛极为热烈，具有鲜明的海岛特色。新中国成立后这一民间艺术，经过加工改进慢慢地被搬上了舞台。主要作品有：《渔舟凯歌》《东海渔歌》《渔民欢乐》等。由于地域特色，舟山锣鼓表现了东海渔民那种豪爽粗犷的性格和战斗风浪的壮阔、惊险的场面以及开船、拢洋等节日欢腾热烈的气氛。旧时的舟山锣鼓大多用以出会、抬阁、海祭、拢洋、欢庆等民间活动。当时锣鼓简单，形式单一，后来在同外来民间文化艺术交往中，逐渐得到丰富和发展。从单一到复杂，从呆板到灵巧，先后出现了"太平锣""船形锣鼓""三番锣鼓"。尤其到新中国成立后的20世纪50年代，在专业音乐工作者的参与和整理下，将舟山的民间锣鼓改编成大型吹打乐"海上锣鼓"，并在1957年莫斯科举行的第七届青年联欢节的民间音乐比赛中荣获金奖，这才使"舟山锣鼓"走向世界。

资料二：跳蚤舞

跳蚤舞，原是流传在海岛迎神赛会、喜庆丰收时表演的一种民间民族舞蹈。后发展成每年农历腊月廿三民间祭灶神仪式舞蹈，以示送旧迎新，祈求消灾免祸，故民间又称"跳灶会"。这一民间民族舞蹈，约产生于清乾隆年间，最早流行于定海、沈家门一带。因其舞姿酷似跳蚤而得名。节目原无人物情节，只有两位舞者跳跃逗趣。民国十一年（1922年），白泉境内教书先生章孝善将民间传说"济公斗火神"故事情节融入其中，始有济公与火神（女角）两个人物形象，济公身穿僧衣僧帽，腰系草绳，手握破扇，一闪左一闪右阻挡火神行进；火神身穿红绿花袄，一手握一柄花伞，一手提一香篮，一闪右一闪左躲着济公前进，构成"驱赶火神，祈求太平"的意境。

资料三：唱新闻

"唱新闻"又叫"唱蓬蓬"，这是定海更为通俗的地方曲艺品种，旧时多为盲人演唱。因其演唱时多带有哭腔，似乞者求食之状，故称"讨饭腔"。又因"唱新闻"艺人常常在人家居处门口或往来于岛间的航船上唱，故又被称为"唱门头"与"唱船头"。"唱新闻"有一人演唱的，自唱自伴奏，叫单口调；也有二人演唱的，一唱一敲并帮腔叫双口调。"唱新闻"在定海已有200年历史。由于演唱的内容大多为本地及外乡的时政新闻或传奇故事，用的又是定海方言，听来格外亲切。唱的曲调有人们熟悉而且好听的民间小调、有"宁波走书"中的赋调、二簧，变化较多，深受基层群众喜爱。

相传，定海"唱新闻"的"祖师爷"江阿桂艺技高超，一部"石门冤"唱了半个月还未结束，如果要听到大团圆，还得再唱半个月。一部书能坚持听上1个月，可见群众喜爱程度之高。近几十年来，群众精神文化生活越来越丰富，"唱新闻"等曲艺表演日见衰落，仅存的几名艺人也年事已高，已很少演出。"唱蓬蓬"曾是舟山海岛民间曲艺的主要曲种之一，现列入舟山市第二批非物质文化遗产名录。

资料四：出会

旧时，定海民间有"出会"（又叫"行会"）的习俗。定海的"出会"有农历三月半的"东岳会"，二月半的"都神会"和分别在清明、七月半、十月三个时间举行的"城隍会"，其中以"东岳会"规模最大，时间长达一周。"出会"时节，各乡镇的会社都会来参与。比较著名的会社有紫微、盐仓、岑港、小沙、大沙等乡的"老红会"；马岙、干（石览）、白泉、皋泄、洞岙等乡的"白会"；大展、北蝉的"小展红会"；定海城区的"新红会"等。

资料五：舟山船拳

舟山船拳是根据渔船船舱面积和船只行驶特点，融合吴越船拳特点而创造的一种拳术，发源于吴越春秋，形成于明清，也是明清时期舟山渔区帮会组织之一"洪帮"特有的拳种。船拳极具海岛特色和浓郁的生活气息，且对强身、护体和全民健身运动具有较好的促进作用。传说明清时期舟山渔民在抗倭、抗盗斗争中大出风头，一些吃过苦头的倭寇、海盗还战战兢兢地称之为"神拳"。民国初年，定海、普陀、岱山等地都办起国术馆，渔民为健身防体赶往国术馆习武者颇多。学得国术精髓者便将国术中一些拳术，根据渔船舱面面积和船只行驶特点，融合吴越船拳特点，创造了舟山的神拳——船拳。

资料六：瀚州走书

瀚州走书（又名舟山走书）源于定海马岙，是舟山群岛历史文化奇葩之一，约产生于1800年。旧时，曲艺艺人在街头巷口、田间地头，以其朴素的演唱形式，富有乡土生活气息的演唱内容吸引着城乡居民。据了解，最早演唱"瀚州走书"的是清朝嘉

庆年间定海马岙乡的安阿小。这一演唱形式传入普陀六横后称为"六横走书";传入镇海后,经演变成为"蛟川走书"。早先,"瀚州走书"由表演者一人自鼓自唱,后经几代艺人传承改革,改为双档演唱,增设一人丝弦伴奏,并加唱帮腔,曲调更为丰富、动听,曲目也有所增加。新中国成立后,定海"瀚州走书"曾几次赴杭参加浙江省曲艺会演并获奖,成为浙江省知名曲种之一。

第4课　历史悠久的海神信仰

【活动理念】

海神信仰是中国民间信仰文化的一支奇葩,是海洋文化的重要内容。"以海为田"的沿海渔民在长期渔业生产实践中逐渐形成具有一定地域特色的海神信仰体系以及与此相关的民俗,其海神信仰与祭祀具有区域性、功利性和诸神合祀等特征。通过参与祭祀海神的民俗活动,渔民们获得某种心理安慰,增强与大海搏斗的信心与勇气,体现了沿海渔民与大自然抗争的顽强拼搏精神。中国海神信仰源远流长,不同历史阶段的海神有不同的主体和称谓,海神对于海洋渔业来说就是渔民的保护神。本设计旨在让学生在活动中感受海神与劳动人民之间的关系,加深对海洋的了解,循序渐进,萌生对海洋的情感。

【适用年级】

四年级。

【活动目标】

(1)初步了解我国沿海地区海神信仰历史之悠久,了解不同历史阶段的海神有不同的主体和称谓,海神对于海洋渔业来说就是渔民的保护神。

(2)通过欣赏图片、同伴交流,找到海神各自的特点。让学生掌握一个海神的悠久历史故事,并且懂得从自己做起,从小事做起,科学了解海神信仰,摒弃封建迷信的做法,同时提高与同伴合作交流和探究的能力。

(3)培养学生热爱大海、热爱祖国的情感,初步感受沿海渔民与大自然抗争的顽强拼搏精神;增强海洋意识,萌生对海洋的情感,树立现代海洋价值观。

【教学重难点】

让学生主动参与，认识各种海神及称谓，了解他们在渔民心中的地位；了解海神及祭海文化，初步感受沿海渔民与大自然抗争的顽强拼搏精神。

【活动准备】

教师：多媒体课件、图片与其他资料。

学生：搜集有关沿海海神图片及传说、介绍等文字资料，并以小组为单位进行展示交流。

【活动过程】

一、来自大海的疑问

教师：每年的农历三月二十三，福建莆田湄洲岛都要举行盛大的妈祖祭祀活动。来自海内外的信众穿着节日的盛装，来到妈祖庙祭拜妈祖，虔诚至极。其隆重程度甚至超过春节。

（1）你知道的海神有哪些？

（2）人们为什么要敬奉海神？

（3）现在还有哪些海神信仰？

（4）学生交流。

（5）教师穿插介绍。

二、四海龙王的认识

（1）教师：远古时期渔民的生产工具落后且无法预知天气，出海捕鱼时，只能祈求传说中能呼风唤雨的四海龙王来保佑他们平安，龙王便慢慢成为海上的保护神。现在许多地方仍有关于海龙王的敬奉活动，比如青岛、舟山等地，且规模盛大。那么你对海龙王还有哪些认识呢？

（2）学生根据搜集的资料，四人一组交流。

山东青岛田横岛每年都举行隆重的祭海大典，希望得到海龙王的保佑，能够平

安、丰收。

海龙王是舟山渔民信仰的主要海神之一。渔民祭祀海龙王，祈求平安。

每年农历二月二，海南海口会举行盛大的祭海大典，当地的渔民、市民，甚至游客都会参与祭海、祈福。

（3）师生讨论：现在，你对海龙王又有哪些新的认识呢？

三、海上女神——妈祖

（1）教师：妈祖又称天妃、天后。我国的一些沿海省份（如山东、浙江、福建等）和东南亚的一些国家都建有天后宫。妈祖在我国沿海地区和东南亚一带影响广泛，可谓深入人心，老少皆知。

（2）学生介绍妈祖的传说。

相传宋朝建隆元年（公元960年），福建莆田湄洲海边的一户林姓人家，生了一个女孩，取名林默。林默从小聪明伶俐，与人为善。长大后，她精研医学，救死扶伤，人们尊称她为林默娘。

林默熟悉水性，经常救助海里遇险的人。28岁时，她因在海上救人献出了年轻的生命。据说，林默死后化身为一位女神，救助了更多在海上遇险的人，被人们敬为航海保护神，人们尊称她为"妈祖"。

（3）教师介绍妈祖祭祀活动。

每到妈祖生日和升天日，很多地方都会隆重举行祭祀活动，弘扬妈祖文化。福建、台湾两地的妈祖庙最多，祭祀活动也最为普遍。

①福建湄洲岛妈祖诞辰周年祭祀活动。

②台湾地区妈祖进香活动。

③山东长山列岛妈祖文化节。

（4）四人小组交流介绍：传播广泛的妈祖信仰。

（5）教师小结：妈祖信仰兴起于福建一带，随着时间的推移，被不断传播到世界各地。目前，凡有华人的地方大都有妈祖庙。据统计，如今世界上有妈祖信众近2亿人，遍布中国、美国、日本、新加坡、印度尼西亚、马来西亚、菲律宾、泰国、越南、缅甸等20多个国家和地区。

四、了解其他海神信仰

（1）除了妈祖和龙王，世界上一些国家和地区还信奉其他海神。你还知道哪些呢？

①西方世界信仰的海神中，以手持三叉戟的海神波塞冬最负盛名。波塞冬是希腊神话中的海王，又称海神。

②每年2月2日，巴西人都要祭祀美丽、智慧的海神伊曼雅。她被认为是海水、鱼类和一切同水有关的事物的母亲。

（2）出示妈祖的发髻图片，说说你对她的认识。

（3）了解妈祖发髻的来历。

（4）交流搜集的资料。

（5）还有哪些海神信仰和海神故事？学生四人一组交流。

（6）各小组推荐一名同学讲舟山海神的故事。

①网神信仰。网神的原始神应为伏羲。《抱朴子·风俗篇》中云："太昊师蜘蛛而结网。"意思是说太昊伏羲氏效仿蜘蛛结网之法，为此发明了渔网。这方面的记载还见诸众多古籍中。《定海厅志》记载，在清康熙年间，定海建有伏羲神庙作为网神信仰，供海岛渔民祈祷和祝福。而旧时习俗，新网下船之前，都要把渔网抬到伏羲庙去接受网神的检视，并要供三牲福礼，待网神允准后方可抬新网下船，这一拜祭网神的习俗一直沿袭至今。因此，从某种意义上说，"网神"也是舟山渔民信仰崇拜的原始海神和基础神。

②羊祜。羊祜，也叫羊府，是舟山群岛特有的海神。最大的羊府宫在岱山的东沙，始建于清乾隆年间，至今保存完好。其他地方多以船关菩萨的形式供奉在渔船的圣堂仓中，以保佑渔民出海平安、顺风得利。

作为海神元神的羊祜，其出世也有多种说法。一说羊祜是西晋时驻守山东泰山南城的大将军，他为官清廉勤勉，又乐善好施，为官一生却家无余财，临终时将士涕泪如雨。后人为其多处建庙立碑，他不仅勤政爱民，且精通医术，常常悬壶济世。他清正廉洁、乐善好施、古道热肠的品格为渔民所敬重，而精通医术、救危扶困的行为又是孤悬海上的民众所需。后来舟山普陀出了个船老大，也姓羊，此人在海上多次救助遇难渔民兄弟，为人解难的行为有口皆碑，他死后，渔民们都认为他是羊祜转世，是

玉帝派来的海神。这就是羊祜在舟山成为海神的原因。另有一说记载在全祖望的《羊府君庙碑记》里，说羊府是唐代明州刺史，因剿灭海盗、保护百姓生命财产而被百姓敬重，死后建庙奉祀。

③陈财伯。陈财伯是普陀东极庙子湖岛上特有的海神，当地有一说法，即所谓"青浜庙子湖、菩萨穿龙裤；黄兴东福山、菩萨穿'背单'"（"背单"即普通话中"背心"的意思）。陈财伯之所以是舟山群岛中家喻户晓的海神，是因为他以生命之火去照亮海中的渔民兄弟，直到最后。他本是福建渔民，在一次捕鱼时触礁遇难，爬上荒岛后，他天天为过往船只点火导航，直至生命之火熄灭。当渔民爬上岛后才发现每晚为他们点火导航的是一位倒在山顶上的穿龙裤背心的渔民。他的事迹深深地感动着一代代的舟山渔民。于是，为其立庙的岛被称为庙子湖，点过火的山被称为放火山，塑的像仍穿着背心、龙裤。现今山岗还立起了一个举火把导航的石雕像。

五、品味民俗，了解祭海文化

（1）了解什么是祭海。祭海，是渔民在漫长的耕海牧渔生活中创造的一种独具特色的渔家文化，表达衣食于海洋的人民对大海的感恩与崇敬。

（2）祭海的由来。

（3）各地不同的祭海风俗。

①农历正月十三是传统的海的"生日"，山东海阳沿海渔民每年这天都放鞭炮、扭秧歌，开展祭海活动，祈盼一年风调雨顺，渔业丰收。祭祀当天，渔民们准时出现在海边，祭海仪式正式开始。人们端出早已准备好的祭品——猪头、鸡、鲤鱼、大馒头等，焚香化纸，燃放鞭炮烟花，朝着大海行叩拜礼。用鲤鱼来祭祀海龙王，是取"鲤鱼跳龙门"的寓意。渔民会把头年捕到的最上等的渔获作为祭品，在祭海时摆作贡品，祈求来年渔季捕获更好的海产。

②田横祭海节主要是渔民过的节日，发源于山东省田横镇周戈庄村的汉族传统民俗活动，具有500余年的历史。经当地政府的精心策划、包装和推介，这个古老的节日已发展成为山东乃至全国知名的民俗节庆品牌，更是现代人心驰神往的狂欢大典，每年都吸引不计其数的中外游客及中国各地的民俗、经济政策研究等方面的专家慕名前

来。2008年，田横祭海节被列入第二批国家级非物质文化遗产名录，并荣膺首届节庆中华奖"最佳公众参与奖"。

（4）了解祭海仪式。（出示图片）

（5）学生个别交流。（教师补充）

作为一种民间宗教信仰，渔民每次出海之前，都要先在船上祭祀神祇，烧化疏牒，俗称"行文书"。然后由船老大将杯中酒与盘中肉抛入大海，称"酬游魂"，以求出海打鱼时平安无事。祭祀时要放一副"太平坊"，即棺材板，出海时放在船上，并冠以"太平坊"之名。几十年前，因通信不畅通，台风等恶劣天气频发，渔民在大海作业时被巨浪吞噬的安全事故时有发生。而葬身大海是渔民大忌，与"入土为安"的习俗大相径庭，因此放一副棺材板，以求太平无事，若死，也得死在家里，才能"入土为安"。这与他们到市场上去买床，不愿买新的，却要买一张已死过人的，以求到老能死在床上的愿望相一致。每次出海归来，都要举行祭祀神祇，称"谢洋"。

六、蓝色行动，拓展实践

（1）教师小结：海神在现实中并不存在，它只是人们在与大海的交往中产生的一种精神寄托。它的出现一方面是由于人们对海洋的敬畏，另一方面也反映出人们对海洋所抱有的美好愿望。海神信仰是海洋文化的重要组成部分。

（2）回去以后把你了解的海神风俗与大家一起分享，可以在课间交流。

（3）在小组长带领下，制作一张小报。

 【活动反思】

这次活动给学生们提供了一个广阔的交流空间，在整个过程中，他们主动地与人交流，从而更快更好地完成教学任务。在活动中，为学生搭建了一个真正开放的交流平台，把时间最大限度地还给学生，学生将搜集到的资料整理，并在课堂内加以表演或演讲，其中一个小组还拍摄制作了"海神文化风情"视频，在课间或教室的一角进行展示，让全班同学观看。这样做可以让学生、教师、资料三者形成整体。学生可以有自己独到的见解，营造出"我要学""我想学"的积极教学气氛。学生或独立整理一个美丽的传说，或合作编辑一张小报，都能积极主动地投入到活动中来，同学们的合作意识得到了增强。为了在展示中获胜，小组成员间相互帮助，团结协作，从而变被动为主动，最终成为学习的主人。这样的学习活动，能够让学生的个性得到张扬，心灵得以放飞。

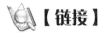

资料一：舟山龙王信仰

舟山是龙的故乡和鱼龙文化的发祥地。东海为四海之首，东海龙王为龙王之首，传说东海龙宫就在舟山。史载，宋元之间舟山已有大量的龙王宫和崇仰龙的风俗，尤以桃花、岑港、灌门三大龙王为甚。据《定海县志》记载，舟山21个区有29个龙宫，仅岱山区就有5个，几乎一区一宫，可见龙王信仰之盛。据笔者所知，岱山入志记载的有司基龙山下的龙王宫、北峰山的龙王宫、倭井潭的龙王宫、石马岙捍门龙王宫以及长涂江南的龙王宫和衢山区的凉帽山龙王宫6个龙宫；未入志的还有东沙西沙角的龙王宫、渔山龙王宫、燕窝山供奉四海龙王像的"龙王庙"和岱中供奉东海龙王神像的"海晏宫"等。近年，在岱东镇后沙洋又重建了供奉棕榈龙的龙王庙。号称佛经之母的"华严经"证明，由于佛教的传入和推广，有关龙王的信仰和传说迅速在我国传播。海龙王信仰的形成，是综合了龙崇拜中的王权思想和人们对海神的信仰，特别是渔民对龙的敬畏，因此在渔区中盛行着请龙王、敬龙王、祀龙王、谢龙王的祭祀仪式。海龙王信仰的兴衰与历代统治者对龙王信仰的尊贬大有关联。据有关史料记载，南宋时宋孝宗曾下诏令祭东海龙王于定海的海神庙，这是1169年之事，后来逐渐冷落。到了清康熙、雍正二位皇帝时，祭典东海龙王活动频繁，海龙王信仰达到高峰。据史书记载，仅康熙祭龙王的祭文达8篇之多，并以"万里波澄"匾额赐予舟山的东海龙王宫。1725年，雍正诏封东海龙王为"东海显仁龙王之神"。在此诏令下，舟山各地或新建龙宫，或把其他庙宇改建为龙王庙。民国以后舟山的海龙王信仰大大削弱，代之而起的是对南海观世音的信仰。但在大多数舟山渔民的民间信仰中，东海龙王信仰还是东海区渔民的主要海神信仰之一。

资料二：舟山的泗州大圣

按《三教源流搜神大全》中说，泗州大圣又称泗州佛，是来自西域的和尚，后定居于泗州（今江苏泗县），泗州大圣因智擒淮河、泗水中的水怪巫支祁而成为水神。但由于福建一带流传着一则泗州大圣与观音定姻缘而不成的有趣故事，因而以恋爱保护神而著名。其实，泗州大圣是舟山群岛的最早海神之一。北宋时，日本僧人成寻自日本泛舟来五台山礼佛，以一路见闻写成了一本名为《参天台五台山记》的日记体书籍。其中记下了他亲临岱山泗州堂所见："船头等下陆，参泗州大师堂。山顶有堂、以石为四面壁，僧伽和尚木像数体坐，往还船人常参拜也。"而同船还有福建商人，一个叫曾聚志的船头还供物拜祭了泗州大圣。这则记载说明，早在北宋时期泗州大圣就是舟山群岛上名扬一方的海神，而信仰这一海神的习俗可能是从福建传入的。

另有一说，舟山群岛把泗州大圣作为海神，与徐偃王有关。泗州是春秋时期古徐国所在地，徐偃王为逃战而携百姓迁涉到舟山群岛，后人因地望关系，把淮泗水神搬来作海神。不管怎样，舟山群岛中至今还有不少"泗州"地名，岱山有泗州岗墩、泗州堂渡，嵊泗有泗州塘，六横等地也有相应的地名。直到民国时期，舟山、象山等地的渡船码头边或海滩边还有一些凉亭，中间立柱、柱四面刻着泗州佛像，有顶、四周设石条凳，可供人休息，俗称讨饭凉亭。

资料三：妈祖发髻

"帆船头"又称"妈祖头"，是将长发梳得像船帆一样，还在左右各插上一支波浪形的发卡，象征船桨，而盘在发髻里的红头绳则代表船上的缆绳，一根代表船锚的银钗横向穿过发髻。传说是因妈祖希望渔民打鱼一帆风顺的愿望而创造的发型。

七十多岁的高蔡春妹老人常年帮年轻人梳"妈祖头"，因为梳理"妈祖头"的手艺精湛，老人成为妈祖信俗"妈祖头"的传承人。"我老了，但'妈祖头'还是梳得好，我要把'妈祖头'这门手艺传承下去。"高蔡春妹老人说。

第5课　美丽的沙雕

【活动理念】

沙雕的历史悠久。早在公元前4 000年，埃及人已经开始用沙子来辅助建造金字塔，那时候就有了沙雕的雏形。而沙雕作为一种艺术形式则起源于美国，经过近百年的发展，成为一项融雕塑、体育、娱乐、绘画、建筑于一体的边缘艺术，其真正的魅力在于以纯粹自然的沙和水为材料，通过艺术家的创作呈现迷人的视觉奇观，沙雕艺术体现了自然景观与人文景观、自然美与艺术美的和谐统一。

舟山是我国最早举办沙雕节的城市。1999年举办的首届中国舟山国际沙雕节，开创了我国沙雕艺术和沙雕旅游活动的先河，它填补了我国传统旅游的空白，也填补了我国沙雕艺术的空白。本次活动，让学生明白，作为一名舟山人，我们要了解沙雕，爱上这种艺术形式，并传承这种艺术形式。

【适用年级】

五年级。

【活动目标】

（1）认知目标：让学生了解沙雕的悠久历史、舟山举办的每一届沙雕节的主题、舟山沙雕兄弟等。

（2）情感目标：领略沙雕文化的魅力，激发学生爱沙雕，爱家乡的情感，并能产生传承这一文化形式的兴趣。

（3）行为目标：通过让学生设计沙雕，提高学生的想象力、探究能力、合作能力和创新能力等综合能力。

【活动准备】

（1）搜集沙雕的图片及相关的知识。

（2）采访舟山沙雕人的视频。

（3）实地去朱家尖南沙欣赏沙雕。

（4）分组完成沙雕微创作。

【活动过程】

一、沙雕初印象

沙雕是一种场面宏大的大地艺术，通过堆、挖、雕、掏等手段速成各种造型。它只能用沙和水为材料，雕塑过程中不允许使用任何化学黏合剂。作品完成以后经过表面喷洒特制的胶水加固，在正常情况下一般可以保持几个月。由于沙雕会在一定时间内自然消解，不会造成任何环境污染，因此被称为"大地艺术"。

沙雕是舟山海洋文化的品牌之一，自1999年举办首届中国舟山国际沙雕节以来，每年都要根据不同主题进行相关活动。随着知名度的不断扩大，中外著名沙雕师陆续到舟山朱家尖南沙创作、展示自己的作品，舟山沙雕节成了中外沙雕艺术家们交流文化的舞台。同时，成千上万的游客慕名而来参观、旅游，带动了周边经济的发展。

（1）师生讨论，确定本次的活动主题。

（2）搜集资料：按学生各自的喜好把全班学生分成四个小组，确定组长。组长再进行分工，每组负责一个小课题研究，让学生利用双休日时间上网或者查阅书籍，把搜集的资料交给组长。其中第一组负责研究"沙雕艺术的起源"；第二组负责研究"舟山历届国际沙雕节的主题和内容"；第三组负责研究"舟山沙雕名人"；第四组负责研究"国际上沙雕的地位及影响"。

（3）整理汇编：组长对搜集到的资料进行筛选和整理，制作好幻灯片，准备一次关于沙雕的主题班会。

（4）分享收获：利用班会课时间各组进行汇报。每组根据主题进行汇报，听的同学可以进行提问。每组汇报一结束，班主任对资料搜集和讲解的成果进行点评。

二、领略沙雕之美

沙雕的美，单单从图片上欣赏还是比较单薄的，要想真正领略到沙雕的美，就要走近它，触摸它，这样才会震撼我们的心灵。9月，正是新一届沙雕节开始之际，让我们和沙雕来一次亲密之旅吧!

温馨提示：出发前，准备好照相机、摄像机等相关的工具，可以随时记录和拍摄看到的风景。

（1）由学生自发组织，在家长的带领下去朱家尖南沙参观沙雕，或者也可以考虑班级组织一次课外实践活动。根据路程的远近，联系好相关的车辆，要注意外出的安全。

（2）参观成型的沙雕，可以采访正在进行创作的沙雕艺术家，了解更多的沙雕知识。

（3）参访堆沙人，看沙雕是怎样一步步创作出来的。

（4）探究一下，南沙的沙和其他地方的沙相比有什么不同的地方。

（5）共同探讨，分享收获，组长负责把自己组的活动情况和活动总结整理好。

（6）召开一次相关的主题班会，各组负责同学做好相关的视频、照片等资料的整理工作，同学们可以边欣赏，边提问，边探讨。

三、我的沙雕我做主

通过前一阶段的准备，学生们对沙雕这一艺术形式已经有了较多的了解，此时让他们去创作沙雕的时机已经成熟。给学生们创设一个情景，或让他们根据材料创设情景，以组为单位进行沙雕创作。

材料一：模拟拜师。

"同学们，舟山沙雕兄弟要开山收徒了，听说我们正在研究关于沙雕的课题，他们很感兴趣，想来看看同学们的创作。这可是一个大好机会呀！说不定我们能有幸成为舟山沙雕大师的徒弟呢！大家要积极报名呀！"

（这里可播放一段沙雕兄弟鼓励学生创作的视频，激发大家的兴趣）

材料二：小组沙雕创意大赛。

舟山每年都会举办沙雕节，沙雕组委会正在向全国各界征询下一届的沙雕主题，作为舟山的小主人，我们一起来动动脑筋，用你们的作品来打动他们吧，说不定我们的作品会出现在下一届的沙雕节中。

在这两个材料中任选一个，小组合作设计、完成一个沙雕作品。取好作品名称，并能派代表说说设计的意图和自己特别创意的部分。然后评出最佳创意奖和优秀作品奖，其他为鼓励奖，予以表扬和奖励。可以对学生和其创作的作品进行拍照，利用班级QQ群、班级主页、班级微信等方式扩大知名度，让他们持续保持创作的热情。

【活动反思】

舟山已经举办了十几届的沙雕节，作为舟山人有很多渠道听到、看到相关的信息，所以学生对这个主题活动并不陌生，但缺乏深入了解。通过本次活动，学生上网查阅了相关资料，调查、采访了专业人员，创作沙雕……使他们对沙雕的认识更加全面、深入，让沙雕这种艺术形式在学生心中扎根、发芽，甚至会有学生因此爱上这种艺术形式。

在本次活动中，学生分组合作，因为事前准备比较充分，所以在实践过程中进行得比较顺利。比如，在采访沙雕艺术家的时候，由于学生事先想好了问题，在班中进行过演练，设想了多种能采访到的方法，并在真正的现场采访中得到了艺术家们的配合，于是采访过程很愉快，学生的人际交往、言语谈吐等能力也得到了提高。一系列的活动做下来，学生探究、合作、想象等各种能力有了很大的提高。

随着课题的不断深入，教师也和学生共同成长。教师也要时时抱着认真学习的态度，与学生一起钻研，一起探讨，一起交流实践过程中的喜悦和困惑，这样，既能及时了解学生在实践过程中的难点，也能激发学生的热情。因为，老师和学生在一起。

【链接】

资料：堆沙

堆沙，第一步是准备好固定散沙的铁板围圈。第二步就是推土机向里填倒沙子，一个围框内，推土机要两大铲斗的沙子才能填平一层。第三步是向沙基堆里浇水，大体上水和沙的比例要相当，也就是说，填入多少沙就要浇多少水。而要使一盘散沙始终保持着沙堆的可塑性，必须不断地给它们"喂水"，第四步是用机夯从每一个点上不停地轮回夯打，使沙子和水糅合在一起，这样一来，沙堆向下"陷了"好多，推土机再向里续填沙子。在沙基底基夯实基础上一层层、一遍遍重复上述一、二、三、四几个步骤的工作，一直要加固到七层，如此夯实的沙堆就可用来创作沙雕了。毋庸赘言，上面"金字塔"顶的一层最尖，但却是留有可供雕刻的空间的。

第6课　巧手剪纸，话说海洋

 【活动理念】

剪纸是一种用剪刀或刻刀在纸上剪刻花纹，用于装点生活或配合其他民俗活动的民间艺术。2006年5月20日，剪纸艺术列入第一批国家级非物质文化遗产名录，2009年9月28日至10月2日剪纸艺术又入选联合国"人类非物质文化遗产代表作名录"。

剪纸流派众多，舟山的海洋剪纸是其中之一。海洋剪纸源远流长，舟山的先民以岛为家、以海为生、以舟代行，在海岛上渔猎栖息、代代相传，独特的生存方式和海岛环境孕育独特而绚丽的海岛文化。海洋剪纸源起于渔家的婚丧寿庆、渔民的谢洋开捕等活动，海洋剪纸艺术在本土民俗文化中一直扮演着重要角色，海洋特色的生产生活、鱼类、港口、科教、文物古迹等成为了海洋剪纸的丰富题材。

我们的学生从小在现代文明的城市中生活成长，繁忙的学业，使得他们疏于与这些传统艺术接触，而传统艺术的传承与发展则和他们密不可分。因而，让诸如海洋剪纸这样的传统艺术走进校园、亲近学生就显得尤为重要。

 【适用年级】

七年级。

 【活动目标】

（1）认知目标：感受海洋剪纸艺术魅力，了解海洋剪纸是体现渔民生产生活的载体。

（2）情感目标：激发学生对海洋剪纸的热爱，有自觉承担传承海洋剪纸艺术责任

的意识。

（3）行为目标：让学生初步掌握制作海洋剪纸的流程，能将艺术构思与现代海洋结合起来。

【活动准备】

（1）各小组搜集自己最喜爱的一幅海洋剪纸，张贴在教室墙壁，并写好解说词。

（2）编排小品《我与海洋剪纸有个约》，剪辑《舟视新闻之海洋剪纸进大学》，拍摄《新闻两则》。

（3）请8位已经学过海洋剪纸的同学做好准备，为同学们讲解剪纸工具的选用与剪纸技艺。

【活动过程】

一、巧设悬念，激发兴趣

（1）播放剪辑的《舟视新闻之海洋剪纸进大学》片段。北大"保安哥"的故事感动了许多人，而在浙江海洋大学，也有一个保安哥的故事。今年38岁的保安陈德昆，向教务处申请要求旁听某位老师的课。获准后，为了能赶上这位老师的课，他每周不怕麻烦地调班去听课。若有一节课落下了，他甚至会坐车赶到老师家里去补课。他是最用功的"学生"之一，而且进步神速。让这位五大三粗的保安如此着迷的是哪位老师的课？又是一门什么课呢？

（2）学生交流，展示课题——巧手剪纸，话说海洋。

保安、剪纸能手，这两重身份让大家感到意外吧！我们舟山的海洋剪纸，它的魅力就是这样大。今天这节课就让我们走近海洋剪纸，"巧手剪纸，话说海洋"！

二、感受魅力，丰富知识

1. 小组展示搜集的作品，并配解说词

每个小组展示"我最爱的一幅海洋剪纸"作品，并通过查找资料派出一位同学详细地解说这幅作品的内容、主题。全部小组呈现作品以后，再请同学们谈谈自己对海洋剪纸艺术的感受。

听着同学们的赞叹，看着同学们专注的神情，老师知道舟山海洋剪纸已经把大家深深地吸引住了，那么，要不要与海洋剪纸来个约呢？我们班的小明与小铁就在为这个问题而矛盾着。接下来，让我们共同欣赏小品！

2. 学生表演小品《我与海洋剪纸有个约》

小品中的小明是个初次接触海洋剪纸的中学生，他正在教室里努力制作剪纸，但是结果却不尽如人意。好朋友小铁看见了，嘲笑他，说他太落伍，现如今谁还玩这个剪纸，而且剪纸又那么难看没有人会喜欢的。于是小明带着小铁来到海洋剪纸大师陈士定老师的工作室，并参观陈老师的作品。看着陈老师的作品，小铁赞叹不止。陈老师还告诉他们剪纸艺术知识，鼓励他们做传统艺术的接班人。小明与小铁异口同声地说："我与海洋剪纸有个约！"

教师小结

　　小小剪纸会说话。精彩纷呈的剪纸作品，展现的是海岛人的生活风情，更是承载着海岛人的满满期许。可别把"海洋剪纸"当成老古董，刚才的小品里，我们看到它已经走进了我们年轻一代的生活中。同学们，你们是否也想和海洋剪纸来个约呢？

三、思维火花，领会责任

　　（1）以人生AB剧的形式，探讨海洋剪纸在今天是留还是舍，让学生根据自己的理解，同意保留的站到A组，同意舍弃的站到B组，并陈述自己的理由，进行全班辩论。

　　（2）小小新闻播报员，播放拍摄的《新闻两则》。

　　新闻一：2013年6月底，舟山市人民政府公布了舟山灯谜、财伯公传说、岱山风筝、海洋剪纸、沙雕这5个项目入选第五批舟山市非物质文化遗产代表作品录。

　　新闻二：2015年1月，浙江海洋大学将嵊泗剪纸作为实用人文课程引入全校公选课。因为是手工课，开始时只设了40多人的小班，却出奇地受欢迎。剪纸班的学生将自己的剪纸作品拍照传到朋友圈，引来周边省市高校同学的无限羡慕，学校里的老师、保安、留学生都来蹭课。2015年8月，"海大"剪纸班参加浙江省剪纸大赛；9月，征战全国剪纸赛事……

教师小结

　　喜欢剪纸的同学听到这两个消息，是否会特别兴奋呢？剪纸艺术不仅是我们舟山人的骄傲，也是国家的骄傲。2009年，它就被联合国列为了第一批世界非物质文化遗产。让我们一起期待剪纸的明天会更好，海洋剪纸的明天也同样更美好！

四、传授技术，小试牛刀

　　（1）邀请已学过剪纸的8位同学上台，讲解剪纸的工具和剪纸的主要技法，并让他们分别深入到8个小组去做具体的示范。

　　（2）教师给出海洋剪纸主题——海洋环境保护，每组集体讨论创作蓝图，并派代表上台讲解构思。

 教师小结

　　同学们，让我们将剪纸与环境保护结合起来，传承艺术是我们的责任，保护海洋同样也是我们的责任！

五、教师总结

　　同学们，有一句话说得好，民族的才是世界的。通过今天的学习相信大家既感受到了剪纸艺术的魅力，又意识到了作为舟山人有责任有义务去继承并发展这一艺术，让我们的海洋剪纸的明天更加美好！我们一起许下与海洋剪纸这个约，好吗？

六、活动延续

　　将上课时各小组构思的作品，通过集体协助成形，将其中优秀的作品装裱好后展示在班级风景线。

【链接】

资料：《嵊泗海洋剪纸：指尖上的非遗之花》（新闻播报内容）

　　2013年6月底，舟山市人民政府公布了舟山灯谜、财伯公传说、岱山风筝、嵊泗海洋剪纸、沙雕5个项目入选第五批舟山市非物质文化遗产代表作名录，嵊泗县申报的《嵊泗海洋剪纸》名列其中。

　　嵊泗的先民们大都由宁波、温州等地迁徙至此，他们在传承了杭、宁、温等地的吴越文化的同时，在漫长的海岛生活中，独特的生存方式和海岛环境形成了独特而绚丽的海岛文化。嵊泗海洋剪纸的源起，正是与当地的风俗习惯有着密不可分的关系，

渔家的婚丧寿庆、渔民的谢洋开捕，富有海洋特色的生产生活、鱼类、港口、科教、文物古迹等成为了嵊泗海洋剪纸的丰富题材。

嵊泗海洋剪纸多为单色剪纸，以剪为主、以刻为辅，风格既有北方的粗犷浓厚，又有南方的秀丽明快，既有传统民间剪纸风味，又结合了现代美术理念，形成了自己独特的艺术风格。

第7课　直挂云帆济沧海
——"船文化"主题活动

 【活动理念】

船，作为人类一种古老而重要的交通工具，承载着人们许多美好的想象，拥有许多文化要素。人们通常认为，大海是船的家，船是海的魂。船被文人称为"浮宅"，对于渔民和旅人来说，船就是他们在海上的家，人们依靠船捕鱼、经商、旅游，船不单单是谋生或摆渡的工具，而是人们安全的庇护地和心灵的栖息所。随着时代的发展，船更具安全性和美观性，也被人们赋予了更多的文化内涵。研究海洋文化，最不该被忽略的就是船文化。

本次主题活动，想通过4个系列化的活动，让学生了解船的发展、演变等相关知识，探究船文化的深刻内涵，并想象绘画"未来的船"，最后用赠送船形书签的方式，启迪学生在人生路上不怕困难，乘风破浪。整个活动设计从"认识船"到"亲近船"，然后再"绘制船"，最后是"祈福船"；由船的科学知识到文化内涵，由浅入深，从动脑动口到动手动情，在步步深入的活动中让学生对船文化有深入的了解。

 【适用年级】

七年级。

 【活动目标】

（1）认知目标：让学生了解船的发展历史、丰富种类等知识。

（2）情感目标：探究船文化的深刻内涵，激励学生在人生的道路上乘风破浪，扬帆远航。

（3）行为目标：通过让学生设计"未来的船"，提高学生的想象和创新能力。

【活动准备】

（1）事先把学生分成4个小组，推选组织能力强的学生担任组长，组长再对组内同学做进一步的分工，明确具体的任务。

（2）联系当地有船模的博物馆或文化礼堂，确定学生参观的时间。考察室外的景点，并联系车辆。

（3）摸排学生家长中从事捕捞业的家长，请他为学生讲解渔船的基本常识，并约定具体的时间和地点。

（4）提前和美术老师沟通，做好科幻画的备课工作。请学生带好各种颜料笔。

【活动过程】

一、认识船

"认识船"是了解船文化的基础，通过研究性小组的学习，让学生比较全面地了解船的各种知识，激发学生的兴趣和求知欲，为下一步的活动打下基础。

（1）搜集资料：把全班学生分成4个小组，确定组长。组长再进行分工，每组负责一个小课题研究，布置学生利用双休日时间上网或者查阅书籍，把搜集的资料交给组长。其中第一组负责研究"船的发展历史和种类"，第二组研究"历史上著名的船和它们的故事"，第三组负责研究"有关船的民俗"，第四组负责研究"文学作品中的船"。

（2）整理汇编：组长对搜集到的资料进行筛选和整理，制作好幻灯片。在制作幻灯片时要注意知识的介绍要充满趣味性，图文并茂，可以编制一些趣味问题。

（3）分享收获：利用班会课时间各组进行汇报。组长指定汇报同学，每组汇报时间8分钟左右，预留2分钟让同学提问。每组汇报一结束，班主任对资料搜集和讲解的成果进行点评。

预设小组介绍的主要知识点包含以下几方面。

第一小组：船的发展历史。

中国是世界上最早制造出独木舟的国家之一，并能利用独木舟和桨渡海。7 000多年前，人类发明了船。《易•系辞》谓："刳木为舟，剡木为楫，舟楫之利，以济不通致远。"独木舟就是把原木凿空，人坐在上面的最简单的船，是由筏演变而来的。虽然这种进化过程极其缓慢，但在船舶技术发展史上，却迈出了重要的一步。在中国，商代已造出有舱的木板船，汉代的造船技术更为进步，船上除桨外，还有锚、舵。唐代，李皋发明了利用车轮代替橹、桨划行的车船。宋代，船普遍使用罗盘针，并有了避免触礁沉没的隔水舱，同时，还出现了10桅10帆的大型船舶。15世纪，中国的帆船已成为世界上最大、最牢固、适航性最优越的船舶。中国古代航海造船技术的进步，在国际上处于领先地位。18世纪欧洲出现了蒸汽船，19世纪初欧洲又出现了铁船，19世纪中叶，船开始向大型化、现代化发展。

第二小组：历史上著名的船和它们的故事。

（1）英国皇家邮轮"泰坦尼克"号的成名原因："绝不会沉没"的沉没船。

（2）美国战舰"亚利桑那"号的成名原因：珍珠港事件中1 177人遇难，后是唤起美国人"爱国之情"的代名词。

（3）德国战舰"俾斯麦"号的成名原因：第二次世界大战时体积最大、速度最快的战舰。

（4）美国战舰"缅因"号的成名原因：该船的爆炸和沉没成为了美西战争的导火索。

（5）英国皇家海军舰艇"胜利"号的成名原因：历史上最大、最著名的风帆战列舰之一，也是英国当年海上霸权的象征。

（6）美国战舰"密苏里"号的成名原因：日本签署无条件投降书的地点，为第二次世界大战画上了句号。

（7）美国战舰"宪法"号的成名原因：服役时间与美国海军的历史一样长，且是永久现役、永不退役的战舰。

（8）美国北方海军小型装甲炮舰"莫尼特"号的成名原因：第一次近代意义上的海上炮战中首次投入的铁甲舰。

（9）英国潜艇"亨利"号的成名原因：海战史上第一艘击沉敌舰的潜艇。

（10）葡萄牙货船"圣玛利亚"号的成名原因：传说中神秘鬼船的原型。

第三小组：有关船的民俗。

船民对造船与造房子一样极为重视，选择场地、采办木料十分讲究。东南沿海的船民造船时有设船灵魂、绘船眼的风俗。舟山群岛上的渔民造船还有"木龙睁眼"的千年习俗。当纤船下水时，船主极为兴奋，办酒宴、点香烛、祈船神、抛馒头、敬水神、放鞭炮、庆龙神，仪式非常隆重。在船开航过程中禁忌繁多，如女人不能跨越船头、吃鱼不得翻身、不能在船头上小便、不能在船上说不吉利的话等，这些行为和语言的禁忌与他们对船的崇拜有密切关系。各地船民、渔民对船的信仰则更多通过庄重的龙王会祭祀，虔诚的妈祖女神拜祭的方式，祈求神灵的佑护。

第四组：我国文学作品中的船。

我国的史书、传记、小说、散文中也都有船舶的形象，马欢《瀛涯胜览》、费信《星槎胜览》、巩珍《西洋番国记》，都记述了郑和七下西洋的经历和异国所闻；古典名著《水浒传》《三国演义》及《三言二拍》《老残游记》等，以大量笔墨描绘了舟船的"踪迹"；明宋应星《天工开物》、明李昭祥《龙江船厂志》、清陈梦雷《古今图书集成》则对客、货、战、渔、游船有所记载；而《刻舟求剑》《曹冲称象》的成语典故家喻户晓，又给浓郁的船文化戴上了智慧的光环。

二、亲近船

班主任要充分挖掘本地的"船资源"，如展览馆、码头、旅游景点等地方，既能让学生看到多种渔船模型，又能让学生真实地接近捕捞船和运输船，还可以让学生欣赏到景区里富有特色的艺术船模。顺序为先总体了解船的种类，然后知晓船的实用功能和艺术价值。可以根据路程和时间，选择以下两三项活动。

（1）参观船模展览馆。学校每周都会有一次研究性学习，为两课时，我们就可以利用这个时间段带领学生到附近展览馆参观。当然也可以利用节假日的时间带领学生参观，听讲解员介绍渔船的类型和特点，学生记录并拍照。如果路程较远，要提前联系好车辆。节假日去参观，最好能够请几位负责任的家长一起参与，这样能更好地确保安全。

（2）到码头边参观渔船和运输船，请船长介绍渔船的类型、吨位、捕鱼过程、生产方式等知识，介绍各个时段的捕捞鱼类以及鱼类的种类和价格。如果学生中有人是

渔民的子女，可以请渔民讲讲捕鱼的辛苦，让孩子懂得父辈赚钱的不易。如果条件允许，让学生进入船舱内参观。

（3）参观景点里的艺术船。海边的景点门口或者中心区域会有船的景观，这些船各具特色，富有观赏性，像朱家尖的绿眉毛、嵊泗的鉴真东渡船等。这些船都有丰富的历史底蕴和生动的故事，在带领学生参观前，可以布置学生查阅这些故事，并请班中语言表达能力强的学生担任小导游为大家讲解，以提高参观效果。

三、设计船

举行"未来的船"科幻画设计比赛，这一活动旨在进一步提高学生对船的兴趣，提高学生的创新能力。比赛主题为"绿色智能，蓝色梦想"。科幻画的设计要突出三个要素：一是低碳环保，随着科学技术的发展和人们对"绿色环保"的呼唤，高技术含量、低消耗、零排放的绿色船舶必将成为船舶业发展的新方向，所以把"绿色环保"作为科幻画要求的第一要素。二是功能多样，形态万变。它可以飞到天上，也可以跑在地上，还可以漂在水上，潜到海底。它既能变大，又能变小，这样才能突出智能化。三是外形要时尚，可以打破传统轮船的外形结构，设计出够酷够靓的新型船。比赛由以下三个环节组成。

（1）请美术老师给学生指导科幻画的创作要领。特别要提示学生，科幻画不是一般意义上的幻想，它是富有时代理念，有一定前瞻性、科学性和技术内容含量的幻想作品，它必须以科学的知识和科学规律为基础。"今天的幻想，将会成为明天的现实"。

（2）学生或单独或合作进行创作，设计应在"绿色智能"主题的基础上尽可能有所创新。要给船取好名字，就大赛主题，以优美的文字诠释对绿色文化和未来科技的畅想。纸张要求4开大小素描纸或是刀刮纸，作品右下角用200字左右诠释画面，从构图、色彩、线条等方面诠释设计理念。背面右下角注明姓名。

（3）展示并张贴学生们的作品，每组推荐两名代表作为评委，主要从"创新性、观赏性"等方面对科幻画进行评分，评选出最富创意的科幻船。本次比赛根据最后的成绩将设一、二、三等奖若干名及鼓励奖若干名。

四、祈福船

船的发明在人类文化史上具有重要意义，它的出现使无边水域成为可以自由航行的空间，因此在文化审美和思想价值上，船的意象丰富深沉，寓意深刻。船的意象首先意味着获救与希望，诺亚方舟是船的经典形式。其次是超越和突破，因为水对于人类是一种阻隔，而船却是桥梁，连接起此岸与彼岸，连接起陆地与水域，连接起渺小的心与广袤的宇宙。船对水这种自然强力的挑战与突破，使荒凉的水面洒满人类的足迹与力量，在对神秘宇宙的探索方面具有开拓意义。船的这种开拓探险精神一直被世代传承。

基于对船的"希望""超越"这些意象的把握，这个环节的设计以"船形书签"为载体，让学生们在上面写上鼓励和祝福的话语，互相赠送。寓意着人生就像大海，奋斗的过程就是船只乘风破浪、一往无前的历练。在这样有象征意义的书签上写上鼓励同学的话语，会更加形象直观，富有感染力。

（1）教师印制好船形的书签，画面是简笔画的线条，要有船帆，便于学生在船帆上写字。

（2）学生在书签上写上鼓励和祝福朋友的话语。由于书签面积有限，学生所写的励志话语不要超过50个字，建议最好使用一些与"船"有关的成语和诗句。

（3）在为学生过集体生日的时候，学生们把写满鼓励话语的船形书签赠送给自己的好朋友。教师应该准备好背景音乐，制作好幻灯片的背景，背景为波涛汹涌的大海。每个学生依次大声朗读自己的赠言，班主任可以选择其中特别有哲理或励志的赠言进行点评。

结束语

船是水边百姓世代赖以生存的依托，是青春少年直挂云帆的雄心壮志，是行船人远航回家的翘首期待，是造船人铁血铸就的情感寄怀。船行驶七千年历史，厚载五千年文化，历尽了人生的恩恩怨怨，浓缩了世间的风风雨雨。

船文化绚丽而浓烈，她开启了我们的心灵，她滋润了我们的情怀，她凝聚了我们的文化力量，寄托了我们的人生理想。就让我们记住"长风破浪会有时，直挂云帆济沧海"，驾驶着人生之船驶向理想的彼岸。

【活动反思】

本次探究"船文化"的主题活动，由"认识船、亲近船、设计船、祈福船"4个板块组成，在内容上逐层递进，对学生来说既有知识的学习汲取，也有身临其境的参观活动，更有实践动手能力的培养，所以，学生参与的积极性非常高，无论是在网上查找资料还是设计"未来的船"，始终兴趣盎然，探究的热情高涨。学生们纷纷认为自己虽然生活在海边，但是对船文化却知之甚少，这次的主题活动，让他们更加了解了船的类型、功能、文化，更理解了父辈们对船的情感，受益匪浅。

但是在活动过程中，也存在着两个问题：一是由于这个系列活动需要的课时在4课时左右，学校如果没有开设海洋教育校本课程，那么课时会缺乏保障。本次活动就存在这个问题，由于课时不足，导致"亲近船"这一活动的参观地点减少。二是"设计船"这个环节难度比较大，班主任如果事先没有和美术老师进行深入的交流沟通，老师的指导就会缺乏针对性，学生设计的船就会缺乏创意和美感。

 【链接】

资料一：船的分类

按用途分：客滚轮、滚装船、高速轮、客轮、货船、渡轮、救助作业船、渔船、快艇、拖船、军舰、潜水艇。

按材料分：钢铁船、木造船、合金船、玻璃纤维船。

按构造分：单体船、多体船（双体船，三体船等）、水翼船、气垫船。

按动力分：帆船、轮帆船、轮船。

渔船有不同的分类方法。

按作业水域分为海洋渔船和淡水渔船，海洋渔船又分为沿岸、近海、远洋渔船。

按船体材料分为木质、钢质、玻璃钢质、铝合金、钢丝网水泥渔船以及各种混合结构渔船。

按推进方式分为机动、风帆、手动渔船。

按渔船所担负的任务可分为捕捞渔船和渔业辅助船两大类。

资料二：和"船"有关的部分成语

坚船利炮、舟车劳顿、回船转舵、泥船渡河、移船就岸、草船借箭、刻舟求剑、同舟共济、水涨船高、风雨同舟、木已成舟、逆水行舟、破釜沉舟、顺水推舟、看风行船、宰相肚里好撑船。

第8课 "蛟龙腾飞，福佑东海"开捕节启动仪式

【活动理念】

渔民世代与海为邻，与海相伴，依海而居。在漫长的岁月里，这些渔民积淀下了具有浓郁海洋特色的生活方式和生活习惯，像出船先"祭海"，回港要"谢洋"，甚至还要"敬鱼"；渔民世代捕鱼，在渔船上升篷、起锚、收网，密集型高强度劳动需要大家步调一致、齐心协力时，就在生产劳动中自然产生了劳动的渔歌号子；为了固定船只，修补渔网，又发明了充满智慧的渔绳网结；还有对海龙王的敬畏等，这些民俗无一不表现出渔民对美好生活的向往和对赖以生存的大海的敬畏，也表现了渔民的勤劳、勇敢和智慧。

诸多的渔家风俗文化如一颗颗闪亮的珍珠，熠熠生辉，如何通过一个载体，把这些"珍珠"串联起来，做成一串美丽夺目的"渔家风俗项链"呢？开捕节仪式就是很好的载体。

"开捕节"又称"开渔节"，是中国沿海地区为了节约渔业资源，同时也为了促进当地旅游业的发展而诞生的一种文化搭台经济唱戏的节日庆典活动。本次活动通过开捕节，把各种渔家风俗包容在其中，让学生在独特的庆典仪式上了解渔俗，探究渔俗背后的文化。

【适用年级】

八年级。

【活动目标】

（1）认知目标：了解渔家风俗人情，感受渔民在社会发展过程中表现出来的勤劳、勇敢和智慧。

（2）情感目标：感受渔民世世代代对美好生活的向往和对赖以生存的大海的敬畏，产生对渔民的敬佩和对大海的热爱之情。

（3）行为目标：让学生掌握一项和渔俗相关的技能，并且懂得从自己做起，从小事做起，保护海洋环境。

【活动准备】

（1）教师事先搜集渔民生活劳作的各种图片、渔歌号子以及相关视频。

（2）布置教室环境，悬挂几幅渔民画，在教室后面的空桌上摆放渔绳网结。

（3）教师请教文化馆老师，创作《渔俗三句半》，请4位比较会表演的学生排练节目。教师借好节目需要的各类道具。

（4）学生利用班会课或者双休日学唱相关歌曲，并排练舞蹈和小合唱。

【活动过程】

分3个乐章：回眸昨天—聚焦今天—展望明天。

一、回眸昨天

回忆渔民以往的生活和渔业作业方式，通过演唱和欣赏渔歌号子，让学生了解渔歌号子的表现形式和艺术魅力。这部分分成两个环节。

1. 学生演唱渔歌号子——《起网》

"一拉金嘞嗨唷！二拉银嘞嗨唷！三拉珠宝亮晶晶，大海不负扪鱼人……"那粗犷、豪迈的歌声响起，让人恍如置身渔场。

幻灯片中播放渔民拉网的画面。从画面中可以看到渔民结实的手臂将沉甸甸的渔网逐渐拉出海面，起网的汉子们齐声高唱，布满汗水的古铜色脸上，期待的神情交织着丰收的喜悦。

通过欣赏节目，让学生懂得这些渔歌号子过去大多在木帆船上使用，因为那时，船只的行动完全靠人力，但不是一人之力，而是需要聚合众人之力。像起蓬、拔网、摇橹之类，多不是一人所能完成的。而渔歌号子不仅能统合众人的力量，还能为海上单调的生活增添活力。在科技不发达的情况下，渔歌号子同样是一种生产工具。它们的作用除了指挥船只开航、生产之外，还能激励人心。要让学生懂得作为帆船时代的产物，渔歌号子在多年前随着木帆船的消失而逐渐为人所淡忘，所以更要保护这一非物

质文化遗产。

2. 歌伴舞——《渔家姑娘在海边》

由一个女生独唱，4~6个女生伴舞，道具为一张网片，每人手握一把梭子。舞蹈的基本动作为织网的手势。多媒体播放电影《海霞》的片段，或者播放渔嫂织网的情景。

歌曲表现了过去的海岛妇女既要协助丈夫从事渔业生产，是渔民的贤内助，又要担负民兵的使命，巾帼不让须眉。表现了她们勤劳能干、朴实无华、爱国爱家的美德，她们是渔区的半边天。

歌词唱道：大海边哎，沙滩上哎，风吹榕树沙沙响。渔家姑娘在海边嘞，织呀织鱼网，织呀嘛织鱼网，嗨……嗨……渔家姑娘在海边，织呀嘛织鱼网。

高山下哎，悬崖旁哎，风卷大海起波浪，渔家姑娘在海边哎，练呀练刀枪，练呀嘛练刀枪，嗨……嗨……渔家姑娘在海边，织呀嘛织鱼网。

二、聚焦今日

渔业的大发展促进了渔区人民生活的改善，渔民的生活可谓是"芝麻开花节节高"，渔民们传承着渔俗文化，在蓝色牧场上耕耘收获，今日的渔区已经旧貌换新颜，人们由衷地赞叹今天的幸福生活，歌颂党的富民政策。这部分分成两个环节。

1. 学生表演《渔俗三句半》

我的家乡靠海边，海水无际色蔚蓝，养育世代淘海人——我骄傲

正月捕鱼闹花灯，二月捕鱼步步紧，三月捕鱼迎旺风——扬帆去

银色带鱼两头尖，经常不离海礁边，肉质细腻营养高——味道好

身披金袍大黄鱼，海底深处唱美声，鱼中骄子高大上——要保护

立夏如果打一暴，乌贼马上抛老锚，大烤清蒸皆美味——好食材

海浪一旦涌进岙，台风立马就来到，浪头圆圆浪面大——快回家
海鸥急忙飞进岙，天气肯定要变坏，东风带雨不扰洋——危险大
大海风暴平常事，正月十八落灯暴，二月初二土地暴——接着说
二月十九观音暴，三月廿三娘娘暴，九月初九重阳暴——要记牢

渔家吃饭规矩多，鱼头朝上寓吉祥，吃鱼不能说翻面——讨彩头
出海捕鱼第一网，选出大鱼祭龙王，焚香敬酒心虔诚——善感恩
打造新船是大事，敲锣打鼓放鞭炮，披红挂绿下海去——喜眉梢
一船遇难众船救，一家有客全岙请，以仁对人存善心——真热情

和谐社会要构建，海洋文化要发扬，渔家民俗一枝花——代代传
蓝色经济好机遇，渔业安全重如山，保护海洋靠大家——齐努力
今年是个吉祥年，祝福的话儿说不完，千言万语汇成歌——祝愿
（齐）一祝大家都平安　二祝大家身体健　三祝大家事如愿　四祝大家阖家欢！

这段三句半由4个学生表演，在表演时要配合适当的肢体动作，说半句的同学手上要有一面锣，边说边敲击。文字稿介绍了三大鱼类的捕捞规律、天气和大海的关系、渔家习俗等内容，有利于学生在生动活泼的形式中了解渔俗文化。

2. 渔绳网结文化展示

渔用绳索结，是具有"最坚固的活结"之称的非遗项目。渔用绳索结是指利用各类绳索对物品进行打结行为，用于人们挑、扛、掣、抬、抛、牵、套等移动物体的作业中，它的主要功能是对物品起固定作用。它随着渔事作业以及商贸加工搬运等行业的发展而发展，是渔民船工在闯海实践中日积月累、世代传承，不断发展成熟的结果。渔用绳索结工艺具有多样化和复杂化的特点，迄今已达千年历史，大部分仍在沿用。

活动中，先播放舟山新闻中的一段视频，内容为在浙江省非物质文化遗产普查评选中，嵊泗"渔用绳索结"获得十大新发现入围终评。视频中还有各种渔绳网结的介绍，很能引起学生的兴趣。

然后，请每个小组派出一位渔绳网结打得最好的同学，为大家介绍手中的"结"的名称、作用、如何编成。学生事先要在家长的指导下，用渔绳编制好各种活结，展示的时候要现场打开，再当场打好。

三、展望明天

不管时代如何发展，风调雨顺、鱼虾满仓是渔民永恒的期盼，渔业的发展一方面靠渔民的辛勤劳动；另一方面也要依靠大自然的馈赠、上天的护佑。只有人们敬畏大海、感恩大海、保护大海，大海才会源源不断地向人们提供资源，才会倾其所有来养育海的儿女。这部分分成三个环节。

1. 对海龙王的信仰——观看祭海的视频

旧时，渔民由于生产工具落后，每逢风暴，渔民在海上的人身安全就会受到极大威胁，于是他们将传说中的海上诸神明奉为生命的保护神和丰收的赐福神。每逢鱼汛开洋、谢洋时节均要举行祭海仪式，渔民称为"谢龙水酒"或"行文书"。中国渔民的祭海活动丰富并且带有神奇色彩。我们一起去看一看吧！（播放不同地区的祭海场景，有代表性的如青岛、象山、台州、岱山等地的祭海活动）

2. 学生交流观后感

讨论祭海活动蕴含的文化，然后交流自己查阅资料或经历过的有关渔家祭海的风俗。

3. 齐唱"中国海洋文化节"主题歌《感恩海洋》

播放MV，中国海洋文化节由中国海洋学会、中国海洋报社、浙江海洋大学共同主办，由岱山县人民政府承办，整个海洋文化节历时近1个月，活动从岱山海岛的实际出发，按照学术研究和文化娱乐两大主线，面向长三角的游客和专家、学者、大学生，挖掘海洋文化，打造新品牌。每年的海洋文化节都吸引了海内外众多游客参加，主题曲《感恩海洋》由知名词曲创作者完成。

歌词如下：千帆归港，休渔养海。让大海休养生息，让鱼儿延续生命。让人们懂得感恩，表达对海的崇敬。让青春开启旅程，让生命走进爱情。让少女长成母亲，让母亲享受安宁。感谢龙王，赐予我们鲜活的黄金，感谢海神，馈赠我们跳动的白银。

感谢海洋，感谢潮汛，母亲般滋养着我们的生命。

（幻灯片播放在舟山市岱山县举行的中国海洋文化节开幕式之休渔谢洋大典中的画面：十里金沙，幡旗猎猎；浩浩瀛海，鼓声震天。点燃祭火、恭请龙王、敬献贡品……祭台之上，数百名渔家汉子，身着传统服装，高擎长香，迎风向大海行礼。肃穆虔诚的脸上，是对大海馈赠的感恩及对来年丰收的期望）

结束语

> 人与自然，戚戚攸关。陆与海洋，脉脉依偎，大海以博大的胸襟包容人类的获取，是最值得我们感恩和尊崇的生命之母。我们每个人都应该关爱海洋，保护环境，共同创造美丽和谐的家园。

 【活动反思】

开捕节是海岛渔民生产生活、祈祷丰收的重要仪式，各级党委和政府都非常重视，但是我们的学生却很少参与这样的大型活动，不理解此项活动的意义和价值，甚至认为自己的父辈在搞封建迷信活动。通过这次微缩型的开捕节启动仪式，让学生真正懂得了开捕节的意义以及其中所包含的丰富的文化元素。

活动中，学生对演唱渔歌号子、表演渔俗三句半等节目尤为感兴趣，特别是用舟山方言演出的时候尤为投入，这些生动的形式鲜活地展现了渔民的智慧，让学生重新认识了自己的父辈，更加尊敬他们。活动中，学生和家长的互动增多，他们向家长学习渔绳网结的打结方法，向家长询问渔家的风俗习惯，亲子关系也进一步融洽。活动中也有两个遗憾之处，一是教师对渔绳网结的编织难度认识不够，家长中会编织的人也比较少，导致渔绳网结编织得比较粗糙，学生的热情投入也不够，没有真正让学生认识到其中的智慧所在。二是齐唱"中国海洋文化节"主题歌《感恩海洋》时，由于合唱的人数较少，缺少气势，没有形成高潮。这都是由于前期准备工作不够充分，可见充分的准备是成功的前提。另外，由于此项活动内容较多，适合用两个课时的时间完成。

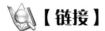
【链接】

资料：渔家风俗

说话忌讳：在渔民家吃饭，鱼是必不可少的，要把鱼翻个面时，不能说翻，要说"转过来"或者是"划过来"；吃饺子时不能说"下饺子"，应该说"煮饺子"；吃完饭筷子要放在桌上，不能放碗上；渔民烧饭以煤为燃料，但他们不说煤而说扎子，因为在他们看来，"煤"就是"霉"。渔民在船只上忌光身睡觉和随地大小便，以免亵渎海娘娘，冒犯神灵。在渔船上捕鱼时，不能穿凉鞋和露皮肉的鞋，以免鱼漏网。

新船点睛：渔民把渔船看成自己的伙伴，是赖以生存的依靠，因此，渔民对它爱护备至，并赋予它灵性。过去的木制渔船每条船都做一对凸出来像大鱼的眼睛，新船造好后，只画眼，不画睛，等到黄道吉日，船主会敲锣打鼓放鞭炮，亲自为新船点睛，其他的渔民也会喊着大吉大利的号子，把披红挂绿的新船一步一步从岸上移下海去。

祭祀渔神：渔民首次出海拉网，当捕到鱼之后，首先要挑选最大的鱼蒸熟盛于盘中，在船头奠酒焚香，祈祷龙王爷保佑海上发财。几条船在一起捕到鱼的时候，谁的船先打上鱼来，就放鞭炮、敲锣鼓，并拣最大最好的鱼供在船头。

第9课　走进海洋诗歌

【活动理念】

初中生朝气蓬勃，初中阶段正是读诗的好年纪。诗歌是文学中的赤子，坦诚、跳跃。海洋在人类的认知中神秘而包容。这两者的结合能创造出新的意境，优秀的海洋诗歌还能拓展人的知识视野，启迪人的创造力。点染人敞开心怀，接纳而包容。两千多年来，蔚蓝色的海洋承载着人类的梦想，人类没有停止思考和探索的脚步，面对大海而产生的跌宕的复杂情愫，都真实地反映在诗歌的韵律中，诗歌用文字精练地传达着海洋审美的大气磅礴。初中学生已有诗歌的学习基础，也有相对较好的理解赏析能力，开设以诵读古今海洋诗歌为主题的班会，不但可以使初中学生了解人与海洋的密切关系、窥探人因海洋而滋养的精神世界，而且更能继承宝贵的文化遗产，当然还能激发他们热爱家乡的自豪感和保护海洋的责任感。

【适用年级】

九年级。

【活动目标】

（1）认知目标：让学生了解海洋文学的主要形式和代表作品。

（2）情感目标：通过诵读，感受大海的辽阔，激发学生惜时、积极拼搏的情怀。

（3）行为目标：激发热爱家乡的自豪感和保护海洋的责任感。

【活动准备】

（1）分组布置相关海洋诗歌搜集任务。

（2）指定相关学生完成诵读表演任务，提前印发节选诗歌供学生阅读。

【活动过程】

一、立足海洋诗歌"家乡味"，探引古代海洋诗歌

1. 诗朗诵欣赏——《舟山群岛》（白马长诗节选）

当黎明的第一缕曙光照映在浩淼的海洋／当晨曦中第一声汽笛唤醒梦中的群岛／当清晨的第一丝炊烟升起在渔家村庄／当朝霞中第一叶风帆迎着风浪走向远方／走向你，我的舟山群岛——走向你，海洋新世纪第一缕阳光／照临的东福山、大青山、佛顶山／走向你，新千年第一缕阳光照临的定海、普陀、岱山、嵊泗／这大大小小的舟山群岛……

2. 请学生展示小组搜集的有关海洋的古代诗歌，分享印象最深的诗歌或句子

题目汇总：

渡荆门送别　送杜少府之任蜀州　春江花月夜（节选）

次北固山下　登北固山望海　观苍海　观浙江涛

望月怀远　行路难（节选）　精卫　岁暮海上作　望海

明确印象深刻的句子：

月下飞天镜，云生结海楼。（大海虚幻神秘而且十分美丽）

春江潮水连海平，海上明月共潮生。（写尽了海上月景的美丽静谧）

海内存知己，天涯若比邻。（大海广阔，有包容的胸怀）

长风破浪会有时，直挂云帆济沧海。（借大海的壮阔，表达乐观进取的豪情）

海日生残夜，江春入旧年。（海上日出美景，更是新的希望象征）

3. 给同学们搜集的海洋诗歌内容归类

A. 赞美大海的浩瀚广阔　　B. 大海包容的胸怀　　C. 孕育生命和希望的积极意义

D. 承载着牺牲和奉献的精神　　E. 抒展抱负的政治情怀和寓意

教师小结

　　大海是我们的家乡，是母亲。李白乘风破浪济沧海，曹操将壮志雄心汇入大海，海以它的浩瀚广阔，张开胸怀包容着我们的一切，同时又用奉献的精神为我们孕育着生命和希望。

二、探索外国海洋诗歌，感受同一片海洋情怀

1. 四个小组分别列举并派代表朗读课本中涉及的外国海洋诗歌

政治抒情诗歌：致大海（普希金）。

政治抒情诗歌：海燕（高尔基）。

爱情诗歌：浪之歌（纪伯伦）。

追求理想诗歌：帆（雷蒙托夫）。

2. 评选最佳朗诵人或小组

3. 说说相较于中国传统海洋诗歌，你诵读外国经典海洋诗歌的发现

　　一般来说，中国传统海洋诗歌的内容和情感抒发都更趋于含蓄。外国经典海洋诗

歌则更侧重于直抒胸臆的表现手法，更多采用象征手法达成诗歌创作的意义，突破韵律和字数篇幅限制，形式感更加灵活轻松。

教师小结

> 同一片蓝天，同一片海洋。苍茫的大海，给了所有诗人同样的遐想，各有意指与寄托。无论是迎浪翱翔的海燕，还是普希金笔下大海蓄积着的力量；无论是浪与岸之间的轻声絮语，还是"帆"永远不逃避的追求，我们感受到大海总是神秘而富有力量。

三、着眼当下，重温具有海洋意象的经典新诗

1.《致大海》（舒婷）

大海在舒婷笔下，意义是什么呢？

学生阅读心得分享：大海是对生活的感悟，"大海——变幻的生活，生活——汹涌的海洋"。她的大海不是完美的化身，而是变幻的生活。大海有涨有落，有风暴，有平静；它多变，并不完美，但它真实。望着大海的起起伏伏，就像在观望生活的戏——有悲有喜，包罗万象。感受着大海的宽广与静寂，就像在感受自己。大海是社会，是生活，是朋友，是自己的心。舒婷自己则像海燕一样坚强地在生活的风浪中自由飞翔，对生活充满了自信，也启迪了中学生要充满积极向上的精神。

2.《面朝大海》（海子）

诵读欣赏海子的诗歌，让积极成为一种习惯。

教师小结

> 这些是非常经典的新诗，恐怕没有人不知道它们的，海纳百川，是大包容的智慧，张开双臂，面朝大海，就意味着，你在向积极、正能量方向迈进，但是希望同学们不要"从明天起"，要从今天，此刻。

四、回归故乡，心海相护相依

（1）数据呈现：环保专家杨仁泰认为，目前全球正面临着五大严重环境问题，其中就有海洋环境问题：海洋随着人口增长、人类活动加剧，近海水域污染加重，造成全球50%的海洋珊瑚礁死亡；由于过量捕捞和海洋污染，世界渔场产量下降。

（2）请同学们思考：如果海洋环境被破坏了，那么刚刚我们学习的那些诗歌不就变成古今中外人们的想象了吗？因此，热爱家乡不能是口号，要传承保护家乡海洋环境的意识。

（3）海是母亲，哼唱着儿歌童谣，不能忘本。

浪花

浪花家在哪里／家在大海中／浪花几时开／请去问风／浪花什么颜色／朵朵如白云／浪花开多少／千万千万朵。

教师小结

你还记得依偎在母亲怀抱中听童谣的情景吗？那里的大海有着童话般的美丽。现代科技不能破坏美丽的记忆，长大后，我们应该担起对海的责任，让海的歌谣永远地传唱。所以，热爱家乡，热爱海洋不能是一句空话，我们必须要有保护海洋的责任感，这样才能有文学中浩瀚的海洋。

活动小结

　　因为海洋，诗歌的内容变得神秘而有力量；因为诗歌，海洋在文学上延伸了张力；因为是家乡，学习海洋诗歌便多了一份亲切和自豪。老师希望大家把对海洋诗歌的喜爱，化为具体的行动，捍卫诗歌中海洋的美景，从小事做起，共创和谐的海洋环境。

【活动反思】

　　海洋诗歌的主题，开拓了学生的知识视野，也丰富了学生对家乡的情感。活动中，因为在第一个环节中参与朗诵同学的出色演绎，让学生们一下子就有了海洋诗歌的学习氛围，小组展示我国海洋古诗资料时，因为已经有了学业基础，同学们的参与度都比较高。第二个环节进行国外海洋诗歌知识拓展和中国海洋诗歌艺术比较，也产生了拓宽知识面的效果，实现了班会课的知识增长。对舒婷的《致大海》和海子的《面朝大海，春暖花开》两首新诗的学习，立足于学生的德育需要，激发学生们把握青春、积极进取的豪情，这个环节的进行，使得海洋诗歌更加接地气，为学生的德育教育增添薪火。最后通过海洋环境现状激发学生对于自身责任感的认知：不能忘本，保护海洋环境，才能让海洋诗歌更加真实，才能续写海洋诗歌的新篇章。整堂课基本上取得了预期的效果，但是在一些细节地方还是有小遗憾，比如受部分海洋诗歌的篇幅限制，没有办法在课堂上全部展示；再比如说，学生在第一、第三环节体会分享的时间有限等。同时在学生活动的设置上，还可以再参考中学生的心理特点，让活动形式更加活泼一些。

【链接】

资料一：外国海洋诗歌节选

1.《致大海》节选（普希金）

　　　　　　　阴恶的天气喧腾起来吧，激荡起来吧：

　　　　　　　哦，大海呀，是他曾经将你歌唱。

　　　　　　　你的形象反映在他的身上，

　　　　　　　他是用你的精神塑造成长：

　　　　　　　正像你一样，他威严、深远而深沉，

他像你一样，什么都不能使他屈服投降。

世界空虚了，大海洋呀，

你现在要把我带到什么地方？

人们的命运到处都是一样：

凡是有着幸福的地方，那儿早就有人在守卫：

或许是开明的贤者，或许是暴虐的君王……

2.《海燕》节选（高尔基）

在苍茫的大海上，狂风卷集着乌云。在乌云和大海之间，海燕像黑色的闪电，在高傲地飞翔。一会儿翅膀碰着波浪，一会儿箭一般地直冲向乌云，它叫喊着，——就在这鸟儿勇敢的叫喊声里，乌云听出了欢乐……

3.《浪之歌》节选（纪伯伦）

我同海岸是一对情人。爱情让我们相亲相近，空气却使我们相离相分。我随着碧海丹霞来到这里，为的是将我银白的浪花与金沙铺就的海岸合为一体。我要用自己的津液让它的心冷却一些，别那么过分炽热……

4.《帆》节选（雷蒙托夫）

在那大海上淡蓝色的云雾里，有一片孤帆儿在闪耀着白光！……它寻求着什么，在遥远的异地？它抛下什么，在可爱的故乡？……波涛在汹涌……海风在呼啸，桅杆在弓起了腰轧轧地作响……唉，它不是在寻求什么幸福，也不是逃避幸福而奔向他方！下面是比蓝天还清澄的碧波，上面是金黄色的灿烂的阳光……而它，不安的，在祈求风暴，仿佛是在风暴中才有着安详！

资料二：与海洋相关的经典新诗

1.《致大海》（舒婷）

大海的日出

引起多少英雄由衷的赞叹

大海的夕阳

招惹多少诗人温柔的怀想

多少支在峭壁上唱出的歌曲

还由海风日夜

日夜地呢喃

多少行在沙滩上留下的足迹

多少次向天边扬起的风帆

都被海涛秘密

秘密地埋葬

有过咒骂，有过悲伤

有过赞美，有过荣光

大海——变幻的生活

生活——汹涌的海洋

哪儿是儿时挖掘的穴

哪里有初恋并肩的踪影

呵，大海

就算你的波涛

能把记忆涤平

还有些贝壳

撒在山坡上

如夏夜的星

也许漩涡眨着危险的眼

也许暴风张开贪婪的口

呵，生活

固然你已断送

无数纯洁的梦

也还有些勇敢的人

如暴风雨中

疾飞的海燕

傍晚的海岸夜一样冷静

冷夜的山岩死一般严峻

从海岸的山岩

多么寂寞我的影

从黄昏到夜阑

多么骄傲我的心

"自由的元素"呵

任你是伴装的咆哮

任你是虚伪的平静

任你掠走过去的一切

一切的过去——

这个世界

有沉沦的痛苦

也有苏醒的欢欣

2.《面朝大海，春暖花开》（海子）

从明天起做个幸福的人

喂马劈柴周游世界

从明天起关心粮食和蔬菜

我有一所房子

面朝大海春暖花开

从明天起和每一个亲人通信

告诉他们我的幸福

那幸福的闪电告诉我的

我将告诉每一个人

给每一条河每一座山取个温暖的名字

陌生人我也为你祝福

愿你有一个灿烂前程

给每一条河每一座山取个温暖的名字

愿你有情人终成眷属

愿你在尘世获得幸福

我只愿面朝大海春暖花开

第10课 走进海洋文学

 【活动理念】

　　海洋文学是人类海洋文明发展史上重要的精神财富，它们是人对海洋的理解、对海洋的感情、与海洋生活对话的审美把握。海洋文学不只是以海洋为题材，更重要的是写出海洋与人的关系、写出与海打交道的人的精神特质。无论是中国还是西方的海洋文学，对海洋世界的探索与心灵世界的探索是同步的，是人类对海洋从恐惧到征服再到和谐相处的态度转变的过程，也是人类不断拓宽自己灵魂深度的过程。海洋文学所做的，就是以它富有激情和力量的彩笔，为我们勾画出了这一过程中人类幽深而丰富的灵魂世界。

　　本次主题班会，通过三个环节，让学生了解海洋文学的多种形式，探究文学家以海洋为写作元素的目的和价值以及部分文学作品的深刻内涵，引导学生从海洋文学中拓宽自己的视野，汲取人生的智慧，获得多方面的启迪。在活动的形式上，采用古诗竞赛、诗歌朗诵、视频猜题、讲述故事、建立图书漂流港等方式，让学生和海洋文学来一个亲密的接触，激发学生阅读的兴趣，并为今后创作海洋作品打下基础。

 【适用年级】

　　八年级。

 【活动目标】

　　（1）认知目标：让学生了解海洋文学的主要形式和代表作品，欣赏海洋文学中大海的形象特征。

　　（2）情感目标：探究人与海洋的情感纽带，培养学生亲近海洋、热爱海洋的意识。

　　（3）行为目标：激发学生阅读海洋文学作品的热情，在日常的写作中能够创作以海洋为内容的作品。

 【活动准备】

　　（1）将学生分成三组，分别负责搜集"海洋诗歌""海洋神话""海洋科幻小说"方面的资料，并做成知识卡片，知识卡片包括"篇名、作者、精彩撷取、推荐理

由"四个方面内容。

（2）教师将学生上交的知识卡片张贴在班级宣传栏的"知识窗"。并根据这些卡片准备活动的题目。

 【活动过程】

一、诵读海洋诗歌，赞颂大海美景

诗歌被称为文学的皇冠，它高度凝炼而形象的语言正可以用来讴歌大海的壮美和雄伟，同时，大海具有丰富的内涵和意蕴，是诗歌的"宠儿"。这个环节试图从古诗到现代诗，让学生初步领略海洋诗歌的魅力。

（1）古诗大"寻亲"，请学生从备选答案中为下列诗句找到下句。

百川东到海，＿＿＿＿＿＿＿＿＿＿＿＿＿？（乐府诗《长歌行》）

海上生明月，＿＿＿＿＿＿＿＿＿＿＿＿。（张九龄《望月怀古》）

白日依山尽，＿＿＿＿＿＿＿＿＿＿＿＿。（王之涣《登鹳鹊楼》）

海日生残夜，＿＿＿＿＿＿＿＿＿＿＿＿。（王湾《次北固山下》）

长风破浪会有时＿＿＿＿＿＿＿＿＿＿＿。（李白《行路难》）

三万里河东入海，＿＿＿＿＿＿＿＿＿。（陆游《秋夜将晓出篱门迎凉有感》）

日月之行，若出其中；＿＿＿＿＿＿＿＿。（曹操《观沧海》）

洪涛澜汗，万里无际；＿＿＿＿＿＿＿＿。（木华《海赋》）

无远不集，靡幽不通。＿＿＿＿＿＿＿＿。（潘岳《沧海赋》）

展转从横，扬珠起玉；＿＿＿＿＿＿＿＿。（张融《海赋》）

（备选诗句：何时复西归；天涯共此时；黄河入海流；江春入旧年；直挂云帆济沧海；五千仞岳上摩天；星汉灿烂，若出其里；长波浩浩，迤涎八裔；群溪俱息，万流来同；峰势崇高，岫形参错。）

（2）请学生说说最喜欢的诗句，并借助想象，口头描绘诗中的意境。引导学生从大海的广阔、多变的色彩、独特的涛声等方面想象，幻灯片上播放大海的景色。

（3）教师介绍"群岛诗群"，并请学生集体诵读作品。

①教师介绍：舟山群岛诗群是指以舟山诗歌作者自发形成的一个诗歌团体，创建于1989年，主要成员以朱涛、郑复友、厉敏、李越等为代表。作为一种地域文化的自觉探索和实践，舟山群岛诗群注重创立海洋文学品牌，从而进一步打响舟山海洋诗歌的品牌。

②学生配乐诵读诗歌《春草一样闪亮的海》 作者：舟子

我爱东海 这春草一样闪亮的海/包容着穿透暗夜的生命语言/它紧紧攫住我的歌声/使我在绿岛与绿岛之间/像鱼那样自由呼吸/顽强如昔/ 秋天最后一批仰望家园的故人/在寻找什么/ 告诉我/含盐的泪光与高贵的光芒/哪种更加纯粹/是什么常常轻易搂住我的幻想/让我盯着蓝色粼光久久发呆/当天起凉风/ 我忽然悟到/除了东海雄浑的呼唤/还有什么能深入人的心灵/比海更深的是什么/东海/ 蓝色的富饶之地。

教师小结

　　海洋孕育了在海边生长的人们，她给了人们丰富的思想，让人们为她痴迷、为她歌颂。海洋诗有如此丰富的内涵，希望人与海洋和谐发展，让人们能够永远欣赏大海的磅礴气势。

二、讲述海洋神话，追寻先人梦想

海洋神话内容丰富多彩，生动绚丽。几乎在各类的古代文化典籍中都有它的影子。中国的海洋神话从《诗经》《楚辞》及后来的文学作品，到诸子百家的著述；从古代历史典籍，到航海者的录述中，海洋神话随处可见。

1. 海洋神话故事会

以座位附近的6人小组为单位，每个学生讲一个神话故事，要求时间控制在两分钟以内。小组选出讲得最好的同学上台展示。教师要事先了解学生的故事题目，做好调整工作，让展示的故事不出现重复情况。

教师可以事先做些预设，从中国古代海洋神话和西方海洋神话两个方面引导学生来了解。中国古代海洋神话如《精卫填海》《八仙过海》《四海龙王》《哪吒闹海》，西方神话以《天方夜谭》为代表，着重讲述辛巴达航海故事和渔翁的故事。

2. 探讨海洋神话的内涵

教师先引导学生以《精卫填海》为例，探讨海洋神话故事的内涵。教师可以启发学生，任何神话都是用想象和借助想象以征服自然力，支配自然力，把自然力加以形象化。对于"精卫填海"神话的解析，神话学家袁珂认为精卫填海"表现了遭受自然灾害的原始人类征服自然的渴望"。

然后，学生选取自己最欣赏的海洋神话发表观点，主要从神话的主题角度探讨。

通过讨论达成这样的共识：海洋神话反映了先民与海洋的亲密关系，先民的海洋认知经历了想象、诠释、探求和征服的过程。在一定程度上，与其说海洋是人类活动的对象、客体，不如说它是见证人类成长的重要参照物。先民了解和认识海洋的过程，也是逐步确立生存主体意识、不断进步的过程。

三、品读经典小说，探究"人海"情感

海明威的《老人与海》作为他的代表作，是一部典型的海洋文学作品，作家使用简洁、深刻而富有象征性的语言塑造了渔夫圣地亚哥的英雄人物形象，海明威把他的"硬汉形象"置于大海之上，塑造了一个"打不败的英雄"老人桑地亚哥的形象。

（1）品读《老人与海》中的老人和鲨鱼搏斗的片段。提问，作者想通过这个片段告诉我们什么？

幻灯片展示：那条鲨鱼正在帆船下用嘴拉扯死鱼。老人放松帆脚索，船横过来时鲨鱼从船底暴露出来，他一看见鲨鱼就一桨戳进去。但只刺到肉，老人手受伤了，鲨鱼迅速浮上来，露出脑袋，老人对准脑袋正中扎了两次，又戳进左眼，鲨鱼还是吊

着，老人又扎了一刀在脊髓和脑子中间，鲨鱼的肋骨断了，老人把桨片插进鲨鱼两颚间，鲨鱼松了嘴溜开了。午夜时，鲨鱼成群袭来。老人又要搏斗了。他不顾死活乱棍打去，棍子被鲨鱼咬走。他用舵把又打又砍，可是鲨鱼一条一条蹿上来，他又迎面劈去，一次又一次，舵把断了，他就用断下的把手朝鲨鱼戳去。鲨鱼一松嘴，一翻身游走了。这是最后一条鲨鱼，它们再也没什么东西可吃了。

通过讨论明确：老人和鲨鱼搏斗片段，启示我们《老人与海》中老人的硬汉精神，启示我们要与自然抗争，与命运抗争，与蛮横暴力抗争。老人用他的实际行动告诉我们：人可以被消灭，但不能被打败。

（2）再读《老人与海》中老人追捕大马林鱼的片段，在这个片段中作者是如何定位人与大海的关系的。

幻灯片展示：这时，老人回头望去，陆地已从他的视线中消失。太阳西坠，繁星满天。老人根据对星星的观察作出判断：那条大鱼整夜都没有改变方向，夜里天气冷了，老头的汗水干了，他觉得浑身上下冷冰冰的。为了能坚持下去，他不断地和鱼、鸟、大海对话，不断地回忆往事，并想到了曼诺林，他大声地自言自语："要是孩子在这儿多好啊，好让他帮帮我，再瞧瞧这一切。"

破晓前天很冷，老头抵着木头取暖。他想鱼能支撑多久我也能支撑多久。他用温柔的语调大声说："鱼啊，只要我不死就要同你周旋到底。"太阳升起后，老头发觉鱼还没有疲倦，只是钓丝的斜度显示鱼可能要跳起来，这正是他求之不得的事。他说："鱼啊，我爱你，而且十分尊敬你。可是今天天黑以前我一定要把你弄死。"鱼开始不安分了，它突然把小船扯得晃荡了一下。老头用右手去摸钓丝，发现那只手正在流血。过了一会儿他的左手又抽起筋来，但他仍竭力坚持。他吃了几片金枪鱼肉好增加点力气来对付那条大鱼。

正在这时，钓丝慢慢升起来，大鱼终于露出水面。在阳光下，那鱼浑身明亮夺目，色彩斑斓。它足有5米长，比他的船还要大。它的喙长得像一根垒球棒，尖得像一把细长的利剑。老人和大鱼的持久战又从黑夜延续到了天明。

通过讨论明确：在这一冲突高潮中，我们看到的是生命与生命的对峙，生存与死亡的争夺。老人在海上捕鱼，不是什么敌对行为，也不是要夺取什么，而是一种友好关系的表现。那条他追捕了一天一夜的大马林鱼，他敬佩它、喜欢它，为它的死而悲叹。他和它都有自己的生存理由和意义。这种人与海的关系，是20世纪的海洋文学新理念，并将成为人类21世纪的海洋精神。

教师小结

　　小说通过对老人、孩子、大海、马林鱼、鲨鱼、狮子等多个象征性对象的描写，集中地表现了老人意志的坚韧和在失败面前保持尊严的"硬汉"性格，讴歌了人类面对艰难困苦时所展示的坚不可摧的精神力量。《老人与海》是象征主义与海洋文学的完美结合，是象征性海洋文学的杰作。

四、建立图书漂流站，传承海洋文学

　　（1）要求每个学生提供一至两本海洋文学书籍，包括海洋神话、童话、诗集、科幻小说等。确保图书漂流站有以下充满海洋元素又深受学生喜爱的作品：美国作家麦尔维尔的代表作长篇小说《白鲸》，法国作家儒勒·凡尔纳的《海底两万里》《十五岁的小船长》《神秘岛》，英国作家史蒂文森的《金银岛》，英国小说家丹尼尔·笛福《鲁滨逊漂流记》，英国作家乔纳森·斯威夫特《格列佛游记》，清代李汝珍的《镜花缘》。

　　（2）制定图书漂流站的规则，并指定管理学生。

　　规则包括阅读时间、借阅登记、爱护书籍等十条规则。指定两名认真负责的学生管理图书。

教师小结

　　人类与海洋的关系，经历了由惧海（以远古神话为代表）到赞海（以19世纪前期的海洋诗歌为代表），又到斗海、乐海（以19世纪的海洋小说为代表）和探海（以海洋科幻小说为代表），最后到亲海（以奥尼尔和海明威为代表）的过程。由惧海到斗海、乐海，表现了人类的勇气和自信；由惧海到探海，揭示了人类征服海洋的决心和能力；由斗海到亲海，则反映了人类一种全新的宇宙观。海洋不可避免地要成为人类新的生存空间，"亲海"是我们对待自己生存环境的唯一选择。在未来的世纪，探海这一主题将持续下去，而"亲海"将是海洋文学的主旋律。

【活动反思】

海洋文学体裁丰富，内容广泛，深受学生的喜爱，班会中设计的部分内容是学生已经学习过的，这对学生来说也是一个巩固并且活用的过程。大部分学生能够积极参与活动，"海洋神话故事会"准备充分，故事讲得绘声绘色；品读《老人与海》时，学生深入思考，积极讨论；设立小小图书漂流港的建议得到同学们的大力支持。每个学生捐出了两本以上的海洋文学书籍，为班级"书吧"增添了很多好书。

活动中，也发现一些问题：由于整堂课的形式以朗读、讲故事、讨论为主，也使得部分语文水平较低的学生兴趣不浓厚，参与度较低。如果教师事先把容易完成的任务布置给这些同学去做，让他们有所准备，课堂上他们就能获得成就感。此外，海洋小说是学生最感兴趣的文学样式，应该事先布置给全班同学阅读，以提升学生的兴趣。在班会活动的形式上，还可以再生动活泼一些，使之更符合初中学生的心理特点。

【链接】

资料：优秀少儿海洋文学作品推荐

《风雪极地人》（纪实文学），主编：赵晓涛。

《极至》（纪实文学），作者：赵建东。

《鲨鱼侦察兵》（小说），作者：郑文光。

《失踪的航线》（少儿），作者：童恩正、刘兴诗。

《大洋深处》（科幻小说），作者：郑文光。

《月光岛(科幻故事大世界)》（科幻小说），作者：金涛。

《喂，大海》（科幻小说），作者：刘兴诗。

《世界帆船漫谈》（科普），作者：史冬辉。

《大海告诉你》（科普），作者：陆儒德。

《海豚王子历险记》（童话），共6册：《海王子诞生》《大战梦魔王》《鬼王的秘密》《智胜电鳐帮》《魔女的歌声》《最后一战》，作者：杨鹏。

《白鲸传奇》（童话），共5册：《锐舞王子》《高科英雄》《海洋之心》《失忆特工》《海洋之梦》，作者：周志勇。

《幽灵水母》（小说），共5册：《初出牛犊》《孤胆间谍》《以牙还牙》《天启之变》《生命之歌》，作者：紫龙晴川。

《海洋动物小说》（小说），共5册：《海狮大逃亡》《章鱼保卫战》《海豹闯危

途》《碧海杀人蟹》《悲情咸水鳄》，作者：张剑彬。

《海洋三部曲——格兰特船长的儿女》（文艺），作者：儒勒·凡尔纳。

《小狗瓦格船长：瓦格船长和北极熊》（少儿），作者：迈克尔·特里。

《抱抱北极熊》（少儿），作者：丹尼斯·洛克希尔。

《瞧，凯蒂干的！》（少儿），作者：丹尼斯·洛克希尔。

《追捕小萝卜》（少儿），作者：丹尼斯·洛克希尔。

第11课　走进渔民画，读懂沧海桑田

 【活动理念】

　　舟山渔民画是几代舟山渔民海之灵感的结晶，如今已经享誉海内外。1988年，舟山被文化部命名为"现代民间绘画画乡"，除了中国美术馆和中央美院，澳大利亚、加拿大、德国和法国等地均举办过舟山渔民画画展。渔民画的作者是一群渔家姑娘和小伙子，他们祖祖辈辈居住在喜怒无常的大海边，惯于看暴戾的海浪，听狂吼的海风，爱和惧交织着。在一幅幅倾注着复杂深刻情感的绘画中，自然地向人们诉说着古老的过去、风暴的灾难、依稀的童年，把生活和记忆、想象、情绪融合形成画面，再打上作者的心灵烙印，就这样，渔民画成了无言的歌，永恒的诗……

　　本主题系列活动分为四个板块。第一板块是欣赏渔民画，第二板块是感悟渔民画，第三板块是学习渔民画，第四板块是创作渔民画。通过这个主题活动，让在海边长大的学生能初步掌握渔民画的绘画技巧，结合自己的生活展开丰富的联想并有所创新。感悟祖辈老渔民不畏艰险建设家园的坚强品质，希望学生能珍惜如今的幸福生活，好好学习，长大后为海岛的建设添砖加瓦。

 【适用年级】

八年级。

 【活动目标】

　　（1）认知目标：在欣赏渔民画形式美基础上，引导欣赏其内容美，知道作品所反映的现实生活。

（2）情感目标：积极参与渔民画活动，认识渔民画所寄托的情感。

（3）行为目标：能初步创作渔民画，具有一定的创新与想象能力。

 【活动准备】

（1）把全班同学按生活的社区分组，并选好组长。

（2）及时了解会画渔民画的学生家长，邀请其担任指导老师。

（3）到各社区沟通并报名参加渔民画的假期培训班和参加各类活动。

（4）到本地文化部门沟通并了解他们的各种渔俗文化活动，让学生及时参加。

（5）邀请渔民画老师做定期指导，并和美术老师做好长期的课程安排沟通。

 【活动过程】

系列活动一：欣赏渔民画

舟山嵊泗的美丽海岛建设全国闻名，特别是各乡镇社区的壁画和墙画无一不是以渔民画为主题。内容有的呈现了灵动的海洋生物，有的表现当地渔民生活和劳作的场景。在欣赏中激发学生对渔民画的热爱和求知欲。这一板块的活动要充分利用社区和家长资源。

（1）参加社区的渔民画系列活动。嵊泗各社区都有固定的渔民画作者，每一社区都有保留的系列活动，让学生及时参加自己社区的活动，并做好影像的拍摄和文字记录。

（2）参加社区亲子活动。组织家长和孩子家乡一日游，把出现在视线中的渔民壁画和渔民墙画做好影像的拍摄记录，家长就其中的内容做好讲解工作。

（3）资料搜集整理，每组做好资料的搜集整理工作，汇集后把活动过程做成微电影，每组8分钟左右。

（4）班会课展示，利用班会课把学生各自家乡的渔民画创作情况与全班同学分享。

系列活动二：感悟渔民画

渔家世代与大海相伴，与惊涛骇浪搏斗。既有大海气势磅礴的胸怀，又有踏着细浪渔归的情愫。这些渔家姑娘和小伙绝大多数从未握过画笔，但这些握惯渔网和梭子的手，以特有的"大海素质""大海情感"纯洁直率地表达出他们对造型和色彩的独到意念。孕育出的特殊画面和意境，透露出一种未经雕琢的远古神话意味，笼罩着古朴神秘的色彩。渔民画的内容与渔民的生活劳作息息相关，每一幅画都是一种生活态度，每一幅画都有许多故事，所以理解作品可以帮助学生将来更好地创作。

（1）渔民画专家讲座会。利用班会课时间邀请若干渔民画作者讲述自己的渔民画创作经历，对代表性渔民画作品进行艺术分析。

（2）与渔民画作者面对面互动。各小组利用假期时间与自己所在社区渔民画创作者交朋友，观摩他们的整个创作过程，并了解作品的寓意。

（3）利用美术课分析以下作品。每幅画用一段话来描述，字数在200字左右。

龙　骨

捕虾季节

系列活动三：学习渔民画

邀请渔民画老师，进行定期授课，一般1个月一次，时间是每星期一的班会课。假期进入各自社区培训班学习。

（1）课程设置的目标：让学生基本了解渔民画创作特点、技法，激发学生对渔民画活动的兴趣，引导学生用自己喜欢的方式大胆地表现和创作渔民画。

（2）课程设置内容及时间安排。

第一课时：对色彩感兴趣，学会简单的涂色方法。

第二课时：勾线随意大胆，能画满整张作品。

第三课时：学用点、线、圆等简单图形表现内容。尝试稍复杂的重叠组合创作活动。

第四课时：运用身边熟悉的事物创作渔民画。能积极、愉快地参加临摹活动。

一般一学期安排4节课，在寒暑假，学生到所在社区参加假期培训班学习，并有完整的作品完成。

系列活动四：创作渔民画

学习渔民画的创作过程主要是激发学生对渔民的尊敬之情，对家乡的热爱之情、对大海的喜爱之情，作为生于斯长于斯的渔家子弟应掌握这样一门绘画技能，要引导学生仔细观察身边事物，大胆想象创造，在画作中大胆表达自己的感情和认识。一般有以下几个活动。

（1）积累素材，为创作做准备。通过参加一些渔民的节日，如"开捕节""渔民运动会"等，参观一些实践基地，开阔眼界，丰富知识，拓宽学生渔民画创作源头。

（2）鼓励学生把富于教育价值的渔民生活内容纳入渔民画的创作过程，增加教育中的"温情"和"人文精神"，积极参加各类渔俗节活动，积极参加"艺术周""画家乡画海洋"等各级各类比赛。

（3）用渔民画布置教室，并定期进行学生作品展。在适当的时候，把学生的优秀渔民画作品推向社区和社会。

即使你不曾亲近过大海，不了解海的性格和渔民的生活，但或许，一幅由渔家儿女创作的渔民画会让想象中的彼岸变成足下的此岸。

感悟那些赶海的人，他们祖祖辈辈住在喜怒无常的大海边，惯于看暴戾的海浪，听狂吼的海风。他们对海的感情深刻而复杂、爱恨交织，那是生存所依，生命所系。

当你们初拿起画笔，虽然生疏、惶惑，但在一种只有渔民才有的大海情感中孕育出的特殊画面意境的发酵、催促下，你们就会把心目中的期待和憧憬、把对生活的欢乐与祝愿，一起沉入画布，沉入热气腾腾的世俗生活。那就让我们踏浪而来，蘸海作画。

 【活动反思】

通过参加"走近渔民画，读懂父辈的沧海"系列主题活动，学生能走出课堂，走进渔村，让学生从了解渔民画到创作渔民画，和渔民画来了一个亲密大接触。不管是参观渔民画创作室，还是欣赏渔家住宅上的墙画，学生参与的积极性非常高，也激发了学生的学习兴趣。在绘制渔民画的过程中，他们用无限的想象，把美好的愿望以及真挚的情感，通过一幅幅构思奇趣的斑斓图画表现出来。

这一系列活动需要的教师对渔民画比较精通，要善于调动一切可以利用的资源，为活动的顺利开展服务。同时，对学生的绘画成果要及时提供展示的平台，提高影响力，以进一步提高学生创作的积极性。

 **【链接】**

资料：舟山渔民画发展史

东海之滨的舟山，是中国第一大群岛，世界著名渔场。这里休养生息着一群纯朴的渔民画家，他们用大海的天真纯朴和无限的想象，把美好的愿望以及真挚的情感，通过一幅幅构思奇趣的斑斓图画表现出来。舟山渔民画造型上的夸张、随意和制作上的精致赢得了国内外专家和观众的认可。

舟山渔民画表现的多是大海及与海有关的事物，即使是神话传说也是在大海里遨游。渔民出没于狂风巨浪，甚至与海洋生死搏斗的生活经历，造成他们的作品奇幻、神秘、抽象而近乎怪诞的风格，赋予作品现代民间气息强烈的地域特色和民族意识。而这些主观的感受和强烈的生活气息又通过造型上的夸张、随意和色彩上的艳丽、强烈而表现出来，由此形成了舟山渔民画特有的整体性艺术魅力，在中国现代民间绘画艺术中独树一帜。渔民画家们把他们对理想、对生活的美好追求与渴望都反映在他们的作品中，如刘云态的作品《渔姑梦》《咪咪梦》，张亚春的作品《嬉鱼》。有的以渔民生活、生产和渔家风俗风情活动为内容，如林国芬的《拣鱼》和《剖鳌》，陈艳华的《补网》等；有的反映了海岛的民间传说，如张定康的《穿龙裤的菩萨》描绘了"青浜庙子湖，菩萨穿龙裤"这一民间故事。

1980年成功举办了首届舟山渔民画展览后，使舟山的渔民画升华为一种反映海洋文化、海岛风情的优美画卷，成为展示中国海洋文化的一个重要组成部分。

1987年11月，舟山渔民画在中国美术馆展出，获得了广泛好评。

1988年1月，文化部命名舟山群岛定海、普陀、岱山、嵊泗4个县（区）为"全国现代民间绘画之乡"。

至2008年，有1 000余件作品在全国性报刊发表，入编各类画册，入藏多家美术权威机构，并到10多个国家作对外文化交流展出，享誉国内外。

多年来，他们在保持舟山渔民画艺术风格整体性的基础上，强调地域特色，力求多样性，创作了一批又一批渔民画新作，多次在省级、全国及国外展出、获奖。

第12课　与海洋电影结缘

【活动理念】

电影艺术有着丰富的表现手段，它通过银幕的声画形象直接诉诸于观众的视觉和听觉，因而银幕形象具有可见可闻的生动性、具体性和直接性。电影源自生活，高于生活，能给人们带来心灵的震撼和回味思考。以海洋为题材的电影内容丰富，情节曲折，想象奇幻，反映了人与海洋之间互相依存、难以分割的关系，很多海洋电影的艺术性非常强。

海，对于人们来说，不仅是船的归宿，也是梦开始的地方。那片辽阔的蔚蓝在艺术家的眼里如诗如画，让人陶醉。那片蓝色，宛如人类想象力的延伸，铺展出一方自由不羁的无垠天地，同时在海面上布满了闪亮的秀色与旖旎的传奇。海洋电影传递给我们的美和力量极大地丰富了海洋文化的内涵，值得学生探究学习。

【适用年级】

九年级。

【活动目标】

（1）认知目标：通过海洋电影的介绍，让学生了解电影中蕴含的丰富的海洋知识和人类的探险活动。

（2）情感目标：让学生从海洋电影中汲取海洋文化，具有热爱海洋、探索海洋的情怀。

（3）行为目标：让学生学会甄选电影，学会欣赏海洋电影。

【班会准备】

（1）教师上网了解全球海洋电影票房大片，撰写好快板《海洋电影趣味多》。

（2）提前让学生欣赏电影《海底总动员》《海上钢琴师》。

（3）下载好《荒岛余生》，并截取部分经典片段。

 **【活动过程】**

一、快板引入——《海洋电影趣味多》

在国际上有一个非常权威的电影票房网站叫Box Office Mojo，它是一个美国在线的电影票房数据统计网站，旨在通过分析、评论、采访和最全面的在线票房追踪这种艺术与商业结合的方式来介绍电影的情况。一部电影票房的多少就可以看出这部电影受欢迎的程度到底有多高。

电影的形式和题材多种多样，今天我想和同学们一起来探讨一下有关海洋的电影。那么首先我想请同学们来说说你所了解的海洋的电影，并说说你所了解的关于这个电影的梗概。

（1）学生谈自己看过的海洋电影，包括基本情节和电影的感悟。

（2）两个学生表演快板《海洋电影趣味多》。

内容如下：

男：电影文化人人学，大家都把知识长。

女：可惜时间不能长，只能讲讲大海洋。

男：说电影，喜欢啥，海洋电影人人夸。

女：爱大海，揣胸怀，热爱自然心中赞。

男：（泰坦尼克号）首先讲讲泰坦尼，经典海难显真情，旷世之作传佳话，更有金曲永流传。

女：（加勒比海盗）加勒比，聚海盗，风趣幽默异乡情，魔幻色彩显神秘，机智勇敢现神奇。

男：（海底总动员）找勇气，现亲情，一起海底总动员，五光十色风景美，大家来把尼莫找。

女：（少年派的奇幻漂流）少年派，奇漂流，奇人奇事任想象，绚丽魔幻心中留，留下悬念任你猜。

男：海洋电影题材多，航海探险搏风浪，大海文明巧寓意。

女：精神大餐是食粮，经典电影启发大，开阔思路永不忘。

合：永不忘。

二、分类介绍——海洋电影类型广

西方印欧文化的核心是海洋文化，岛屿与岛屿相隔于大海，探险与扩张是西方文明发源的所在，所以会有众多的影片将大海看作文明的摇篮。我们可以根据电影的内容、形式以及情节来整理一下有关海洋的电影都有哪些。教师介绍电影类型，出示幻灯片：

（1）科幻片：《环太平洋》《超级战舰》《未来水世界》等。

（2）灾难片：《泰坦尼克号》《完美风暴》《荒岛余生》等。

（3）动画片：《海底总动员》《冰川时代》《鲨鱼故事》等。

（4）魔幻片：《加勒比海盗》《波西杰克逊》《纳尼亚传奇》等。

三、配音模仿——海洋电影启迪大

海洋电影中有很多激励性的对话完全可以成为经典语句，请同学们进入电影世界，让自己变成其中的人物，走进他们的心灵世界。

（1）教师先播放3部电影片段，请学生欣赏其中的台词。

（2）幻灯片出示3部电影的经典台词，请学生选择其中一段进行配音模仿。

① 《海底总动员》。

多莉：嗨，这次相信我。

玛林：相信你？

多莉：对，相信，朋友就该这样。

② 《海上钢琴师》。

陆地？陆地对我来说是一艘太大的船，一个太漂亮的女人，一段太长的旅行，一瓶太刺鼻的香水，一种我不会创作的音乐。我永远无法放弃这艘船，不过幸好，我可以放弃我的生命。反正没人记得我存在过，而你是例外，Max，你是唯一一个知道我在这里的人。你是唯一一个，而且你最好习惯如此。原谅我，朋友，我不会下船的。

③《泰坦尼克号》。

赢得船票是我一生最幸运的事，让我可以认识你，认识你真荣幸，万分荣幸。你一定要帮我，答应我活下去，答应我，你不会放弃。无论发生什么事，无论环境怎样，露丝，答应我，千万别忘了。

（3）讨论这些经典台词中蕴含的深意。

从《海底总动员》的台词中，我们懂得了真正的友谊是以信任为基础的，并且是坚定而长期的信任。越是在困难的时候，好朋友越要抱成一团，齐心协力。《海上钢琴师》的这段台词则告诉我们，一个人真正要追求的东西应该是心灵的自由和生活的简单，要保持纯真的个性，不因为时间而改变自己的初心。而《泰坦尼克号》中杰克诀别露丝时的话让我们感受到伟大的爱情是一种奉献，为了爱人甚至献出自己的生命都无怨无悔。看来，海洋电影中传递的人性中最美的东西值得我们深深品味。

（4）教师推荐海洋电影中的经典台词，请学生齐读。

幻灯片展示：

我觉得生命是一份礼物，我不想浪费它，你不会知道下一手牌会是什么，要学会接受生活。——《泰坦尼克号》

人生也许就是不断地放下，然而令人痛心的是，我都没能好好地与他们道别。——《少年派的奇幻漂流》

当一切结束，我们在回首往事的时候，懂得了失去和拥有。——《珍珠港》

幸运之神总是降临到勇于创新的人身上。——《环太平洋》

我一定要继续呼吸，即使已经没有盼望的理由，我要继续呼吸，因为明天太阳将

会升起，谁知道潮水会带来什么？ ——《荒岛余生》

四、关照自我——海洋电影巧欣赏

电影艺术中有很多值得我们学习和借鉴的地方，很多电影对人的影响是非常深刻的，一部好的电影可以影响一个人的一生，但是我们在观看的时候不仅要把它当作别人的故事来看，更要从电影中汲取智慧，反观自己的内心，从电影人物中看到自我。

（1）教师介绍2000年的励志佳片《荒岛余生》，并播放部分片段。

这部电影主要讲述的是联邦快递公司的系统工程师查克，对他来说，时间意味着生命的价值。然而，不幸的飞机事故把他只身抛弃在太平洋的荒岛上，时间似乎凝固了。他必须为生存去奋斗，但最大的挑战不是点火、捕鱼、打开椰子，而是仰天长叹却毫无回音的孤独。当他4年后重返"人间"时，他的人生观已经彻底改变。

（2）学生讨论自己被主人公感动的理由。

教师小结

好电影的标准是思想性好、知识性强、趣味性浓，让我们真正融入其中，给人启发与思考，其实我们看电影就是在看自己的故事。所以，我们要坚决远离那些思想不健康、粗俗的电影，以免受到毒害。

 【活动反思】

本次"与海洋电影结缘"主题活动由四个环节组成。第一个环节，让学生初步感知海洋电影的精彩纷呈，激发他们探究海洋电影内涵的兴趣，用快板的形式比较生动地引入活动的主题。第二环节考虑到学生看过的海洋电影毕竟数量有限，就由教师分类介绍海洋电影的多种类型，让学生在以后观影的时候可以大致了解电影的概况。第三环节是配音模仿，引出"海洋电影启迪大"这个观点，这个环节深受学生的喜爱，这些经典的画面和对白使学生个个热情投入，仿佛化身为剧中的人物，课堂气氛达到高潮。第四个环节和学生简单探讨了海洋电影的欣赏技巧，由于电影欣赏技巧涉及比较多的专业化知识，和本次主题活动的相关度也不是很高，所以只是强调了其中的最重要的一点，就是要通过看电影看到自我，从中汲取智慧和力量。

这次活动需要前期的铺垫时间较长，首先是教师必须熟悉几十部海洋电影，了解这些电影的情节和人物形象，截取活动中需要的片段。其次，要抽出班会课时间播放两部电影，或者布置学生在家中上网观看。如果能做到这两点，这次主题活动就能顺利开展，效果突出。

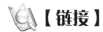【链接】

适合中学生欣赏的海洋题材电影

1.《泰坦尼克号》

爱，电影中永恒的话题，爱情的主题不得不让我们联系到那部"我心永恒"的《泰坦尼克号》。

2.《碧海蓝天》

《碧海蓝天》中一生都在潜水的恩佐与雅克从小就展开较量，120米以上的潜水深度不是常人所能触及的。是因为水下有美人鱼的诱惑，还是因为他们就是属于静默寒冷的海底？

3.《海上钢琴师》

《海上钢琴师》就如一段海洋上的诗意旅程，讲述一个从小在船上长大的钢琴音乐家的故事，他是孤儿，名叫1900，是船上的水手把他养大的，他也没有学过音乐，但天生会弹钢琴。1900的琴声将我们带入那无处不在的大海，大海具有打动人心的浪漫魔力。

4.《海底总动员》

《海底总动员》用轻松诙谐的海洋冒险续写了父与子之间的亲情。小丑鱼玛林和儿

子尼莫，它们虽然是鱼，但是它们身上的人格魅力，让我们在澳洲大堡礁温暖的海水里感觉到了亲情的魅力。

5.《完美风暴》

影片《完美风暴》中渔夫们在大海上漂流捕鱼的宿命，遇见一场完美风暴，影片在生动阐释人类与命运抗争的同时，又让人们被波澜壮阔的海上美景所感染。

6.《特洛伊》

在《特洛伊》中，主人公为了荣誉与女奴，挑战统帅阿加门农的指挥，提枪上马，重返战场！看着整个希腊城邦的战船千帆过尽，直逼特洛伊城下，历史的沧桑感穿越大海，力透时空。

7.《怒海争锋》

《怒海争锋》让我们看见了光荣与梦想的海洋，军人与科学家一同远征，在战火中穿越大洋发现新大陆，探索新世界的奥秘。

8.《深渊》

《深渊》是1989年由詹姆斯·卡梅隆执导的科幻、惊悚电影，影片讲述了当一架美国核潜艇的队员在雷达荧幕上发现一件不明物体之际，潜艇突然被撞击，沉没于一个无底深渊中，以巴德为首的钻油工人奉命前往拯救潜艇队员的故事。

9.《海底两万里》

《海底两万里》改编自伟大的法国科幻小说家凡尔纳的同名小说，讲述了尼莫船长和他的"鹦鹉螺"号潜水艇的种种历险故事；"鹦鹉螺"号被用来探索海洋，巨大的章鱼、奇观的海底，让人惊叹。

10.《未来水世界》

《未来水世界》讲述了公元2500年，由于地球臭氧层遭到破坏，两极冰层融化，陆地生活成为人类远久的回忆的故事。

专题三　海洋安全

　　海洋是连接世界的纽带，是通向世界各地的通途，是人类生存与可持续发展的资源宝库。进入21世纪，海洋不仅成为经济和科技活动的重要领域，也是国际政治和军事斗争的战略空间。近年来，我国面临的海洋安全形势依然十分严峻，不仅海洋权益受到外国传统海洋安全的侵害和威胁，也受到海盗、海洋环境污染与破坏等海洋非传统安全的威胁。因此，要大力发展海洋事业，必须重视和提高全民的海洋安全意识。

　　海洋安全意识是国家安全意识和海洋意识的重要组成部分，主要包括海洋国土安全意识、海洋通道安全意识、海洋开发安全意识和海洋非传统安全意识四个方面。长期以来，我国受"重陆轻海"的历史主流文化影响，国民的海洋国土意识和海洋安全意识比较薄弱，与时代要求差距较大。中小学校对学生海洋安全意识的教育，在内容和形式上也尚不完善。

　　加强海洋安全意识教育和培养，既要从战略高度入手，制定国家海洋强国战略，明确国家海洋发展目标和路径，还应以中小学生为重点，发挥学校教育的主渠道作用，培养学生的海洋国土意识和海洋安全意识。

　　本章共设"蓝色的保卫""携手共护我们的海洋权益""生于忧患，死于安乐"三个主题班会，旨在通过活动让学生了解我国的海疆安全历史和当前形势，提升学生海洋国土安全意识、海洋通道安全意识、海洋开发安全意识和海洋非传统安全意识，激发爱国情怀。

第1课　蓝色的保卫

【活动理念】

当今世界陆地资源正面临枯竭的严重危机，海洋开发成为21世纪各国努力争取发展的方向。海陆兼备的中国，在21世纪的发展大潮中，要发展海洋经济，首先要保护海洋"国土"、捍卫好国家主权。历史上，受封建社会国家意识的影响和制约，中国对海防建设不甚重视，在19、20世纪的世界一体化大潮中惨遭海洋强国的蹂躏，泱泱中华陷入了屈辱的时代。新中国成立后，不断加强海防建设，有效捍卫国家主权。然而海洋权益纷争、复杂的国际竞争对海防建设提出了更高的要求。

作为中学生，既要学习科学文化知识，也要铭记历史，提高海防意识，承担保卫国家的责任。八年级学生，思维能力和动手能力都有较大发展，采取任务小组的方式让学生合作搜集资料。另外，海防知识涉及很广，多数学生似懂非懂，教师在放手给学生的同时也要有效指导。

【适用年级】

八年级。

【活动目标】

（1）认知目标：了解我国海洋疆域、海岸线、重要港口，增强学生对祖国的认识和自豪感。

（2）情感目标：掌握我国海防史上的重要事件，提升学生海防意识，激发学生的爱国主义情感。

（3）行为目标：通过合作、实践等活动，提高学生合作和实践能力，关心支持海防建设，为我国海防建设做出贡献。

【活动准备】

（1）提前一个星期，把班级学生分成四大组，并把每组的任务与注意事项说明单发给学生。组内学生可以分成若干任务小组搜集资料、制作PPT，小组长负责协调。

（2）小组长把制作的PPT与教师交流，教师做指导。

（3）老师整合各小组的PPT。

（4）精选导学资料一份。

 【活动过程】

（导入视频短片《我国美丽海岸线掠影》，老师简述海防的重要性）

一、第一组："蓝色之如数家珍"——我国海防相关知识

1. 第一组学生分享活动

知识抢答。第一组同学准备关于我国海岸线、海洋、岛屿等方面的知识题目，题目要涉及国家间对比，第一组同学不参加。

2. 感悟互动区

通过活动，你有何感想？

设计意图：通过知识抢答的方式让学生对我国的海岸线、海洋疆域等有基本的了解，激发自豪之情。

二、第二组："蓝色之保卫悲史"——我国历史上的海防悲史

教师引导：中国古代边防长期以来"重陆不重海"的原因何在？随着海洋时代的来临，海洋作为保护中国的天然屏障功能也渐渐失去，这期间中国经历了怎样的悲惨历史？

1. 第二组学生分享活动

英国入侵；英法联军入侵；日本入侵。学生可以选择外强入侵的简要过程，也可以选择某个城市被侵略的具体事例，还可以选择某场海战。由于这部分的史实非常

多，教师要对学生提供的材料做有效的指导。注意故事的选择要突出当时的海防能力，每个学生的讲述时间要控制在1～2分钟。

2. 感悟互动区

为何近代外敌对中国的入侵都是从海上入侵？你还了解哪些海防历史事件？你有什么感想？

设计意图：通过我国近代的屈辱历史，让学生感受到海防的重要性。

三、第三组："蓝色之建设成果"——现代海防建设

教师：新中国成立后，我国海防建设得到很大的提高，有哪些值得赞赏的建设呢？

1. 第三组学生分享活动

我国现代海防建设。主要从海军舰队、海上武器设备、军演等几个方面展示。在展示时注意与全班同学互动，避免让讲述的学生唱独角戏。

2. 感悟互动区

有条件的地方，可以在军队允许的情况下介绍当地的海防建设，比如舟山是海防重地，可以介绍舟山的军舰、陆军等情况。

设计意图：通过现代海防建设的展示，让学生了解到国家对海防的重视，激发自豪之情，提高海防意识。

2012年，"辽宁"舰正式编入人民海军序列，是中国人民解放军海军第一艘可以搭载固定翼飞机的航空母舰

DF-21D首次展现真容，可直接从陆地发射，精确穿透2 000千米外的防御网，打击航母战斗群，号称"航母克星"

四、第四组："蓝色之忧"——海防的不足与国际争端

教师引导：21世纪被称为海洋的世纪，世界各国对海洋越来越重视，沿海国家的海防建设大大加强，各国对海洋权益的争端也越来越尖锐。

1. 第四组学生分享活动

当今国际最先进的海防舰队和武器设备；我国目前存在的海洋争端，如钓鱼岛、南沙群岛等争端一直不曾平息。前面部分的展示可以简略些，注意控制时间，后部分展示要简略说明我国自古以来对这些领土拥有主权，也要指出我国的海上军事建设存在的缺陷等现状。

钓鱼岛是钓鱼岛列岛的主岛，是中华人民共和国固有领土，位于中国东海，面积约3.90平方千米，周围海域面积约为17万平方千米。1972年美国将其"行政管辖权"连同琉球一起"交给"日本，中日钓鱼岛争议由此产生

2. 感悟互动区

为何会有这些海岛权益争端？你认为哪些措施能有利于这些问题的解决？

设计意图：简要了解周边国家与我国的海洋争端，树立海防忧思，提高海洋意识。

五、"蓝色之我们的行动"——学生合作设计海报宣传活动

教师引导：我国一位军事专家说："现在我国的海洋权益维护面临挑战既有历史原因，也有我们自身的因素。比如在很长的一段时间里，国人对海洋权益的认识较为弱化，忽视了海洋的利用和保护。"同学们通过这次主题学习活动，增长了很多海洋知识，也提升了海防意识。我们可以把大家所了解到的知识向更多的人宣传，提高公众的海防意识。

海报设计活动：

（1）主题：可以是小主题，如海防历史、我国现在面临的海洋争端，也可以是大主题，如海防宣传。

（2）形式：学生可以两两合作设计完成一份海报。考虑到是在公共场合做宣传，海报的字体要适当大些，图文结合要美观。

（3）组织：由班长总体负责，将制作好的海报贴到学校宣传栏。

根据以上要求，每位学生发一份白纸做草稿，自主选择合作伙伴开始设计海报。根据课堂时间，可以请几组设计较好的学生做简要的介绍作为示范。后续工作待课后完成。

六、课堂尾声

教师引导：我国有1.8万千米的海岸线，300万平方千米的主张管辖海域。我们决不能让现代中国重蹈历史覆辙，我们要坚决保卫祖国的海洋权益，保卫世界和平。

课后拓展活动建议：

（1）组织好海报宣传活动。由班级组织派代表与学校做好协调工作。

（2）可以组织参观当地的海防博物馆或遗址。如舟山岱山的海防博物馆、宁波镇海的招宝山海防遗址、厦门的虎门炮台等。

（3）如有条件，可以组织参观当地的海防建设军事基地。

（4）可以联系当地的海防宣传部门，请他们到学校讲课。

【活动反思】

主题教育课的主体是学生，受教育的对象是学生，如何能够最大限度地调动学生的积极性？让学生主动参与，让学生变成课堂的主人是最好的办法。本节课设计的主要理念就是在"海防爱国"主题引领下，学生带着学习任务去扩大视野，然后归纳整理展示，在课堂活动前，他们已经有所收获。而课堂展示，则是各小组把自己所看所闻的"精华"予以分享，并把各小组的成果串联起来形成一个整体，使学生有更高的提升。

课堂活动过程中，由于课前有所准备，学生积极活跃，并且有个人观点的阐述。但是由于学生对于海防、现代军备建设等知识一知半解，需要老师的指导和介入。包括课堂活动过程中，学生出现的偏向或疑难问题，老师应该给予明确指导。比如学生讨论："为什么舟山屡次被侵略？"学生只是从舟山地理位置重要性思考，老师及时从其他角度予以提示，比如当时舟山的海防设施情况。

把课堂交给学生，但是老师还是要发挥指导作用。老师要做到心中有学生，通过课前对学生资料搜集的了解和指导、课堂讨论的及时介入等促进学生的精神成长。

【链接】

资料一：鸦片战争历史地图

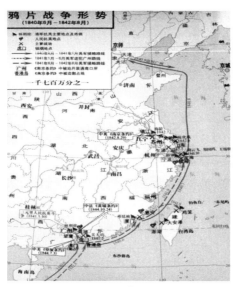

鸦片战争图

资料二：甲午战争历史地图

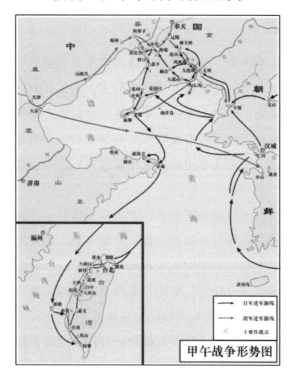

中日甲午战争图

资料三：第一次鸦片战争中的虎门之战

虎门地理位置十分重要，看守着广州门户。鸦片战争爆发后清政府对虎门做了大量扩充，虎门是当时中国沿海防守最为严密的地区。1841年英舰准备向虎门进攻，集结兵船10艘、轮船3艘和运输船多艘。英军发现下横档岛没有设防，遂于二月初五下午派出炮兵分队由轮船运至该岛登陆，并连夜选择阵地，安设炮位。英军集中火力攻占横档、永安炮台，集中兵力进攻靖远、威远炮台。当时的将领关天培决心死守阵地，将自己的财物全部分赠将士，鼓励他们英勇杀敌。他亲燃大炮，自上午10时至下午7时，与敌激战近10小时之久。英军自炮台背后进攻，关天培身受数十处刀伤，血染衣甲，仍持刀拼杀，终因伤重力竭，弹尽援绝，最后含恨壮烈殉国。虎门各炮台相继失陷。

资料四：西沙群岛自卫反击战

1973年9月，被称作伪政府的越南南方阮文绍集团(简称"南越")，宣布将中国西沙群岛的一部分岛屿划入其版图。1974年1月11日，中国外交部发表声明谴责这一蛮横行径，重申中国对南海诸岛的领土主权。南越方面不顾中国政府的强烈抗议，派出军舰侵占西沙一些岛屿，并打死、打伤中国渔民和民兵多人，同时攻击中国正常巡逻的舰只。

1974年1月20日，中国海军舰艇奉命开赴西沙群岛，将南越军队赶出西沙群岛，取得自卫反击战的胜利。此战击伤南越驱逐舰3艘，击沉护卫舰1艘，毙伤官兵100余人，俘敌48人。

资料五：南沙之争

南沙群岛的目前状况：越南非法占据了南沙西部海域，菲律宾非法占据了南沙东北部海域，马来西亚非法占据南沙西南部海域。南海争端争执的焦点就在南沙群岛。

南沙群岛陆地面积虽然只有2平方千米，但是整个海域面积达82.3万平方千米，而且地理位置非常重要。南沙群岛地处越南金兰湾和菲律宾苏比克湾两大海军基地之间，扼西太平洋至印度洋海上交通要冲，是通往非洲和欧洲的咽喉要道。

中国地图的右下角，都附有一个南海诸岛的小地图，并清清楚楚地标有U形九段线。在这个被海洋工作者常常提起的"九段国界线"内，分布着南海周边国家争夺的岛屿和海域。在南海诸岛中，岛屿众多，可属于中国控制的只有9个，其中大陆8个，中国台湾1个，而被越南、菲律宾、马来西亚、印度尼西亚和文莱非法占有的却多达45个。

越南派兵抢占29个南沙岛屿，是最多的。菲律宾抢占8个，马来西亚抢占5个，文莱抢占2个。

第2课　携手共护我们的海洋权益

【活动理念】

习近平总书记在中共中央政治局第八次集体学习时强调，21世纪，人类进入了大规模开发利用海洋的时期，海洋在国家经济发展格局和对外开放中的作用更加重要，在维护国家主权、安全、发展利益中的地位更加突出。中国经济已成为高度依赖海洋的开放型经济，中国经济总量中的大部分分布在沿海区域，海洋在国家经济发展格局和对外开放中的地位日益重要，维护海洋权益对于我国经济发展意义深远。

同时我国当前维护海洋权益的形势依然极其严峻复杂，多个周边国家竞相在我国南海开采油气资源、开发旅游项目，甚至通过法案将我国部分岛礁划为己有，严重侵害了我国海洋权益。面对这种形势，我们必须要认识到维护海洋权益的重要性。

但是长期以来受"重陆轻海"传统思想的影响，我们的海洋权益意识非常淡薄，没有深刻认识到海洋权益对国家发展的意义。本次活动就是针对该现状进行设计的。

【适用年级】

九年级。

【活动目标】

（1）认知目标：让学生了解海洋权益方面的知识以及我国与周边国家有关海洋权益之争的现状，让学生进一步认识到维护海洋权益的重要性。

（2）情感目标：唤起学生的海洋忧患意识，激发学生维护我国海洋权益的历史责任感。

（3）行为目标：会通过报纸、网络等途径关注有关我国海洋权益方面的新闻，并学会向同学、家长等身边的人宣传海洋权益方面的知识，呼吁更多的人来携手共护我们的海洋权益。

【活动准备】

（1）通过报纸、网络等媒介查找、翻阅有关我国海域现状以及我国与周边国家有关海洋权益争端方面的资料。

（2）拟定有关海洋权益方面的题目并制作成幻灯片。

（3）通过走访、调查等方法搜集海洋渔业安全方面的故事。

（4）观看辩论赛视频，学习如何辩论，并成立辩论小组，确立辩手，准备辩论资料。

（5）合唱排练。

【活动过程】

一、"海洋权益"知多少

教师：同学们，自古以来"得海权者兴，失海权者亡"，自1994年11月16日《联合国海洋法公约》（以下简称《公约》）生效后，海洋就成为了举世关注的热点，我国作为一个海洋大国，自1996年7月6日正式加入《公约》，就有了近300万平方千米的主张管辖海域。然而，与我国海上相邻的8个国家，由于历史遗留等问题，都与我国有海洋权益的纠纷，我国至今尚未与任何一个海上邻国达成海上边界协议。对于我们国家来说，维护海洋主权完整形势十分严峻。那么什么是海洋权益呢？

（幻灯出示资料）

什么是海洋权益？

首先，海洋权益属于国家的主权范畴，它是国家领土向海洋延伸形成的权利。国家在领海区域享有完全排他性的主权权利，这和陆地领土主权性质是完全相同的。在毗连区享有的权利，也属于排他性的，主要有安全、海关、财政、卫生等管辖权。

其次，海洋权益是国家在海洋上所获得的利益。一般来说，海洋权益的内涵主要有：一是海洋政治权益，如海洋主权、海洋管辖权、海洋管制权等；二是海洋经济权益，主要包括开发领海、专属经济区、大陆架的资源，发展国家的海洋经济产业等；三是海上安全利益，主要是使海洋成为国家安全的国防屏障，通过外交、军事等手段，防止发生海上军事冲突；四是海洋科学利益，主要是使海洋成为科学实验的基地，以获得对海洋自然规律的认识等。此外，还有海洋文化利益，如海上观光旅游、举办跨海域的文化活动等。

教师：同学们，"得海权者兴，失海权者亡"。那么，大家是否了解海洋权益方面的知识呢？下面我们来赛一赛！（抢答题见链接）

（1）四个小组各派4名队员作为主答，其他组员可以进行补充回答。

（2）主持人宣布抢答规则：等主持人读完题目宣布"开始"时，才可以举手抢答。当主答者回答错误时，其他组员可以进行一次补答。

（3）根据四个小组的得分情况，依次评出奖项，并予以奖励。

二、走进海洋权益争端，唤起学生的忧患意识

教师：同学们，在海边吹吹风，吃上一盘美味的海鲜，那是多么惬意的事啊！可是你们知道吗？生活在我们身边的渔民每次捕鱼作业要经受种种危险，台风、巨浪、暗礁……然而，随着国际海洋权益之争的日益紧张，渔民兄弟能深切地感受到：海上军舰多了，风险也增加了，有的渔民兄弟甚至还被日本、韩国等周边国家逮捕拘留。同学们，我们的家长中也有不少是捕鱼的，想必大家也听说过这方面的故事吧！下面请同学们来讲讲。

（1）学生发言讲述。

（2）幻灯片展示图片资料。

漩涡中的中国渔民

资料1：韩联社报道，中国一艘80吨级拖网渔船，当地时间2014年10月10日上午8点30分左右，在韩国"全罗北道"海域，遭到韩国海警盘查。渔船船长据报因为激烈反抗，韩国海警向他开枪。他被送往医院后不治身亡。

韩国海警方面称，中国渔船"鲁营渔50987"号，当时在"全罗北道"扶安郡"旺嶝岛"以西144千米的韩国海域非法捕鱼。韩国海警对船上的渔民进行了盘查。渔船船长在事发当时激烈抵抗海警的盘查，海警因此用"K5"手枪对他开枪，发射8枚实弹。船长其后被直升机送往医院接受治疗，但不治身亡。韩联社的报道一度指出，他腹部只有大块瘀青，未发现枪伤痕迹，但其后更正他是中枪身亡。

资料2：2011年11月6日，日本长崎海岸警卫办公室称，一艘舷号为"浙岱渔04188"的中国渔船在长崎附近海域涉嫌非法捕鱼，中国渔民随即被扣押。3天后，中国外交部发言人表示，被扣的中方人员在缴纳罚金后，已被释放并直接返航。可是就在此前半个月，韩国海洋警察署同样以"非法捕捞作业"为名扣押了3艘中国渔船和31名船员。

资料3：2014年8月5日，菲律宾巴拉望地区法院宣布，去年4月被捕的12名中国渔民"非法捕鱼"罪名成立，船长被判12年有期徒刑，11名船员被判6～11年不等的监禁。路透社称，这是自中菲关系因南海争端紧张以来，首次有中国渔民在菲律宾被定罪。

（3）观看视频：《外媒：菲方当面拒绝中方所提释放渔民要求》。

（4）学生谈感受。

（5）补充历年来我国海域现状和我国与周边国家有关海洋权益的争端。

幻灯出示资料：

黄海——中国与朝鲜和韩国存在着18万平方千米的争议海区，韩国2004年开始在远离朝鲜半岛的西部海岸大陆架勘探石油，勘探地点越过两国等距线50千米。可以看出韩国在与中国争夺海洋资源上咄咄逼人的态势。在大陆架划分问题上，韩国采取的是实用主义的态度，它在处理与日本的海底底土时主张大陆架自然延伸原则，而在处理与中国的海底底土问题时就"忘记"了这一原则。韩国之所以如此做，是因为中国大陆边缘自然延伸的大陆架延伸到距朝鲜半岛较近的地方，以大陆自然延伸原则划分大陆架对其不利……

东海——东海大陆架蕴藏着丰富的石油资源。韩国和日本都提出以等距离原则为根据对东海大陆架进行划分，而我国坚持自然延伸原则和公平原则，双方（三方）有极大分歧。按日本的无理要求，日本与中国有16万平方千米、韩国与中国有18万平方千米的争议地区……

南海——随着1982年《联合国海洋法公约》的制定，国家管辖范围内的海域明显扩大，南沙的周围邻国纷纷觊觎南沙群岛，悍然侵占南海岛礁。截至目前，越南已占据了29个岛礁，菲律宾占了8个，马来西亚占了5个，文莱和印度尼西亚也都对我国南海的岛礁提出了领土要求……

（6）教师引用专家的观点进行总结。

专家称中国应鼓励渔民前往争议海域捕鱼

"渔民在争议地区的作为是一种态度，即表明这里是我的地盘，我可以来捕捞，又可以排斥他国的生产。"从南海到东海再到黄海，渔业冲突在主权和海洋权益纠纷中扮演越来越重要的角色。回答如何管理渔政的问题，从未像当前这样紧迫，而处理好主权和海洋权益纠纷，又必须合理地"利用"渔业的作用。长期从事国际海洋法、海洋环境法、海洋管理等方面教学与研究的上海海洋大学海洋政策与法律研究所副教授唐建业认为，鼓励渔民前往争议地区捕鱼以显示本国的存在，是可行的也是必须做的。

渔民是蓝色国土的耕作者，大海是他们的谋生之源，他们奔波于我国海洋领土的最前沿，出海捕鱼，客观上也是在身体力行地保护着祖国的海疆，他们以自己的方式隐忍或承受各种争议，然而，他们还能在这片蔚蓝色的海域上行走多远呢？我国的海洋权益又何去何从呢？

（7）小小辩论赛："钓鱼岛是谁的？"

1）展示钓鱼岛图片。

2）引入：21世纪，人类进入了大规模开发利用海洋的时期。各国以维护和拓展海洋权益为核心的海洋综合实力竞争愈演愈烈。也因此将钓鱼岛问题再次推上了海洋权益争端的风口浪尖，钓鱼岛到底是谁的？今天我们就"钓鱼岛是谁的"这个辩题进行一场小小的辩论赛。

3）展开辩论，畅所欲言。

①主持人宣布正方、反方的基本观点；介绍正、反方的主辩人及发言次序；介绍辩论会的相关规则，注意辩论时先表明自己的观点，然后说出理由，进行辩论。

②双方一辩做开场陈述：

正方一辩做开场陈述。（1分钟）

反方一辩做开场陈述。（1分钟）

③主持人小结评价：双方能以简短的语言陈述自己的观点，并注意了礼貌用语，为我们的辩论开了个好头。下面就针对双方的观点，进行自由辩论。

④双方辩手进行自由辩论。（10分钟）

⑤双方总结自己的观点，要求语言精练，有理有据。

正方四辩做总结；（2分钟）

反方四辩做总结。（2分钟）

4）观众打分投票，评出优胜方，评出最佳辩手。

评分标准：陈词20分；攻辩小结10分，自由辩论30分，总结陈词10分，语言风度10分，团体配合、临场反应20分。

教师小结

> 钓鱼岛及其附属岛屿是我国固有的领土，这从历史和国际法的角度来考察都是无可辩驳的。在解决中日之争中，我们应该采取较为积极、较为强硬的策略。在解决所有的争端时，我们都应做到有史可证、有法可依、有理有节，通过和平谈判和磋商，妥善解决争议。

钓鱼岛是中国固有领土

三、携手共护海洋权益

（1）教师：同学们，随着我国综合实力不断增强，侵略者已经不敢从陆地上入侵我国，但是海洋的形势却不容乐观，300多万平方千米的主张管辖海域、海洋资源被他国"蚕食"和掠夺的现象一直没能杜绝。

同学们，"睦邻之道无它，首在自强"，我国要实现海洋领土的完整，维护自己的海洋权益，必须要不断提高自己的综合实力，使自己由海洋大国变为海洋强国，让周边海上邻国望而生畏。下面请大家为"维护海洋权益"设计宣传语，让我们众志成城，共护海洋领土的完整。

（2）学生自由创作。

（3）交流评选最佳宣传标语。

（4）集体朗读最佳宣传标语，立志维护我们的海洋权益。

（5）唱响《大海啊，我的故乡》，在歌声中结束本次活动。

结束语

同学们，我们生在海边，长在海边，大海就是我们的故乡，我们有义务也有责任来维护我们的海洋权益。就让我们从现在开始做起，从身边做起，与蔚蓝色的海洋同呼吸共命运，让我们海岛的子民世世代代幸福地生活在大海边！

 【活动反思】

本堂"海洋"主题教育课分3个篇章展开，即"海洋权益"知多少、走进海洋权益争端和携手共护海洋权益。

在实施过程中，发现学生对"海洋权益"知之甚少，当问及什么是海洋权益时，大多数学生只能看着"权益"二字望文生义。而对于身边渔民捕鱼的安全问题学生也只能想到海浪、台风等，他们甚至觉得海洋权益应该是国家管理部门要关心的事情，跟我们普通的老百姓没有太大关系。而通过本堂课不仅让学生了解了"海洋权益"的知识，而且让学生感觉到了海洋权益与我们的生活息息相关，很好地激发了他们对海洋的热爱。特别是当学生交流"渔业作业安全"方面的故事时，有个学生讲到"浙岱渔04188"渔船在长崎附近海域涉嫌非法捕鱼，中国渔民被扣押时，学生的心悬到了空中，连平时调皮捣蛋的学生也听得专心致志；而当听到3天后，被扣押的渔民被释放时，学生们不约而同地鼓起了掌。这也许是他们生在海边、长在海边的关系吧！我们的血液里早就沉淀了对海洋的热爱。

在整堂课的教学过程中，感触更多的是接下来进行的辩论赛，这个环节不仅是学生口才的较量，更在于引导学生更深入地去了解"钓鱼岛"问题，学生通过资料的查找、同学之间的交流，对"中日钓鱼岛之争"从零碎的听说变成深入的理解。深刻地认识到日本与中国争的到底是什么，什么叫"得海权者兴，失海权者亡"。活动后，学生们感触很多，课下议论纷纷，真是"一石激起千层浪"。自2011年6月30日国务院批准设立浙江舟山群岛新区至今已有4年多的时间，而我们的学生却对海洋权益知识知之甚少，可见今后我们的海洋教育任重而道远。

总之，这堂"海洋权益"主题教育课较好地完成了预先设立的教育目标，学生反响也较好。但是也存在一些不足之处，比如对于"海洋权益"的介绍不够深入浅出，基础较差的学生没能很好地理解海洋权益的内涵。这些在今后还需继续学习，不断努力！

 【链接】

"海洋权益"知识竞赛题目

（1）《联合国海洋法公约》是1982年（   ）第三次联合国海洋法会议上通过的。

    A. 1月30日   B. 3月30日   C. 4月30日   D. 5月30日

    答案：C

（2）世界海洋日为每年的（   ）。

    A. 5月8日   B. 6月8日   C. 7月8日   D. 8月8日

    答案：B

（3）根据有关国际条约我国大陆架范围约有（   ）。

    A. 300万平方千米   B. 350万平方千米

    C. 380万平方千米   D. 250万平方千米

    答案：B

（4）根据《联合国海洋法公约》的划定标准，中国拥有约（   ）平方千米的主张管辖海域。

    A. 250万   B. 300万   C. 350万   D. 400万

    答案：B

（5）国际海洋法法庭总部设在（   ）。

    A. 英国伦敦   B. 美国纽约   C. 法国巴黎   D. 德国汉堡

    答案：D

（6）3艘现代化军舰组成的首批护航编队（   ）从海南岛亚龙湾出发，挺进亚丁湾、索马里海域，拉开了中国海军远洋护航序幕。

    A. 2008年12月26日   B. 2009年12月26日

    C. 2007年12月26日   D. 2010年12月26日

    答案：A

（7）我国海岛最多的省份是（   ）。

    A. 海南省   B. 福建省   C. 山东省   D. 浙江省

    答案：D

（8）我国鱼种最多的海区是（　　）。

A. 南海海区　　　　B. 渤海海区　　　　C. 黄海海区　　　　D. 东海海区

答案：A

（9）世界纪录协会于（　　）发布了中国人是世界上最早发现黄岩岛的人，中国政府是世界上最早对黄岩岛进行测量的政府两项世界纪录。

A. 2011年　　　　　B. 2012年　　　　　C. 2013年　　　　　D. 2010年

答案：B

（10）中国第一艘航空母舰（　　）入列标志着中国人民解放军海军进入"航母时代"。

A. "瓦良格"号　　B. "辽宁"号　　C. "鞍山"号　　D. "长春"号

答案：B

（11）郑和（　　）次下西洋。

A. 8　　　　　　　B. 6　　　　　　　C. 5　　　　　　　D. 7

答案：D

（12）我国大陆海岸线、岛屿岸线总长度分别为（　　）。

A. 1.8万千米　1.4万千米　　　　　　B. 1.6万千米　1.3万千米

C. 1.7万千米　1.3万千米　　　　　　D. 1.8万千米　1.3万千米

答案：A

（13）我国目前已建立了（　　）个国家级海洋自然保护区。

A. 28　　　　　　B. 27　　　　　　C. 30　　　　　　D. 31

答案：C

（14）我国大陆架的面积在世界上排（　　）。

A. 第八位　　　　B. 第五位　　　　C. 第七位　　　　D. 第六位

答案：C

（15）中日之间关于钓鱼岛的主权争端始于（　　）。

A. 《马关条约》　　　　　　　B. 《辛丑条约》

C. 《南京条约》　　　　　　　D. 《中日刘公岛条约》

答案：A

（16）1998年年底我国在东北太平洋圈定了（　　）平方千米的作业区域作为21世纪的深海采矿区。

A. 68 000　　　　B. 70 000　　　　C. 75 000　　　　D. 8 000

答案：C

（17）《中华人民共和国海域使用管理法》是（　　）通过的。

A. 2010年11月　　　　　　　　　　B. 2010年5月

C. 2010年8月　　　　　　　　　　　D. 2001年10月

答案：D

（18）已用《中华人民共和国海域使用管理法》划定的主要海洋功能区有（　　）个。

A. 10　　　　　　B. 11　　　　　　C. 12　　　　　　D. 13

答案：A

（19）我国海洋捕捞总产量所占比重最大的是（　　）。

A. 黄海海区　　　B. 渤海海区　　　C. 南海海区　　　D. 东海海区

答案：D

（20）中国海洋可持续发展战略是（　　）年提出的。

A. 1992　　　　　B. 1997　　　　　C. 1996　　　　　D. 1995

答案：C

（21）我国第一艘现代化的综合性远洋科学考察船（　　）于1995年首航。

A. "向阳红10"号　　　　　　　　　B. "实验3"号

C. "大洋一"号　　　　　　　　　　D. "科学"号

答案：C

（22）我国近代最早的灯塔是（　　）。

A. 台湾鹅銮鼻灯塔　　　　　　　　B. 海南临高灯塔

C. 浙江嵊泗花鸟山灯塔　　　　　　D. 辽宁大连老铁山灯塔

答案：A

（23）（　　）年，为了解放东南沿海岛屿，华东军区组建了海军陆战第一团。这是新中国组建的首支海军陆战部队。

A. 1950　　　　　B. 1951　　　　　C. 1952　　　　　D. 1953

答案：D

（24）拥有"中国海带之乡、中国鲍鱼之乡、中国扇贝之乡、国家级风景名胜区、国家级自然保护区、国家森林公园、国家地质公园、国家首批农业旅游示范点、中国最佳避暑胜地和中国最美十大海岛"10张国字号金名片的是（　　）。

A. 长岛　　　　　B. 青岛　　　　　C. 永兴岛　　　　D. 岱山岛

答案：A

（25）《无居民海岛保护与利用管理规定》于（　　）正式实施。

A. 2001年　　　　　B. 2005年　　　　　C. 2003年　　　　　D. 2002年

答案：C

（26）中国政府宣布《中华人民共和国政府关于钓鱼岛及其附属岛屿领海基线的声明》后，中国海监于2012年（　　）首次抵达钓鱼岛及其附属岛屿海域开展维护巡航执法。

A. 8月14日　　　　　B. 9月14日　　　　　C. 10月14日　　　　　D. 11月14日

答案：B

（27）明朝初年，（　　）立下了"片板不许下海"的禁海令，使中国历史从此走上了错误轨道。

A. 朱元璋　　　　　B. 朱允炆　　　　　C. 朱棣　　　　　D. 朱高炽

答案：A

（28）人类最早发现并进行开发的海底矿藏是（　　）。

A. 铁　　　　　B. 锰　　　　　C. 煤　　　　　D. 石油

答案：C

（29）"海纳百川，有容乃大，壁立千仞，无欲则刚"是（　　）的名对。

A. 苏轼　　　　　B. 苏辙　　　　　C. 苏洵　　　　　D. 林则徐

答案：D

（30）我国第一条运行的国际海底光缆是（　　）。

A. 中朝海底光缆　　　　　　　　　B. 中越海底光缆

C. 中韩海底光缆　　　　　　　　　D. 中日海底光缆

答案：D

第3课　生于忧患，死于安乐

——"强我海防"主题班会活动

 【活动理念】

自古以来，中国历朝历代的统治者都喜欢在朝代前加个"大"字，如大秦、大汉、大唐……但这个"大"却仅限于陆上军事力量的强大，没有一个朝代、一个封建皇帝想过发展海上军事力量，以至于到明清时期，面对倭寇、列强的凌辱却心有余而力不足。"生于忧患，死于安乐"，21世纪，在各国争做世界强国的背景下，能源争夺变得尤为突出。如何保护属于自己国家的能源不被掠夺，这就有待于军事力量的发展，而当今世界的军事力量，不仅在于陆上军事力量的强大，更在于海上军事力量、空中军事力量的强大。对于现在的中学生来说，树立坚定的国防意识，增强国家荣誉感刻不容缓。

 ## 【适合年级】

九年级。

 ## 【活动目标】

（1）认知目标：了解我国海上国防危机，认识巩固海上国防力量、实现祖国统一的重要性。

（2）情感目标：通过分析、探究，树立学生危机意识，培养学生的爱国主义情感。

（3）行为目标：通过"强我海防"计划的制订和实施，指导学生在日常的学习生活中自觉做一个关心国家大事的人，时刻牢记"生于忧患，死于安乐"的道理。

 ## 【活动准备】

（1）布置学生收看《海峡两岸》节目。

（2）搜集资料，完成PPT。

（3）将学生分成5个合作小组。

 ## 【活动过程】

一、强大的陆防，虚弱的海防

1. 出示PPT

问：这是什么？（万里长城）并用一个词来形容"万里长城"留给你的印象。

追问：为什么要筑万里长城？（抵御外敌入侵）

2. 小结

北方频繁的边患造就了中国古代强大的陆战武

力，也造就了万里长城。但在东方，因面朝大海久安无事，海上作战力量建设停滞不前。

回顾中国的近代历史可以发现，外敌的不断入侵、特别是来自海上外敌的不断入侵，是中华民族历史灾难的直接根源。从一定意义上说，一部中国近代史，就是一部列强侵略中国的历史，更是一部列强从海上侵略中国并频频得手的历史。

二、危机重重

1. 出示PPT

第二次世界大战后，美国总统杜鲁门在《大陆架公告》中宣布："处于公海下、但毗连美国海岸的大陆架底土和海床的自然资源属于美国。"从此开始了"蓝色圈地"的冲击波，许多国家宣布了自己的大陆架。1982年通过的《联合国海洋法公约》明确了200海里专属经济区制度。于是沿海国家纷纷宣布200海里专属经济区，地球上约36%的公海变成沿海各国的专属经济区，人类由陆地上的寸土必争转向海洋上的寸海必争。

2. 说说你所知道的我国和其他国家间存在的"寸海必争"的事例

3. 出示PPT

目前，南沙群岛中较大的50多个岛礁，有29个被越南占领，8个被菲律宾占领，5个为马来西亚占领，印度尼西亚和文莱也对我国的南海岛礁提出了领土要求，80多万平方千米海域被多国侵吞，面积相当于8个浙江省。

4. 这些领土自古以来就是中国的，他们为什么想占为己有呢

5. 小结

南沙群岛是南海诸岛的重中之重，矿产资源和渔业资源特别丰富。在战略上，南沙群岛地处太平洋与印度洋之间，扼守两洋海运的要冲，是多条国际海运线和航空运输线的必经之地，也是扼守马六甲海峡、巴士海峡、巴林塘海峡的关键所在，是中国南疆的海防前哨。

越南、菲律宾、马来西亚、新加坡等周边国家在南沙海域投入开采的油井已超过1 000口，这些油井绝大部分位于南海断续线中国一侧水域，每年开采的石油超过6 000万吨。

6. 出示PPT

7. 讲解

美国利用西太平洋上一系列大大小小呈弧线形分布的岛屿，紧紧地封锁着我国进出太平洋的门户。美国在这些岛屿上派重兵把守，将其变成封锁亚洲大陆的所谓"岛链"。以日本为中心的美军第一岛链的防御体系从东北亚延伸至东南亚、南亚，加上驻中亚的军事基地，客观上对中国形成一个弧形包围圈。由这条岛链引发的其他连锁反应就是引发了台海危机、东海石油争端、钓鱼岛争端、南海岛屿争端等一系列的恶果。这条岛链已经对中国的国家安全构成了巨大威胁。那么我国该如何突破这种封锁呢？突破口又在哪里？

8. 小结

台湾是中国大陆的天然门户，是祖先留下的理想出海口，只要台湾在手，中国东入太平洋就豁然开朗。第一岛链的封锁自然被打破，中国军队就可以东出太平洋，扩大海防纵深，更好地保护国家的安全。台湾海峡就将成为中国国内一条安全的海上运输通道，军力和战略物资的南北调动就变得既方便又安全。

9. 出示PPT

近年来，台湾当局不断在政治、文化、历史和教育等领域，进行"台湾正名""去中国化"等"渐进式台独活动"，割断两岸密不可分的文化、历史联系。

问：你对此有何看法？

10. 小结

台湾是我国第一大岛，它的周围又有许多附属岛屿。根据《联合国海洋法公约》，沿海国对200海里专属经济区享有主权权利。这样，台湾及其附属岛屿可为中国带来数倍的"蓝色国土"。其意义将是极其深远的。

如果中国失去台湾，台湾政府势必加入美日联盟，美日第一岛链将连成一体，完成对中国全面的海上包围，中国海军舰队就会被死死地钉在内海，以前中国海军通过巴士海峡去太平洋的通道也将被完全控制。中国就会失去太平洋，失去海上贸易的安全，失去民族富强的希望。

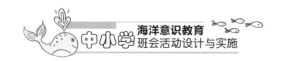

三、突出重围

1. 出示PPT

　　自朝鲜战争期间以"志愿军"名义参战的解放军打出军威之后，中国一直被世界公认为是陆军大国，20世纪六七十年代完成"两弹一星"（核弹、导弹和卫星）后，中国晋升为核大国，然而在海军方面却长期被国际军界轻视。

　　从20世纪80年代后期至90年代的10年间，中国建成的最大水面舰只，只有2艘4 000吨位的驱逐舰即112舰、113舰，舰上的技术设备也购自多国。

中日现有海军实力对比（美国《简式防务周刊》2002年数据）

项　目	中国海军	日本海军
总人数	约30万人	4.38万人
总吨数	共600多艘舰艇，总吨位130多万吨	共200多艘舰艇，总吨位近100万吨
船坞登陆舰	无	2艘
巡洋舰（8 000吨位以上）	无	4艘
驱逐舰	19艘	40艘
护卫舰	33艘	18艘
潜　艇	60艘，有6艘核潜艇	23艘无核潜艇
海军作战飞机	250架	250架
海军直升机	25架	150架

问：从这3幅图片中，你发现了什么？

2. 讨论

问：在如此内忧外患的国情面前，你认为我国需采取哪些措施加以应对呢？（小组讨论，形成结果）

3. 出示

"生于忧患，死于安乐"，在内忧外患面前，中国选择了积极面对，不管是在经济领域还是军事领域，始终以"发展才是硬道理"作为指导方针，以发展经济为后盾，积极快速地发展我国的国防力量。历史的教训令我们深知：落后就要挨打！

要实现中国的海洋安全，必须具有强有力的手段，其中最重要的就是建设强大的海军和海上空中力量。这是实施海洋战略的需要，是兴海权、固海防的根本，是中国强盛的必由之路，是中国崛起之不可或缺的保障

四、扬起信心的风帆

（1）以小组为单位，各组制订"强我海防"活动计划并展示。

①下发活动计划表格，并出示要求。

> 要求：
> ● 主题突出。
> ● 形式、内容可根据各组能力特长自定，如手抄报、舞蹈、唱歌、诗朗诵等；手抄报规格为4开纸，其余形式的活动时间不少于4分钟。
> ● 分工明确。

②各组制订计划。

③各组派代表展示所制订的计划。

④教师小结。

（2）视频："纪念抗日战争胜利七十周年"阅兵。

（3）结束语。

五、课后拓展

根据"强我海防"活动计划，各组展示作品。

【活动反思】

本次以"生于忧患 死于安乐"为主题的海防安全教育活动中，通过感知造成我国海上军事力量薄弱的历史原因，学生深刻地领会了加强海防力量的重要性，突出了主题中的"死于安乐"。通过分析我国当前的海上形势，对学生起到了较好的"生于忧患"的爱国主义教育。但"强我海防"主题实践活动计划的制订，因为时间较仓促，导致交流时效果不尽如人意，比较粗糙。令人欣慰的是通过课后准备，在"课后拓展"环节中，学生对小组活动计划又做了修改，所以各组的具体作品、节目展示效果非常理想。

【链接】

"强我海防"主题活动计划			
组别		组员	
活动形式			
组内分工			

实施步骤	
注意事项	

专题四　海洋环保

　　海洋是一个巨大而重要的生态系统，对人类的生存和发展有着重大作用和影响。随着科技的进步和文明的发展，人类对海洋的开发和利用日益加强，从海洋索取的资源越来越多。然而，现代海洋开发活动在展现其巨大经济效益的同时，也带来了一系列的海洋环境和生态问题。比如，由陆地、海上和空中向海洋排放、倾倒的废弃物不断增加，造成海洋环境损害不断加剧；向海洋过度索取、酷渔滥捕、单一品种的捕获和填海造地等海岸工程建设，使海洋生态和海洋生物多样性受到严重威胁，等等。海洋环境的损害与破坏，严重威胁着人类的生活和生产安全。海洋环境保护问题日益成为当今社会普遍关注的热点。海洋环保意识教育是海洋意识教育的重要内容。

　　本专题共设"我是海洋小卫士""鱼儿都去哪儿了""海洋渔业的保护""为了那片蔚蓝色的深情""和海洋污染说再见""保护海洋，从我做起"六个主题班会，旨在通过活动让中小学生认识到海洋环境保护的紧迫性和重要性，唤起和培养学生的海洋保护意识和责任感。

第1课　我是海洋小卫士

【活动理念】

我们美丽的舟山群岛，天蓝、海蓝、空气清新。可这么美丽的世外桃源也正遭受着各种污染，海洋环境恶化问题犹如幽灵一般正阻碍着海岛新区建设的进程。作为海岛建设的未来生力军，我们有必要认识海洋保护的重要性，有必要学习保护海洋的知识与技能。

让学生通过活动体验，对海洋环境进行调查与分析，了解东海现状，学习和探索保护海洋的知识技能，激发他们参与保护海洋的热情。使学生达到知识与技能，过程与方法，情感、态度与价值观三维目标的统一。

【适用年级】

三年级。

【活动目标】

(1) 认知目标：了解保护海洋的重要性，增强保护海洋，争做海洋小卫士的意识。
(2) 情感目标：鼓励人人争做海洋小卫士，体验争做小卫士的责任感。
(3) 行为目标：初步掌握浅显的海洋保护知识技能，养成自觉保护海洋的习惯。

【活动准备】

(1) 多种途径查阅海洋污染的图片资料及保护海洋小知识。
(2) 制作多媒体课件。

【活动过程】

一、大海在哭泣

(背景音乐《蓝蓝的大海我们的家》)

教师：同学们，我们都是舟山人，美丽的大海是我们的家。宽广的东海养育着我们，让我们尽情地汲取她的营养！让我们在她温暖的怀抱里茁壮成长！

随着教师的介绍，幻灯出示美丽舟山的宣传片。

教师：然而，随着现代科技、经济的飞速发展，我们的舟山、我们的大海正在遭受破坏，海洋资源正在受到严重的污染。目前也有一些不和谐的镜头跳入我们的视线。瞧！

　　（PPT展示一组图片：大量的海鱼死在海面上，企鹅在清理满是油污的羽毛、日本捕杀鲸鱼、赤潮、海岸上垃圾成堆等）

　　教师：老师相信，你肯定也在生活中见到过这样关于海洋环境、资源受到破坏的现象，能和大家说说吗？（学生交流）

教师小结

　　这是我们赖以生存的家乡，这是我们赖以生活的大海，然而如今的它正遭受着灾难：海水污染、无限制的捕捞、海洋生态的恶化，威胁着海边人的健康，大海在哭泣！我们能做什么，我们就这样看着它呐喊和哭泣吗？不，我们要大声疾呼："保护海洋，合理开发，让我们行动起来！"

二、我们在调查

1. 各行动小组展示自己搜集到的破坏海洋的现象

教师：那么我们美丽的大海为什么会变成今天这样呢？课前，老师请大家成立了课外调查小组，请各小组来展示你们的调查结果。

组一：图片展示（随意向海洋倾倒生活垃圾现象）。

组二：报纸、文字介绍（工业废料）。

组三：视频展播（无限制的捕捞）。

组四：PPT介绍过度开发建设对海洋的伤害。

2. 教师小结

平常破坏海洋的现象还有很多！面对这种种问题，作为以大海为家的舟山人，应采取怎样的措施？

三、我们来行动

1. 初识海洋环保卫士

教师：你了解哪些与海洋保护有关的组织呢？课前我们进行了搜集，并布置大家根据相关知识，制作海洋环保组织的名片。我们来展示一下吧。

（1）名片荟萃：学生介绍自己搜集的海洋保护组织，包括它的名称、性质、作用，并把名片张贴在黑板上。

（2）教师小结：这些组织，虽然名称不同，规模不同，但它们有着共同的使命——保护海洋。

2. 守卫海洋行动

（1）教师引导：这些组织在保护海洋方面，都做了哪些工作呢？课前同学们都进行了资料搜集，下面请各小组进行资料整理，一会儿我们就来召开"信息发布会"。

（2）各小组进行资料交流、整理。

（3）信息发布会。

学生分小组进行资料交流。

第一小组：海洋小博士介绍保护海洋的知识。

第二小组：提供网站，请同学们课后学习《中华人民共和国海洋环境保护法》。

第三小组：介绍向海洋投放鱼苗的方法。

教师补充关于绿色和平组织抗议捕鲸的视频短片。

（4）教师小结：这些组织致力于海洋环保事业，堪称海洋环保卫士。

3. 我为保护海洋献计献策

（1）小组讨论，制定自己的行动目标。

（2）交流汇总，在PPT上展示出来。

①参观校园内海洋科技馆。

②用海带服、海带花、各种贝壳制作的工艺品进行表演展示。

③创编保护海洋歌谣，互相传唱。

④成立海洋保护小队，参加一次拣拾白色垃圾活动。

⑤画一幅海洋保护宣传画。

⑥争当海洋小卫士，课余时间发放保护海洋宣传材料一次。

四、展望未来

1. 表决心来签名

在黑板上展示一幅蔚蓝海洋图，在《蓝蓝的大海我的家》的音乐背景下，请同学们在海洋图上自愿签名成为"海洋小卫士"，自觉制止破坏环境的行为，活动结束评选优秀"海洋小卫士"。

2. 赞家乡——齐诵诗歌《美丽舟山我的家》

教师小结

  同学们，我们在这次活动中认识了保护海洋的重要性，学习了保护海洋的知识技能。我希望大家能从身边力所能及的小事做起，做可爱的舟山人，做海洋的小卫士，让我们携起手来，为保护美丽海洋贡献力量！让我们行动起来吧！

【活动反思】

  这一节保护海洋、保护环境的活动启动课，以"我是海洋小卫士"为主题来调动学生的主体参与意识，使其在搜集资料、各类图片、视频中，了解保护海洋的重要性，树立保护海洋的意识，学习保护海洋的知识和技能，特别是争章目标的制定是在孩子们充分讨论后的自发行为，以学生发展为中心，提倡在实践活动中主动参与教学。通过各活动环节，教育学生自觉树立海洋保护的意识，掌握一些浅显的海洋保护知识和海洋保护技能，用不同的形式表现自己的争章行动，争当保护海洋小卫士。

【链接】

资料：海洋保护协会名称

1. "蓝丝带"海洋保护协会

  "蓝丝带"海洋保护协会目前已有会员单位61个，捐赠单位5个；在海南、广东、上海多所大学建立了"蓝丝带志愿者服务社"，有超过万人的志愿者队伍。组织各类海洋保护宣传活动300多次，发放宣传册20万册、海洋环保腕带30万条，向超过1 000万公众进行海洋保护的宣传，有近百万人次的志愿者参加"蓝丝带"海洋保护活动。

2. 深圳市蓝色海洋环境保护协会

深圳市蓝色海洋环境保护协会是2002年年初就职于海洋世界水族馆的深圳市最早的一批潜水员自发组织成立的一个专门保护海洋的协会。

3. 国际海事组织

国际海事组织（International Maritime Organization, IMO）是联合国负责海上航行安全和防止船舶造成海洋污染的一个专门机构，总部设在英国伦敦。该组织最早成立于1959年1月6日，原名"政府间海事协商组织"。1982年5月更名为国际海事组织，截至2012年9月，已有170个正式成员。国际海事组织的作用是创建一个监管公平和有效的航运业框架，普遍采用实施。涵盖船舶设计、施工、设备、人员配备、操作和处理等方面，确保这些方面的安全、环保、节能。

4. 绿色和平组织

绿色和平组织简称绿色和平（Greenpeace），是国际非政府组织。前身是1971年9月15日成立于加拿大的"不以举手表决委员会"，1979年改为绿色和平组织，总部设在荷兰阿姆斯特丹。宣称使命："保护地球环境及各种生物的安全及持续性发展，并以行动做出积极的改变。"在科研方面，提倡有利于环境保护的解决办法。宗旨是促进实现一个更为绿色、和平和可持续发展的未来。

第2课　鱼儿都去哪儿了

 【活动理念】

海洋是人类的生命之源，给予我们无限的神奇和美丽，这是大自然赋予我们人类的瑰宝。但是，由于环境污染的日益严重，许许多多的鱼类濒临灭绝，保护海洋资源刻不容缓。通过本次活动，让学生深刻认识到过度捕捞、海洋污染的现状和危害，引导学生分析并找到问题解决的途径，从而树立海洋环保意识。

【适用年级】

四年级。

【活动目标】

（1）认知目标：初步了解过度捕捞、海洋污染等对鱼类生长繁殖的危害；初步了解我国在保护海洋资源方面的基本法规。

（2）行为目标：了解鱼类现状，掌握保护鱼类的方法。

（3）情感目标：培养学生具有一定的忧患意识和环保意识，增强争做海洋环保卫士的责任感。

【活动准备】

（1）学生课前搜集自己感兴趣的鱼类的图片及文字资料，查找关于鱼类减少原因的资料。

（2）制作多媒体课件。

【活动过程】

一、听音乐导入

师生共同欣赏海浪的声音。（播放课件）

这段音乐里出现了什么声音？你知道这段声音来自哪里吗？

教师：是的，大海的神秘和宽广让我们浮想联翩。大海是许多人向往的地方，而海底的世界更加奇妙。大家想去一睹它的风采吗？现在就让我们一起去神奇的海底游览一番吧！

二、认识海洋生物种类

教师：（播放课件）你们看！在浩瀚无边的大海里，生活着各种各样的海洋生物，这是大自然赠予我们人类的瑰宝。

1. 图片欣赏

教师随机介绍一些学生熟悉的鱼类。

这是大黄鱼，秋季捕获的称桂花黄鱼，是中国海洋渔业史上最古

老、最重要的经济鱼类。大黄鱼体型修长，鱼鳞金黄，色泽十分光鲜亮丽。它肉质鲜嫩，营养丰富，和小黄鱼、带鱼、墨鱼并称舟山渔场的"四大海产"。

这是鲳鱼，别名镜鱼、白昌。鲳鱼体短而高，极侧扁，略呈菱形。体内富含高蛋白、不饱和脂肪酸和多种微量元素，营养价值很高。鲳鱼是近海中下层鱼类，主要分布于中国沿海、日本中部、朝鲜和印度东部。

2. 设计名片

同学们，你们还见到过哪些鱼呢？能不能用自己课前搜集的资料，为你感兴趣的一种鱼类设计张名片呢？

名片

别　　名	
产　　地	
体态特征	
营养价值	

3. 四人小组互动交流，认识更多的鱼类

三、探索原因

教师：刚才我们在交流的过程中，又认识了很多鱼类。这些鱼类在老师小的时候都生活在近海，而现在的近海很少看到它们的踪影。那么，这些鱼儿都跑到哪里去了呢？

（1）四人小组活动。用你们手中的图片和文字资料，探究鱼儿远离近海，数量严重减少的原因。

（2）小组派代表汇报讨论结果。

原因一：海洋环境污染严重，生态趋向恶化。

汇报形式：讲故事《我是一条鱼》。

教师补充资料：这条鱼说出的是所有海洋生物的心声。如今，陆地上污染物和海上污染物的直接排放已使中国沿岸海域受到了不同程度的污染。据资料显示：海洋漂浮的垃圾，80%是塑料垃圾，特别是塑料袋，一个塑料袋自己分解需要200年，如果这些垃圾被海洋动物误吃了，那可就麻烦了。2002年，一只已死亡的鲸被海浪冲到法国诺曼底海岸，经解剖发现鲸的胃里有大量的塑料垃圾、鱼钩、网线等。（出示图片）

原因二：缺乏科学指导下的宏观调控，对鱼类的过量捕捞。

汇报形式：采访记录。

舟山渔场是北方寒冷海流和南方温暖海流交汇的地方，鱼类品种十分丰富，它曾是与纽芬兰渔场、秘鲁渔场和千岛渔场齐名的世界四大著名渔场之一，也是中国最大的渔场。然而今天，舟山渔场由于当地渔民的过度捕捞，渔业资源开始萎缩。让我们一起来看一段采访的记录，了解舟山渔场走向没落的真正原因。

教师小结：随着海洋捕捞业的失衡，甚至是大量捕杀的产卵群体和幼体，破坏了种群补充和资源再生，导致近海的渔业资源严重衰落，特别是许多优质生物种类受到了严重破坏和消失，人类将无法继续利用。

原因三：人类活动致使鱼类栖息地遭到破坏。

汇报形式：出示图片，进行介绍。

教师小结：是的，拦河造坝、水利水电、交通航运和海洋海岸工程建设等人类活动，在创造巨大经济效益和社会效益的同时，对水域生态也造成了不利影响，鱼类的生存条件不断恶化，濒危程度不断加剧。

（3）听了故事，看了采访和图片，我们的心情变得格外沉重。虽然鱼类资源是一种生生不息的可再生资源，但并非取之不尽，用之不竭。你们听到鱼儿在悲伤，在流泪吗？谁能说说此时心里的感受？

四、行动起来，挽救海洋生物

（1）过度捕捞、环境污染，导致许许多多的鱼类濒临灭绝。如此下去，我们将永远失去这些美丽、可爱的鱼类朋友。想到这些，许多国家已经行动起来了。他们制定了保护海洋的措施，美国在1972年就立法保护海洋，我们国家也实施了《海洋环境保护法》。不仅仅是国家领导层和各级地方政府关注海洋，社会上还有很多爱心人士、志愿者也加入到爱护海洋的队伍中来了。（出示课件）

（2）作为未来社会的小主人，我们应该怎么做呢？

第一小组：宣传休渔期的相关知识。

伏季休渔制：从1995年7月1日开始，东海、黄海实行伏季休渔制，即7月1日至8月31日禁止拖网和帆式张网渔船进入北纬27°以北至北纬35°以南的东海、黄海开展捕捞作业；9月1日至10月31日拖网渔船可以在机动渔船拖网禁渔区线向东平推30海里线以东的海域作业，但须实行幼鱼比例检查制度。

1998年，为了进一步加强对东海、黄海渔业资源保护，促进我国渔业持续、健康、稳定发展，经国务院批准，我国又开始在东海、黄海实施新的伏季休渔制度。

新的伏季休渔制度规定，北纬26°至北纬35°东海、黄海海域，每年6月15日零时至9月15日24时禁止所有拖网和帆张网渔船作业；北纬35°以北黄海海域，每年7月1日零时至8月31日24时禁止所有拖网和帆张网渔船作业；北纬24°30′至北纬26°海域，拖网渔船和帆张网渔船休渔两个月。

第二小组：宣传《海洋环境保护法》。

2013年12月28日，中华人民共和国第十二届全国人民代表大会常务委员会第六次会议修订通过了《中华人民共和国海洋环境保护法》，自2014年3月1日起施行。

（3）指导学生撰写保护海洋生物的宣传口号。

（4）播放音乐，张贴宣传口号。

保护海洋环境，功在当代，利在千秋。让这些美好的心愿伴着我们的祝福游向海洋，游向我们每个人的心房。

五、结束语

海洋存亡，匹夫有责。保护海洋环境，人人有责。也许，经过几十年甚至几代人的努力，海洋生物可能会恢复到原来的局面。我们坚信，只要沿着正确的方向坚持下去，经过几个阶段的努力，将会有所改观。让我们共同努力，做关爱海洋、关爱海洋生物的环保卫士吧!

【活动反思】

本节课从音乐导入—认识海洋生物种类—探究海洋生物减少的原因—挽救海洋生物—结束语5个板块开展教学。引导学生采用制作鱼名片、小组内展示鱼名片的方式来

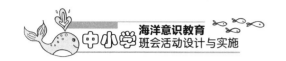

认识更多的鱼类，使学生了解各种鱼类的信息。这种形式适合学生的年龄特点，学生活动时热情高涨。"学习探究海洋生物减少的原因"这一板块是本课学习的重点，也是难点。授课时，让学生结合自己的生活经验和查阅到的资料，利用小组形式合作完成，降低了教学的难度。在小组活动时，教师又给予具体的方法指导，使这一形式更加有效。学生通过阅读资料、互相交流，了解到过度捕捞、环境污染等对鱼类生长繁殖的危害。教师适时适度地出示相关的图片、视频等，刺激学生的视觉感官，让他们感受到海洋目前面临的危机，从而产生保护海洋的情感。学生撰写宣传口号，又将本次活动推向了高潮。他们以我手写我心，将一条条带着美好心愿的小鱼放回大海洋，学生热爱海洋、保护海洋的意识得到了激发，争做海洋环保卫士的责任感也得到了升华。

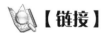【链接】

《我是一条鱼》

我是海里的一条鱼，居住在蔚蓝色的大海里。

每天，我在蓝色的海洋里无拘无束、自由自在地畅游。在宁静的海底，我几乎能听得见自己的呼吸与"啵、啵"的气泡声。有时我会游上水面，看阳光轻轻洒在海面上，光影映在水底，别提有多惬意了！

海底世界就是我的家。这里有色彩斑斓的水生植物，有光怪陆离的鱼儿。这里的每一个角落都隐藏着一个个神秘美丽的梦，一个个丰富多彩的故事。我还有我的鱼儿朋友——小黄鱼丁丁、带鱼乐乐等。我们常常在海里捉迷藏、做游戏、跳舞，玩得好开心。当然，海里也有危险的时候，我们常常要逃避那些张牙舞爪的章鱼，还有露着锋利牙齿的凶猛鲨鱼，由于我的身体较小，躲避它们的捕食较灵巧些，常常是有惊无险呢。

海底世界是我的家，也是一个博大的海洋生物的课堂。海里水产品资源丰富，盛产海盐，有各种各样肉味鲜美的海产品，还有一些可利用的海洋资源，对人类的生产生活有很大的作用。

近年来，人类在渐渐接近海洋的时候，认识了海洋，感受到了我们海洋的博大精深。当人类兴致勃勃地向海洋进军时，忽略了一个严峻的现实——海洋污染，一个现代工业发展的副产物，就像人类投向我们家里的一颗"定时炸弹"。这些污染主要有石油污染、重金属污染、有机物污染、放射性污染，此外还有城市排污和农药污染，能造成海洋中生物的大量死亡，造成鱼虾绝迹，成为臭气难闻的"死海"。

有时，我们也觉得呼吸困难，四周充满异样的味道。那天，我的朋友小黄鱼丁丁不知道吞食了什么，中毒昏迷了好长时间，吓得我们六神无主。救救我们吧！亲爱的人类，您是否思考过，当海洋没有了天空般的蔚蓝，当鱼儿没有了生息的港湾，人类将会怎样？为了地球上的生命，珍爱海洋，拯救我们美丽的家。海洋在呐喊，鱼儿在呼救，拯救海洋，还我们一个快乐美丽的家！

我是一条鱼，我渴望做一条快乐健康的鱼儿！

第3课 海洋渔业的保护

 【活动理念】

地球表面积约71%为水所覆盖，广阔的水域构成了一座蓝色的宝库，是人类未来最大的食物基地。20世纪90年代以来，保护渔业环境和生物多样性，已成为全世界渔业大国的共识。

但是近些年过度和破坏性地捕捞，工业污染，思想上的不重视，导致海洋渔业数量和种类的急剧减少，特别是那些繁殖率较低而且身价很高的珍惜品种濒临灭绝。这不能不说是我们人类的巨大损失。

本次主题活动，分为几个系列化的活动。从海洋渔业的认识，到海洋渔业的现状，让学生懂得海洋渔业的重要性，使学生树立保护渔业的意识，增强学生保护渔业的使命感。通过观看图片、影片的多媒体资源，让学生了解海洋渔业的问题的根源，介绍海洋渔业的法律法规，从而对学生进行人文、思想教育，培养学生热爱大自然，保护海洋，保护渔业的高尚情操。

 【适用年级】

八年级。

 【活动目标】

（1）认知目标：了解渔业保护与我们生活密切相关，明白渔业保护是全社会的关注问题。

（2）情感目标：激发学生热爱海洋，保护海洋资源的情感，初步具有保护海洋渔

业的意识。

（3）行为目标：从生活的实际出发，从身边做起，感悟海洋资源对人类的生存和发展的意义。

【活动准备】

（1）对学生进行海洋渔业保护的思想教育，让学生通过阅读了解相关知识和方法。

（2）搜集有关海洋渔业的图片（比如渔民过度捕捞的图片，工业污染导致鱼类大量死亡的照片……）、影视作品等。

（3）思考作为一名初中生，怎么样在生活中养成保护海洋渔业的好习惯。

（4）制作主题班会所需的课件以及相关活动的材料。

【活动过程】

一、丰富多彩的海洋世界

1. 出示PPT介绍海洋

连绵不绝的盐水水域，分布于地表的巨大盆地中。面积约3.62亿平方千米，大约占地球表面积的71%。海洋中含有超过13.5万立方千米的水，约占地球上总水量的97%。全球海洋一般被分为数个大洋和面积较小的海。4个主要的大洋为太平洋、大西洋和印度洋、北冰洋（有科学家又加上第五大洋——南大洋，即南极洲附近的海域），大部分以陆地和海底地形线为界。

2. 小游戏：猜猜我是谁

海洋中有着丰富多彩的海洋生物，今天我们进行小游戏，猜猜它们是谁？

图片1：（出示海洋生物的图片）大家看，这是美丽的海底世界。

图片2：（出示金梭鱼图片）这是一种美丽的海洋生物，大家猜猜它是谁？

图片3：（出示海葵图片），这种动物看上去好似一朵无害柔弱的鲜花，实际上却是靠摄取水中的动物为生，猜猜它是谁？

图片4：（出示珊瑚礁），当然我们海洋中还有不少美丽的珊瑚礁。

3. 分享心得

同学们，看了这么多漂亮的图片，想必你也知道很多关于海洋世界的奥秘，请你来谈谈你的感受？

二、海洋渔业的危机

舟山是一块富饶的宝地，得海独厚，素以"渔盐之利，舟揖之便"而闻名遐迩，拥有我国最大的舟山渔场，也是我国海洋渔业的重要基地，故有"东海鱼仓"和"祖国渔都"之美称。但是近几十年来的过度捕捞造成了渔业资源丰富的舟山也面临着"无鱼可捕"的局面。海洋渔业资源的再生长能力远远满足不了人类不断增长的水产品需求，在这样的现实情况下，海洋渔业资源走向衰竭成为了一个不得不面对，也是不得不思考的问题。

（1）请同学们观看视频：《海洋渔业危机》。谈谈看了视频后的感受？

（2）作品展示活动：让学生上台来讲一讲自己搜集的海洋渔业危机的图片，并向同学们介绍造成危机的原因。

（3）出示PPT简单介绍海洋渔业危机的原因。

第一，过度捕捞引发海洋鱼类物种面临濒临灭绝的境地。

这里所说的物种并非指代所有的海洋鱼类资源，而是特指舟山渔场的几大传统鱼类，例如大黄鱼、小黄鱼、带鱼、墨鱼等。舟山渔场陷入渔业资源危机恰恰是由于人为的过度捕捞造成的，捕捞力量的过猛发展，不但使单位获鱼率渐趋下降，更加使舟山渔场趋于超饱和的状态，几大传统渔业资源相继捕捞过度，并且由此导致了捕捞力量之间的恶性循环。

第二，捕捞工具的加强导致了渔业资源再生长能力减弱。

20世纪50年代，舟山渔场以木帆船作业为主，捕捞渔场主要分布在40米水深以内的沿岸海域。60—70年代随着渔船机帆化的发展，渔场向东扩展到80米水深的近海海域，并且逐步向外海渔场拓展。到了80年代，在"造大船，闯大海"的声势推动下，捕捞渔船逐步大型化、钢质化，渔场扩展到100～200米水深海域生产，这个时期，渔船数量猛增到11 000多艘。

第三，鱼类人工养殖面临诸多的风险和困难。

舟山的海洋养殖业是比较先进和发达的，不难发现，如今市场上销售的水产品多数来自于人工养殖。针对海洋自然渔业资源渐趋衰退的状况，海水养殖是一个不得不采取的捷径。但是，人工养殖也面临着不小的问题。尽管舟山拥有巨大的海岛数量和滩涂面积，也具有范围很广的海域，但是并不是所有的未开发海域都适合海水养殖的。

小结：舟山我们的家乡，给我们提供了独具特色的海鲜美食。我们的东海渔场盛产的带鱼、鲳鱼、乌贼更是得到了人们的钟爱。现在，越来越少的海鲜出现在了我们的餐桌上，海洋渔业危机越来越近。

三、海洋渔业的保护

同学们，渔业危机已经成为当今社会面临的最重大的问题之一。渔业危机的产生是因为我们缺乏重视，过度捕捞导致的。如果我们再不重视，以后我们餐桌上就没有海鲜了，我们先来了解下渔业的法律法规。

（1）了解海洋渔业的法律法规。

禁渔期介绍：禁止捕捞的期限。水产资源繁殖保护的一项重要措施。采取

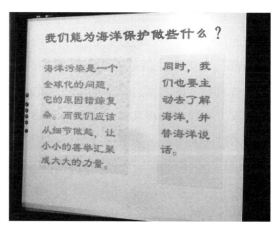

禁渔期这一保护措施，是以自然界提供的水生生物资源数量有限和生态系统的支持能

力有限为依据的，是为了保证这些水产资源延绵不绝。我国自1995年起在黄海、东海两大海区，自1999年起在南海施行2～3个月的禁渔期以来，这3大海区连续实行伏季休渔制度至今。 舟山禁渔期以往是6—9月，今年改为5—9月。

（2）同学们，我们了解了相关的法律法规，我们心中肯定有很多想法。请同学们设计一份保护海洋渔业的宣传书。

（3）擂台大PK。学生展示并宣传自己设计的作品，通过投票评选出优秀的设计师，给予奖励。

（4）PPT展示渔业保护措施总结：强化休渔期、增殖放流、扩大养殖、依法监督、严厉打击违法行为。

结束语

同学们，渔业环境作为环境保护的重要方面，面对严重的环境危机问题，老师希望你们能从小确立保护海洋环境的意识，从身边的小事做起，做一个具有良好社会公德的人。只有我们对自己负责，对我们生存的地球负责，对我们相邻的大海负责，我们才能在餐桌上吃到源源不断的美味的海鲜。

【活动反思】

此次班队课氛围积极，学生都有自己的独到认识，对海洋渔业保护的意识加强了很多，也在这些谈论交流中，很多学生意识到了海洋渔业的危机，并写下了自己的承诺与感受。同时，自己也深受学生们的感染，保护海洋渔业是一个大概念，但是我们要从自己做起，从身边的小事做起，为地球贡献自己微薄的力量。如果人人都如此，那么这将是巨大的一股能量。

当然，此次班队课还有一些地方有待改进，在教师语言的组织、学生作品反馈、活动表现形式上值得改进。

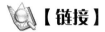【链接】

资料一：海洋生态环境恶化导致生物灭绝

胶州湾是青岛的母亲湾，位于青岛近岸海域。莱州湾位于渤海南部，有着丰富的基础饵料，是黄渤海多种鱼、虾、蟹类的产卵场、索饵场、育幼场，具有重要的生态价值。近年来，随着两湾生态环境的恶化，海洋生物资源急剧衰退，优质鱼虾类已形不成渔汛。最近40年间胶州湾生物种类明显下降。据有关资料统计，胶州湾东部沧口潮间带的生物种数由20世纪60年代的141种下降到80年代的17种，90年代由于潮间带滩面基本消失，生物种类少于10种，中潮带上部已成为无生物区。

20世纪80年代以来胶州湾内渔业资源大幅度下降，特别是历年来渔业的主要经济鱼虾蟹等种类濒临消失，资源量趋向枯竭。据资料统计，胶州湾渔获种类已经由80年代的109种降至90年代的58种，减少了46.3%，90年代的网获量仅占80年代的10%左右，尤其是牙鲆、真鲷、梭鱼、半滑舌鳎鱼等优质鱼种数量锐减。

资料二：过度捕捞

过度捕捞造成经济问题有一个明显的例子：就是加拿大纽芬兰岛的遭遇。1992年，该岛的渔业突然完全中断，因为在捕鱼季没有出现哪怕是一条鳕鱼。这就是当地渔业部门纵容过度捕捞的后果。这一情况导致4万人失去了饭碗，整个岛的经济衰落。15年后，很多渔民仍然在等待着鳕鱼回归，而当地的社会生活仍然没有从经济命脉断绝的打击中恢复。仅有的能在这个区域繁盛的产业是捕蟹业——要知道，以前渔民都觉得时常闯入他们网子里的螃蟹是讨厌的东西，随手扔掉的。

还有一个更著名的例子是因为各国远洋渔船的捕捞，亚丁湾渔场资源枯竭。这一情况对索马里渔民的渔业活动造成了毁灭性打击，一定程度上促成了该地区海盗泛滥的现状。

由于鱼类大量被捕捞导致的生态问题也越来越明显。近年来，黄海到日本海水域的水母数量大大增加，原因之一就是海洋鱼类被过度捕捞，水母失去天敌，爆炸性繁殖。

第4课 为了那片蔚蓝色的深情

【活动理念】

"21世纪是海洋的世纪"，随着陆地资源越来越贫乏，不能够满足人们日益增长的资源需求，发展海洋经济，对我国经济的发展有着非常重要的作用。但是海洋经济不断增长的同时，海洋也在不断遭受污染，环境质量明显下降。

八年级的学生，已具备一定的实践、探究能力，通过我国的海洋保护现状、我国的海洋保护举措、世界各国的海洋保护举措、我们的行动四个部分开展活动，由浅入深，让学生明白海洋保护的重要性，动手实践，共同守护那片我们深爱的蔚蓝色。

【适用年级】

八年级。

【活动目标】

（1）认知目标：了解海洋保护现状以及各国海洋保护举措，明白海洋保护与我们的生活密切相关。

（2）情感目标：通过系列活动，引起学生对海洋保护的关注和参与，树立热爱海洋、保卫海洋的意识，唤起学生的海洋情怀。

（3）行为目标：通过合作、探索、体验等活动方式，促进学生海洋素养和综合能力的发展。

【活动准备】

（1）提前做好分组工作，将全班同学分为3组，指定小组长，分别查找我国的海洋保护现状、海洋保护举措、世界各国的海洋保护举措等相关资料，制作PPT。

（2）教师提前与各小组交流，指导PPT制作等相关工作。

（3）思考：作为一名中学生，海洋保护，我们能做些什么？

【活动过程】

一、蔚蓝色之殇——我国的海洋保护现状

导入：同学们，随着工业的不断发展，人类活动的日益频繁，从海洋中获取海洋

资源已成为替代陆地资源的必然选择。与此同时，海洋环境也正在面临着前所未有的污染问题，这不得不引起我们的重视。

（1）第一小组分享课前搜集的我国海洋环境现状资料，包括我国近年来海域水质状况、海洋污染状况等内容，以PPT形式呈现。

PPT展示1：2014年春季、夏季和秋季，劣于第四类海水水质标准的海域面积分别为52 280平方千米、41 140平方千米和57 360平方千米，主要分布在辽东湾、渤海湾、莱州湾、长江口、杭州湾、浙江沿岸、珠江口等近岸海域。

春季、夏季和秋季，呈富营养化状态的海域面积分别为85 710平方千米、64 400平方千米和104 130平方千米。夏季，重度、中度和轻度富营养化海域面积分别为12 800平方千米、15 840平方千米和35 760平方千米。重度富营养化海域主要集中在辽东湾、长江口、杭州湾、珠江口等近岸区域。

PPT展示2：我国海洋环境污染物中陆源入海污染物约占90%，其余来自沿海养殖污染、海上石油、天然气开发以及海上倾废。

来自陆地、海上的生产和生活污染对我国海洋环境产生了巨大影响。直接后果表现为：近岸海域水质下降，海上赤潮频发，海洋生态环境恶化，天然渔场形不成鱼汛，海洋珍稀物种减少，典型海洋生态系统受损等。

（2）观看视频：《保护海洋生物》，感受人类过度捕捞对海洋生物造成的严重危害。

（3）以自由讨论的形式，分享看完这组资料的感受。

（4）学生自由发言。

二、蔚蓝色之战——我国的海洋保护举措

导入：这片蔚蓝色的海域正在遭受前所未有的冲击，我们必须携起手来，守护这片蔚蓝，守卫这份美好！

（1）第二小组分享交流我国目前在海洋保护方面的举措，从法制建设到具体举措，每个学生介绍1~2点，每位学生的发言时间控制在1分钟左右。

（2）了解"蓝丝带"海洋保护协会。

三、蔚蓝色之缘——世界各国的海洋保护举措

导入：这场没有硝烟的战役，不只中国在努力，世界各国都在践行！

（1）第三小组分享交流各国在海洋保护方面的举措。

①目前，国际上主要从两个方面加强生态环境的保护：一是要求世界各国贯彻1992年"环发大会"的有关文件；二是鼓励各国建立海洋自然保护区。1992年6月3—14日，在巴西里约热内卢召开的联合国环境与发展大会，通过了《21世纪议程》，其中，第十七章的题目是"大洋和各种海域，包括封闭和半封闭海域以及沿海地区的保护，海洋生物资源的保护、合理利用和开发"。

②2008年12月5日，第63届联合国大会通过第111号决议，决定自2009年起，每年的6月8日为"世界海洋日"。2015年"世界海洋日"的主题为"健康的海洋，健康的地球"。

③俄罗斯莫斯科州的科学家用水葫芦来净化污水。他们在养鸡场和养猪场排出的污水中养殖水葫芦，发现水葫芦可以清除污水中的有害金属和有毒的有机物；该州有一家石油工厂用水葫芦来处理工业废水，净化率平均达46%，最高可达90%。

④保护海洋，不进行近海石油开采。为了保护海洋和海岸不受近海石油和天然气开采带来的环境污染，时任美国总统克林顿签署命令将近海暂停租借期再延长10年，并永久禁止国家海洋自然保护区内的租借。

……

（2）其他学生积极进行补充。

四、蔚蓝色之梦——守护那片蔚蓝，我们一起行动

导入：走出课堂，走入社会，守护那片蔚蓝不仅需要认知，更需要我们一起去动手实践。

（1）欣赏李健的歌曲MV《深海之寻》。

（2）学生就"保护海洋，我能做什么"畅所欲言。

（3）经过全班讨论，签订《我们的海洋保护公约》。

①惜食海鲜，拒食鱼翅和其他濒危海洋动物，不购买海豹皮等海洋生物制品。

②过低碳生活。

③做个有责任感的海边游客。

④帮助清理侵袭海岸的绿藻。

⑤少用塑料制品，避免"塑化"海洋。

⑥一起清洁沙滩。

⑦了解海洋科普知识，支持海洋公益活动，宣传海洋保护知识。

（4）全班同学在公约上签字。

（5）全班同学齐读公约，在铿锵有力的宣誓中结束此次班会课。

五、总结

"我爱这片蓝色的海洋，不只是因为大海是我的故乡，大海的温柔让我学会的善良，不见天上那云，总是悠然的模样。"这片美丽的海域是我们共同的家，那片蔚蓝色是每个舟山人心中最美的梦想，走进那片蔚蓝，触摸那片蔚蓝，守卫那片蔚蓝，为了那片蔚蓝色的深情，我们一直在路上！

课外延伸活动：

1."蔚蓝海洋我守护"环保宣传活动

以小组为单位，动手创作海洋知识小报。利用周末时间，组织学生走入社区、街道，向居民发放自己制作的环保知识单页，向居民宣传海洋环保知识，在宣讲过程中更好地树立关爱海洋观念。

2."蔚蓝海洋我守护"海滩清洁活动

利用周末时间，以班级小组为单位，组织学生到朱家尖南沙、普陀山千步沙等地，开展海滩清洁等环保活动。近距离地接触海洋、感知海洋环境污染给海洋带来的侵害之痛，指导学生识别垃圾的源头，提高他们对海岸清洁意义的认识，树立关爱海洋的观念，从而投入到保护海洋环境的实际行动中来。

【活动反思】

此次班队课以"海洋保护"为主题，通过课前的资料查找，学生对海洋保护的现状及举措有了更加全面的了解；通过课堂里的交流互动，学生更加意识到海洋环境、生物保护的危机，并签订了自己的海洋保护公约，从自我做起，从小事做起，保护海洋，保护这片蔚蓝色。

当然此次活动中依然有很多地方需要改进，学生资料查找过泛，信息整合能力有待提高，教师在其中的引导作用需要加强。

【链接】

资料一：我国海洋环境污染和损害的因素

（1）陆源污染物。据有关部门统计，中国沿海地区每年排放入海的工业污水和生活污水约60亿吨。在生活污水中，以东海沿岸的排放量最大，其次为南海沿岸和渤海沿岸，黄海沿岸最小。在工业污水中，也以东海沿岸排放量最大，占总量的50%，渤海沿岸和南海沿岸其次，黄海沿岸最小。

（2）船舶排放的污染物。中国拥有各种机动船只10多万艘，每年进入中国港口和航经我国管辖海域的外轮几万艘次，有大量含油污水排放入海。如1979年巴西油轮在青岛油码头作业，一次跑油380吨。

（3）海洋石油勘探开发的污染。我国沿海地区分布着几个大油田和十几个石油化工企业，跑、冒、滴、漏的石油数量很可观，每年有10多万吨石油入海。

（4）人工倾倒废物污染。过去把海洋当作大"垃圾箱"，任意倾倒废物。如大连、葫芦岛、青岛、温州、湛江等地，把垃圾、矿渣、炉渣和其他废物堆放在海边或直接倒入海中。

（5）不合理的海洋工程的兴建和海洋开发，使一些深水港和航道淤积，局部海域生态平衡遭到破坏。

我国沿岸各种类型的主要污染源有200多处，渤海、黄海沿岸有100多处，东海、南海沿岸100处左右。这些污染源排放入海的主要污染物有石油烃、重金属污染物及有机物污染物。河流携带是污染物入海的主要途径。

中国沿岸水域的石油污染比较严重，石油是各种污染物中入海量最大的一种。石油污染对海洋生物资源危害极大，油在水面容易形成薄膜，阻止海气交换，使海水中的溶解氧减少，故油污染能引起大面积的缺氧现象。油膜、油块能粘住大量鱼卵和幼鱼，使其窒息死亡；能使卵化的幼鱼畸形，导致鱼类、贝类蓄积某些致癌物质，进而对人类带来危害。

资料二：我国保护海洋环境的基本政策和主要措施

海洋环境与陆上不同，一旦被污染，即使采取措施，其危害也难以在短时间内消除。因为治理海域污染比治理陆上污染所花费的时间要长，技术上要复杂，难度要大，投资也高，而且还不易收到良好效果。所以保护海洋环境，应以预防为主，防治结合，合理开发，综合利用。这应该说是保护海洋环境的基本策略。保护海洋环境不仅需要有正确的海洋开发政策和先进的科学技术，还需要有一整套科学的、严格的管理制度和方法，尤其是要抓好污染源的管理，这是海洋环境保护的重要环节。海洋的自净能力也是一种资源，我们应该充分利用海洋的自净能力，以降低治理"三废"的成本，发展生产，同时有效地控制污染物的入海量，要避免走先污染后治理的弯路。

许多年来，我国在工农业蓬勃发展的同时，积极治理工业"三废"，大搞技术革新，广泛开展综合利用，在消除污染，保护和改善环境，保障人民健康，促进社会主义建设等方面，做出了很大成绩。在广泛地调查研究和积累许多宝贵经验的基础上，制定出中国环境保护的基本方针：全面规划，合理布局，综合利用，化害为利，依靠群众，大家动手，保护环境，造福人民。实践证明，这也是搞好海洋环境保护的正确方针。

"全面规划，合理布局"，是保护环境、防患于未然的极其重要的措施，也是贯彻预防为主、防治结合方针的体现。在安排国民经济计划和发展工农业生产时，必须统筹兼顾，全面规划，正确处理好工业和农业、重工业和轻工业、沿海工业和内地工业、城市和农村、生产与生活、经济发展和保护环境等关系。要把保护自然资源和合理利用自然资源结合起来，加强计划性、科学性和预见性，避免盲目性和片面性。要把近期利益和长远利益结合起来，力求避免或减少开发后对自然资源的破坏及对环境的影响。在工、农、林、牧、渔、盐、副业、养殖以及其他海洋资源开发的布局上，除注意原料、动力、水源、交通等条件外，还需考虑地质、地形、海洋水文、气象条件以及生物资源的特点，要综合研究，权衡利弊，协调统一，反对各行其事；不能只顾生产，忽视环境保护；修复既要注意短期的效益，又要充分估计到今后可能会带来的长远的影响。

"综合利用，化害为利"，是发展社会主义事业和消除环境污染的有效途径。"害"与"利"是对立统一的矛盾，它们在一定条件下可以相互转化。"害"是由生产中的"废"所造成的，"废"与"宝"又是对立统一的矛盾，在一定条件下，它们也可以相互转化。促进这个转化的条件，就是综合利用。综合利用的内容很广，一方面是指资源本身的综合利用；另一方面要建立经济、合理的联合企业。只有把治理工业"三废"同开展企业技术改造和资源的综合利用结合起来，才能尽量做到把"三废"中的危害物质消灭在生产过程中，把许多原来弃之不用的"三废"充分利用起来，大搞工艺改革和技术革新，就能变废为宝。

第5课　和海洋污染说再见

 【活动理念】

舟山四面环海，是千岛之城，但我们赖以生存的这片大海却面临着重重危机，孩子们生活在很狭小的空间里，他们甚少知道我们的家乡正面临着怎样的危难。走出校门，走向社会，融入社会，关爱我们的家园，了解我们的大海所处的恶劣环境，是迫在眉睫的。国是大家的国，海是大家的海，今日的孩子，明日的当家人，从现在抓起，增强环保意识，为海洋环保奉献自己的一份力量，让我们明日的家园更加美丽。

 【适用年级】

八年级。

 【活动目标】

（1）认知目标：通过活动，使学生认识赤潮，知道海洋污染的各种影响。

（2）行为目标：指导学生搜集资料，献计献策，让学生在活动中自觉为家乡的海洋环保事业贡献力量。

（3）情感目标：通过活动，提高学生保护海洋资源的意识，增强热爱海洋的情感。

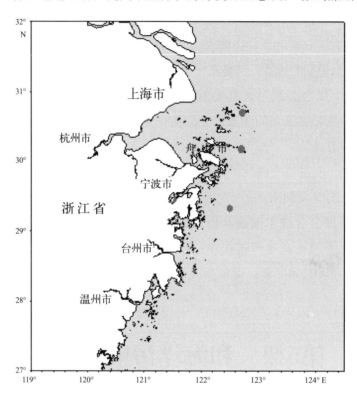

【活动准备】

（1）师生资料搜集，预先调查海水养殖、船舶修造业、油品储运、水产品加工业对海洋环境的影响。

（2）制作多媒体课件。

【活动过程】

一、认识赤潮，初识海洋污染

1. 介绍赤潮新闻，出示赤潮图片

自2012年4月27—28日在浙江台州温岭石塘镇附近海域发现第一次赤潮后，截至6月30日，浙江近岸海域全年共发生赤潮5次，累计赤潮发生面积近250平方千米。2012年赤潮发生地主要为浙江嵊泗东极、韭山列岛及台州列岛等海域，较为分散。

2. 介绍赤潮

（1）同学们，你们知道什么是赤潮吗？

学生回答，之后教师介绍。

教师介绍：赤潮，又称红潮，国际上也称其为"有害藻类"或"红色幽灵"。是在特定的环境条件下，海水中某些浮游植物、原生动物或细菌暴发性增殖或高度聚集而引起水体变色的一种有害生态现象。赤潮并不一定都是红色，主要包括淡水系统中的水华，海洋中出现的一般为赤潮，近几年又新定义褐潮、绿潮等。赤潮，是海洋生态系统中的一种异常现象。海藻是一个庞大的家族，除了一些大型海藻外，很多都是非常微小的生物，有的是单细胞生物。根据引发赤潮的生物种类和数量的不同，海水有时也呈现黄、绿、褐色等不同颜色。

（2）你们知道赤潮有什么危害吗？

学生各抒己见。

教师小结

　　赤潮不仅给海洋环境、海洋渔业、海洋旅游业和海水养殖业造成严重危害，而且对人类健康甚至生命都有影响：致使一些海洋生物不能正常生长、发育、繁殖，导致一些生物逃避甚至死亡，破坏了原有的生态平衡；破坏渔场的饵料基础，造成渔业减产；造成海洋生物大量缺氧或中毒死亡；赤潮生物及大量死去的海洋动物被冲上海滩，臭气冲天；赤潮水体使人不舒服，渔民称之为"辣椒水"，与皮肤接触后，可出现皮肤瘙痒、刺痛、红疹，如果溅入眼睛，疼痛难忍；有赤潮毒素的雾气能引起呼吸道发炎。

赤潮是怎么形成的呢？

主要是海洋有机污染。

教师小结

　　是啊，现在我们的海洋正遭受着来自各方的污染，那么你知道海洋的污染来自于哪里吗？请各组把课前调查的资料，通过各种形式来向同学们介绍一下。

二、各组汇报海洋污染的各方面影响

1. 第一组汇报海水养殖对海洋环境的影响

汇报形式：小品《对虾与鱼儿的会议》。

对虾1：伙伴们，我们今天开会的议题为"报复人类，污染海洋"。我们可是餐桌上的美食，人类喜欢吃我们，可他们不知道我们对海洋污染有多严重吧？呵呵……他们吃我们的同伴，我们就要去污染他们的家园——他们赖以生存的海洋。

鱼1：呵呵，那当然！你们这种虾塘养殖和我们的网箱养殖可是海水养殖污染的主要来源呢！

对虾2：是哦，在养殖我们时，大多数人类不知道过剩饵料、排泄物、药物、清池废水和污泥等都是污染的来源。

鱼2：哈哈，我们网箱养殖时污染物来源可是施肥、排泄物、碎屑等，养殖过程中我们只摄取饵料蛋白质的80%左右，并且利用其中的20%用于生长，其他以残饵和粪便形式最终沉积到海底的约占23.3%。

对虾1：这样一来，你们对海洋的污染可是极大极大的，绝对可以达到污染海洋的目的。当然，我们对海洋的污染也不可小觑啊！我们的养殖周期一般为150天左右，养殖期间平均每半个月换一次水，每667平方米虾塘每年的废水排放量为4 333立方米呢！

鱼儿1：还不止这些呢！大规模海水养殖使得大量水面被围栏或密置网箱，水面超负荷运载，由于网围精养采取高密度放养，并大量投喂外源性饵料、肥料，排泄物增加，致使水中氮、磷猛增，透明度下降，水质恶化，底质污染严重，水体富营养化加重，病害增加，赤潮发生率提高。海水的自净能力是有限的，当海水养殖释放到水体中的物质超过其所能承受的最大限度，即海水的环境容量时，养殖便会对海洋环境造成一定程度的污染。

对虾2：这群傻傻的人类，自以为聪明，研究出虾塘养殖和网箱养殖等，不保护海洋，却自掘坟墓，我们为我们的伙伴们报仇指日可待呢！

鱼1：这次会议让我们更有信心了，海洋污染势在必行！

其他鱼虾：海洋污染势在必行！……

教师：通过第一组的小品演绎，你们知道了哪些海洋污染？

2. 第二组汇报船舶修造业对海洋环境的影响

汇报形式：抢答题。

（1）一座5万～8万吨级修船坞，年含油废水产生量在多少吨以上？石油浓度在

多少毫克/升左右？（B）

    A. 2千吨 100毫克/升   B. 1万吨 500毫克/升   C. 5 000吨 300毫克/升

（2）含油废水中高浓度石油类进入海水后，造成的主要影响除了使局部海域水体石油类超标外，还有哪些影响？（多选题）（ABC）

    A. 使局部海域水体产生异味   B. 影响水生生物的生存环境

    C. 造成生物机能障碍

（3）海水表面的油膜较厚时，会有哪些危害？（多选题）（AB）

    A. 减弱了太阳辐射能量，海水的透光率可下降90%以上，显著降低海洋植物的光合作用速率。

    B. 分散油和乳化油会破坏浮游植物体内的叶绿素，阻滞细胞分裂而使之死亡，从而影响生态平衡。在水体中含油浓度为0.01×10^{-6}时，鱼类一天内就出现油臭，食用价值降低；浓度达到20×10^{-6}时，鱼类将不能生存。

    C. 海洋颜色会变黑。

（4）船坞喷砂除锈作业产生的粉尘一般为哪些？（多选题）（AB）

    A. 废铜矿砂   B. 铁矿砂   C. 锡矿砂

（5）粉尘全部以无组织形式直接排放到环境中，其中约一半直接沉降到船坞附近海域，废铜、矿砂、粉尘入海后，会造成哪些危害？（多选题）（AB）

    A. 首先造成局部海域水质SS浓度增高，最终沉降于海底。

    B. 废铜、矿砂、粉尘含锌、铜、铅等重金属，久而久之，造成船坞附近海域沉积物环境恶化，底栖生物资源衰退甚至消亡。

    C. 只对海底植物有影响，对海底动物危害不大。

教师：这次抢答的过程中，你对海洋污染又有了哪些认识呢？

教师小结

    通过抢答和同学们所谈的对海洋污染的认识，已经知道了船舶修造业对海洋的影响，现在船舶业几乎是我们舟山的支柱产业，我们要尽力减少污染，拯救海洋。

3. 第三组汇报油品储运对环境的影响

汇报形式：案例简介。

无论是原油还是石油产品，对海洋环境都具有污染性。石油进入海洋后造成的

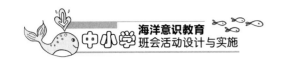

危害是明显的，它影响海洋生物的生长，对海岸活动、海洋资源的开采工作有重大的经济影响，还可能影响局部地区的水文气象条件，降低海洋的自净能力。船舶溢油污染事故往往造成巨大经济损失和环境破坏，主要包括污染清除、渔业损失、旅游业损失及环境恢复等。最近十几年，在我国沿海水域几乎每年都有较大的船舶溢油事故发生，已经对海洋环境及生物资源带来较为严重的负面影响。

2006年4月22日15时45分左右，英国注册的6.5万吨级韩国现代集团集装箱船"HYUNDAIINDEPENDENCE"号，从浙江省舟山海域的马峙锚地驶往附近浙江万邦永跃船舶修造有限公司船厂修理时，在进船坞过程中与船坞的门发生碰撞，造成一个燃油舱破损，燃油舱内约477吨重质燃料油发生泄漏。事故发生后，有关部门紧急出动，开展清污行动。溢油造成舟山本岛南部海域大面积污染，溢油事故影响范围从舟山本岛以南朱家尖至六横岛大部分海区。在本次事故污染影响范围海域内，大量鱼卵、仔鱼、幼鱼因高浓度的油含量而死亡，部分成鱼回避，但也有部分成鱼因来不及回避而被污染，导致死亡或失去食用价值。油污在潮流作用下，黏附在岛礁、岸滩，使潮间带底栖动物受到严重污染而导致死亡或失去食用价值。

教师：案例已经介绍完了，你从中获得了哪些海洋污染的知识呢？

4. 第四组汇报水产品加工业对海洋环境的影响

汇报形式：说唱。

> 水产品加工污染从何来？
> 你来听我细细说。
> 水产品加工有几样？
> 一是一般冻品加工冷冻，
> 二是熟制品啊来加工，
> 三为鱼罐头生产加工。
> 这些污染到底哪里来？
> 主要问题在——废水排放。
> 一般冻品加工冷冻——
> > 理鱼、理蟹废水，COD含量可真高，
> > 虾仁加工浸泡废水可是含有磷呐！
> > 熟制品加工废水包括啥啊，包括啥？
> > 水产品加工废水、场地清洗废水、漂洗还有那

蒸煮工序产生的废水……

鱼罐头生产废水可是那

解冻废水、鱼体清洗废水、空罐清洗废水等。

这些废水入海洋，

海洋环境遭污染呐，遭污染……

教师小结

听完各组的汇报，我们心情沉重，我们的海洋，我们的家乡正遭受着如此严重的污染，我们能想想办法来保护我们生存着的这片大海吗？我们要和海洋污染说再见。

三、互动讨论，出谋划策

每组针对自己汇报的海洋污染，讨论可行的减少污染的方法，并派代表发言。

学生以组为单位，进行讨论。

第一组建议：

要确定养殖容量，不能使养殖污染物超过水体自净能力。对原有的海水养殖区要进行重新调整与改造，建设养殖污水净化系统，养殖污水排放不达标的企业与个人必要时可进行关、停、并、转。对海水养殖所用的各类消毒剂、抗菌素等要规范管理，防止药物滥用。虾池中可以纳入、培育沙蚕，以摄食对虾的残饵、粪便，改善底质环境状况。

第二组建议：

要求现有船舶修造企业提高生产效率，降低资源、能源消耗量，从源头减少各类污染物排放。船舶修造企业含油废水、生活污水必须经处理达标排放，含油废水外协处理须落实规范的、经环保部门认可的处理单位，鼓励企业实施中水回用。建立环境管理组织体系，成立环保机构，落实专职人员，制定各项内部环境管理规章制度。

第三组建议：

做好预防、预控工作。制订翔实可靠的溢油应变反应计划，并做到常备不懈。提高船舶航行安全系数，降低各类事故含污染事故的发生率。强化提高船员队伍的整体素质。关键岗位上的一名船员的失误足以导致严重的事故发生。船员必须通过各类培训，获取相关证书才可以上岗。加强技术技能方面、法律法规以及责任感和职业道德方面的教育。提高综合素质，消除侥幸心理。

第四组建议：

提高水产品加工企业的清洁生产水平，把企业都集聚在一个区域内，配备相应的污水处理站，对水产废水进行集中处理。环保局多进行检查，乱排放污水的严重处罚，绝不姑息。

教师小结

大家出谋划策，为我们的海洋环保献出了金点子，那么我们是不是应该让这些点子发光发热呢？我建议把我们此次的活动内容写成一封倡议书，让我们这次活动的成果通过倡议书传播开来，为海洋环保献出我们的智慧和力量。

四、共谋倡议书《和海洋污染说再见》

五、音乐起《大海啊！故乡》，结束活动

【活动反思】

这次活动，同学们从小环境走向了大环境，本来对他们而言，"海洋环保"是一个大而空的口号，对什么是海洋污染，他们原本也大都局限在垃圾乱扔、废水乱排，此次的活动搜集资料、听取资料、交流讨论、拟写倡议书……使他们对海洋污染有了更深更广的认识，也加强了他们海洋环保的意识，同时做出了海洋环保的行动。有一就有二，同学们有了这一意识，加之行动，他们会以己之身，影响周边，我们的海洋环保行动才会更有收效。

第6课　保护海洋，从我做起

【活动理念】

我们美丽的舟山群岛，天蓝、海蓝、空气清新，拥有丰富的海洋渔业资源，但是近几十年来，由于过度捕捞，加上各种污染，海洋环境恶化问题犹如幽灵一般正阻碍着海岛新区建设的进程，舟山渔场的渔业资源面临着走向衰竭的危机。作为海岛建设的未来生力军，我们有必要认识海洋保护的重要性，有必要学习保护海洋的知识与技能。

组织本次活动，让学生对海洋环境进行调查与分析，了解海洋渔业现状，学习和探索保护海洋的知识技能，激发他们参与保护海洋的热情。使学生达到知识与技能，过程与方法，情感、态度与价值观三维目标的统一。

【适用年级】

八年级。

【活动目标】

（1）认知目标：通过活动，让学生认识到海洋的生态环境正在遭受破坏，而且这种破坏已危及我们人类的生存。

（2）情感目标：激发学生热爱海洋、保护海洋的情感，培养学生的绿色文明意识。

（3）行为目标：让学生从小树立环保意识，从小事做起，从自己做起，积极参与保护海洋环境的行动。

【活动准备】

（1）上网查阅海洋污染的图片资料及保护海洋小知识。

（2）制作多媒体课件。

【活动过程】

一、受伤的海洋

很久很久以前，我们的海洋很清很蓝，海里生活着各种可爱的生物。

（大屏幕显示：画面上先出现一个从宇宙中看到的蔚蓝色的旋转天体——地球，然后依次出现蓝天、白云、青山、碧水及生活在海里的各种可爱的海洋动物，为大家呈现出一幅生机勃勃的景象）

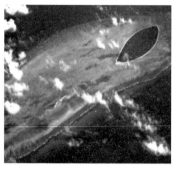

啊！蓝色的海洋涌动着生命的旋律，这是多么美妙的景象啊！同学们，这么美妙的海洋，你们对它又有多少了解呢？下面请两位同学来介绍一下。

学生1：我叫海洋，是地球表面被陆地分隔为彼此相通的广大水域，我的总面积约占地球表面积的71%；我的身体中约含有13.5亿立方千米的水，约占地球上总水量的97%。

学生2：我们这个大家庭里有5个兄弟：分别叫太平洋、大西洋、印度洋、北冰洋和南大洋，大部分以陆地和海底地形线为界。到目前为止，人类对我们已探索的区域仅仅有5%，剩下的95%还是未知区域。

是啊，海洋占了我们地球表面的大部分区域，那么我们对海洋资源的开发和利用又如何呢？（PPT显示：海洋资源的开发与利用）

海洋资源的开发与利用

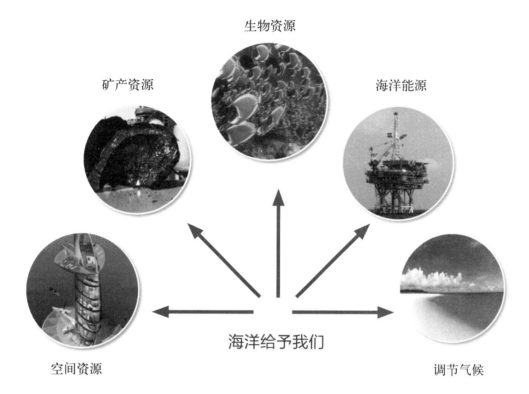

生物资源

矿产资源

海洋能源

海洋给予我们

空间资源

调节气候

的确，海洋给予我们很多！但是，谁会想到，随着现代科技、经济的飞速发展，我们的大海正在遭受破坏，海洋资源正在受到严重的污染。一些不和谐的镜头跳入我们的视线。瞧！

（大屏幕显示一组图片：污水乱排放等造成水资源污染，大量的海鱼死在海面上，企鹅在清理满是油污的羽毛，海岛上垃圾成堆等，同时，画面中传出鱼儿痛苦的叫声："哎哟……哎哟……救救我！"）

看啊！鱼儿在哭泣、呼唤、呐喊！大海在哭泣，在控诉！

二、海洋的"控诉"

（学生戴上不同的头饰表演）

学生1：我是一条可怜的石斑鱼，大家闻到我浑身散发出的腥臭味，都不敢靠近我，躲得远远的，就是因为我每天生活在臭水沟里。听爷爷说，以前这里是一个清澈见底的海湾。可现在，人们把粪便和垃圾往这里倒，海湾里到处是五颜六色的塑料袋和易拉罐。后来海湾被堵住了，我的家便成了一潭死水。我的许多朋友和亲戚都生活在这里，大都病死了，呜呜……

学生2：我是海里的藻类植物，本来我有一个幸福的大家庭，可是超标的重金属使我的细胞分裂速率降低或膨胀破裂，改变了色素体的颜色，海洋微表层中重金属的浓度比下层水要高10~100倍，从而大大降低了我的光合作用。

学生3：我是一只可怜的海鸟，由于大量的石油泄漏，海面漂浮着一层厚厚的浮油，我的羽毛上沾满石油，石油溶解了我的油脂，使我和我的家人丧失游泳或飞行的能力，只能在海滩和岩石上待以毙命，呜呜……

水里的鱼儿在"控诉"，大海也在"控诉"，请听诗朗诵《大海的呼唤》。

大海的呼唤

我是地球的衣裳，

因为我，地球才美丽蔚蓝；

我是人类的诗签，

因为我，人类才博大友善。

可是啊，为什么污水不断注入我的体内，

严重损害着我的健康？

为什么陆地上的浊物排入我的体内，使海域受到侵害？

为什么二氧化碳与日俱增，使地球气候变暖？

为什么滥捕滥杀海洋生物，使可爱的生灵心惊胆战？

人类啊，应该尽快醒悟，

不要破坏我了，

要知道你们只有一个地球，

你们只有一个家园！

从美好到丑陋，我们的海洋吃尽苦头！希望在哪？希望在我们，大海需要我们，大自然需要我们，地球需要我们……

所以我们要保护海洋！而要保护海洋，首先要了解海洋。

三、海洋知识知多少

同学们了解海洋吗？知道如何保护海洋吗？下面我们进行海洋知识竞赛。

要保护海洋，首先要了解海洋污染及生态破坏情况。我们的各个小组也事先做了调查，请组长汇报一下你们调查的结果。

第一小组：首先是污染物质进入海洋，超过海洋的自净能力，造成海洋环境污染。

第二小组：污染物的来源主要是大陆的工程建设，如大型港口、工业城市、河口附近的工业化改造。

第三小组：海水的扩散、稀释、氧化、沉降、生物分解等作用逐渐分解和消化废物，海水的运动促进海水自净速度，但促使污染范围扩大。

第四小组：海洋污染富集作用会导致海洋生物、浮游生物死亡或畸形，物种减少；危害食物链；大量浮游生物死亡，危害人体健康；增强温室效应，恶化人类生存环境。

第五小组：石油污染使油膜覆盖在海洋表面，阻碍海洋与空气之间的气体交换，降低了水生植物的光合作用速率；破坏海洋生态，危害渔业生产，破坏海滨娱乐场所，使整个海岸环境退化。

第六小组：人类不合理生产活动和生活方式以及自然环境的变化，如过度捕捞导致海洋生物资源减少；近岸海域污染严重；红树林面积急剧减少导致海洋生态系统受损；冰川融化促使海平面上升；海岸工程建设围海造地和海岸带开发破坏了岸线的自然走向。

是啊，农业、油轮泄漏、工业废水、核冷却水使海洋环境污染；过度捕捞、围海造田、海岸工程使海洋生态破坏，这些都是海洋环境问题，它们危及海洋生物，危害人体健康。

四、拯救大海，我们在行动

保护海洋，我们应该怎么做呢？（学生讨论交流）

教师小结

（1）保护稀有海洋物种。

（2）节约用水，及时关好水龙头，不浪费水资源。

（3）保护河流，不向河里丢垃圾，养成拾捡垃圾的好习惯。

（4）少用塑料制品，避免"塑化"海洋。

（5）过低碳生活，减缓海洋酸化速度。

（6）关爱和保护红树林。

（7）学习、宣传海洋知识，保护海洋。

为了我们的海洋更加美丽，为了我们的家园更加美好，我们宣誓：

从我做起，做热爱海洋的好孩子！

从我做起，做爱护海洋环境的好学生！

从我做起，做保护海洋资源的好榜样！

宣誓人：_____

宣誓日期：_____

结束语

　　同学们，真正检验我们对海洋环境贡献的不是华丽的言辞，而是实际的行动。我们中学生应人人行动，从小事做起，从自我做起。同学们，让我们携起手来，一起保护我们的海上家园！

【活动反思】

　　作为一个生活在海岛的孩子，每天都会接触到许多与海有关的事物，本活动的设计主要是通过一些事例、图片，让学生感受到海洋生态环境正在遭受破坏，从而激发他们保护海洋的情感。首先，通过图片展示海洋曾经的生机勃勃景象和海洋资源的开发及利用情况，激起同学们对海洋的热爱之情；然后，用现在被污染的画面及"海洋的控诉"引起同学们对保护海洋的思考，接着，用知识竞赛的形式，让同学们了解海洋知识，了解如何保护海洋；最后，通过小组交流，总结保护海洋的方法，以集体宣誓的形式，表示"保护海洋，从我做起"的决心。

【链接】

资料一：　可利用的水资源

　　地球表面的3/4被水覆盖，但其中97%以上的水都是不能直接利用的海水，余下的淡水基本都集中在冰川和深层地下，真正能被简便利用的江河湖泊和浅层地下水不足全部水资源的1%。地表淡水的一半已经被我们用完，剩余的水有些还受到严重污染，

全球每天仅倒进江河湖泊中的垃圾就有200万吨。目前全球1/3的人口缺水。

我国的水资源本来就严重匮乏，人均占有量不足世界平均水平的1/4，是最严重的缺水国之一。这样有限的水资源还受到严重污染，七大水系和内陆河流中，水质勉强合格的不足1/3。流经城市的河流几乎全部遭到污染，其中80%左右都是严重污染。80%以上的城市缺水。每年因为缺水造成的工业损失达2 000亿元，农业减产1亿吨。

资料二：海洋资源的开发与利用

海洋资源

指赋存于海洋环境中可以被人类利用的物质和能量以及与海洋开发有关的海洋空间	属性分类	生物资源　矿产资源　海水资源 海洋能源　空间资源
	主要行业	海洋渔业　交通运输业　滨海旅游业 海水直接利用　海盐及盐化工业 滨海砂矿业　海洋油气业

专题五 海洋经济

　　海洋经济是开发、利用和保护海洋的各类生产性活动以及与它们相关联的各种服务性产业活动的总称。当今世界海洋经济发展步入快车道，海洋经济成为全球经济的重要组成部分。20世纪90年代以来，我国海洋经济以两位数的年增长率快速发展，海洋经济总量迅速增加，海洋经济活动范围不断扩展，海洋经济在我国国民经济中越来越占有举足轻重的战略地位。进入21世纪以来，伴随我国经济发展和资源需求的增长，海洋经济成为国家发展战略，海洋渔业、海洋交通运输业、海洋船舶工业、海洋油气业、滨海旅游业等海洋产业得到跨跃式发展。目前，海洋经济已经成为我国经济发展的新的增长点。

　　本专题共设"舟山'四大鱼产'资源的保护与开发""走进跨海大桥""走进舟山海味小吃""神奇的海水""我是海岛小导游""遇见海岛民宿""平安出航，鱼虾满仓"七个主题班会，旨在通过活动使学生进一步提升海洋意识，了解海洋经济的内涵和发展海洋经济的重要意义，激发学生努力学习科学知识和投身海洋经济发展事业的兴趣和志向，为未来建设海洋经济强国，为中华民族的伟大复兴做出贡献。

第1课 舟山"四大鱼产"资源的保护与开发

【活动理念】

舟山渔场是我国最大的近海渔场,水产资源丰富,其中,大黄鱼、小黄鱼、带鱼和乌贼为捕捞量最多的资源群体,被称为东海"四大鱼产"。然而,自20世纪70年代以来,由于大批机动渔船轮番滥捕,加之排入海洋的各种工业废物、生活污水越来越多,舟山海域的海洋资源生态平衡遭受严重破坏,80年代以来,小黄鱼、大黄鱼、乌贼已形不成渔汛,带鱼汛亦出现旺汛不旺,网产趋低的现象。原本渔业资源极其丰富的舟山渔场,近几十年来渔业资源严重衰竭。因此,从小对学生进行"四大鱼产"资源的保护和开发教育,提高学生对国家关于禁渔期等政策的认识,对发展我国海洋渔业经济,保护海洋、开发海洋,具有重要现实意义。

本活动旨在通过调查、采访、参观、辩论等学生感兴趣的活动方式,通过学生亲身的实践和体验,调动他们已有的生活经验,让学生充分认识到保护海洋资源的重要性,同时培养学生探究海洋的兴趣,激发学生热爱海洋的情感。

【适用年级】

六年级。

【活动目标】

(1)认知目标:通过活动,让学生知道舟山渔场是世界著名的四大渔场之一,拥有得天独厚的渔业资源,优质的渔业资源给舟山乃至全国人民带来了美食。同时,也让学生了解近年来舟山海洋环境破坏严重,渔业资源衰竭加剧,尤其是传统四大鱼产几乎绝迹。

(2)行为目标:指导学生通过搜集资料、调查、采访等活动,了解随意破坏海洋资源的危害。能从身边的小事做起,为保护海洋尽自己的一份力量,为开发海洋渔业资源献计献策。提高与同伴合作交流和探究的能力。

(3)情感目标:通过活动,提高学生保护海洋渔业资源的意识,激发学生热爱海洋的情感,愿意用自己的智慧为保护和开发舟山海洋渔业资源做贡献。

【活动准备】

教师：制作多媒体课件。

学生：调查农贸市场的海产品并记录；采访父母、长辈或老一辈渔民并做记录；参观渔业资源人工养殖场。

【活动安排】

两课时

课时一：今昔对比，探讨舟山"四大鱼产"资源衰退的原因。

课时二：小组合作，探讨舟山"四大鱼产"资源保护和开发的措施。

【活动过程】

课时一：今昔对比

一、情境导入，引发体验，感受舟山海鲜的丰富和鲜美

（1）同学们，如果你们到外地旅游，回舟山后最想吃的东西是什么？难道外地没有吗？（学生自由发言）

（2）是的，虽然有的沿海城市也有海鲜，但是没有舟山的海鲜丰富，也没有舟山的味道鲜美，这是为什么呢？

（3）了解舟山渔港得天独厚的地理环境。（出示课件）

舟山渔场是中国最大的近海渔场，曾与俄罗斯的千岛渔场、加拿大的纽芬兰渔场、秘鲁的秘鲁渔场被称为世界四大渔场。地理、水文、生物等优越自然条件，使舟山渔场及其附近海域成为适宜多种鱼类繁殖、生长、索饵、越冬的生活栖息地。舟山渔场水产资源丰富，共有鱼类365种。其中暖水性鱼类占49.3%，暖温性鱼类占47.5%，冷温性鱼类占3.2%；虾类60种；蟹类11种；海栖哺乳动物20余种；贝类134种；海藻类154种。其中，大黄鱼、小黄鱼、带鱼和墨鱼，为舟山渔场捕捞量最多的资源群体，被称为"四大鱼产"。

由于气候条件好，水温条件独特，在这一海域生活的鱼类，如同陆地上生活的人

类一样，不但生存环境舒适，且长得美丽动人，细皮嫩肉，富贵高雅，为其他海域鱼类所不及。

以带鱼为例，舟山带鱼表面银白，眼睛黑亮，身材匀称，骨小体肥，背脊上无凸骨，皮肤细腻，含苞欲放，犹如青春少女，动人可爱。其味细腻可口，蛋白质丰富，营养价值高，易于消化吸收，品后令人难以忘怀。而南海海域带鱼，由于所在海域接近赤道，气温和水温度高，带鱼生长周期短，表皮组织纤维粗糙，皮厚骨大而硬，背脊上长有凸骨，眼睛发黄，脂肪含量低，口感缺乏细腻感，远不及舟山带鱼好吃。

(4) 看了这份资料，你想说什么？

教师小结

是的，由于过度捕捞和海洋环境的破坏，在20年前的餐桌上作为家常菜出现的"四大鱼产"，如今却是一种奢侈，熟悉的那份鲜美的味道正在逐渐离我们远去。课前，老师请大家去菜市场做调查，并记录；采访家里的长辈或者出海当过渔民的亲戚朋友，现在让我们来交流汇报。

二、今昔对比，产生共鸣，感受舟山近年来"四大鱼产"资源的匮乏

以小组为单位汇报调查和采访结果

第一小组：用图片形式介绍大黄鱼和小黄鱼的区别，了解现在市场上在卖的是小黄鱼，而不是大黄鱼，因为大黄鱼已经基本绝迹。

大黄鱼（Larimichthys crocea）

小黄鱼（Larimichthys polyactis）

大黄鱼又称黄花鱼，大黄鱼的鳞较小，背鳍起点与侧线间有8～9个鳞片；尾柄较长，其长度为高度的3倍多。

小黄鱼又称小鲜，外形与大黄鱼相似，但又不属于同一种。小黄鱼体长短于大黄

鱼，一般为15～25厘米，小黄鱼的鳞较大，在背鳍起点与侧线间有5～6个鳞片，尾柄较短，其长度为高度的2倍左右。

第二小组：以新闻播报的形式，感受"四大鱼产"资源的衰竭。

新闻一：2015年4月5日，记者来到定海南珍、东门等多家菜市场，发现卖墨鱼的摊位还真不少，每500克的价格在20元左右，但是，一说到想买一条正宗东海墨鱼，不少摊主很是为难。一位姓陈的水产摊主对记者说，我们天天去水产批发市场进货，但是，已有好长时间看不到正宗东海墨鱼的踪影了。市面上在卖的墨鱼绝大多数不是来自东海，俗称"海碧嘛"。虽然看起来与东海墨鱼大同小异，其实口味明显逊色。20世纪70年代，正宗野生东海墨鱼在菜市场里随处可见，价格也不贵，现在真的一年比一年少见。

新闻二：浙江在线2014年10月28日讯 据《青年时报》报道："带鱼像筷子，鲳鱼像扣子，大小黄鱼基本绝迹。"开渔已经1个多月，舟山普陀区渔民仍发出这样的感叹。浙江海洋学院的俞存根教授指出，我国渔业资源衰退现象还在继续。据资料统计，我国四大海区，历史上最高年产量曾经超过10万吨的种类有16种，如今只剩下8种，其中大黄鱼、墨鱼、海蜇等已几近绝迹。而全国最大的渔场——舟山渔场也已陷入"无鱼""无渔"的困境。去年冬季带鱼汛，嵊泗县一艘渔船在一航次捕获的约5 000千克鱼中，只发现两条带鱼。

第三小组：以快板的形式展示舟山渔民《四季渔歌》。

"春季黄鱼咕咕叫，要听阿哥踏海潮。夏季乌贼加海蜇，猛猛太阳背脊焦。秋季杂鱼由侬挑，网里滚滚舱里跳。北风一吹白雪飘，风里浪里带鱼钓。"

过渡：是呀，以前如此丰富的舟山"四大鱼产"，为什么在近10年中衰退得如此厉害呢？那份鲜美的味道究竟为什么会消失呢？

三、小组合作，深度思考，探讨舟山"四大鱼产"衰退的原因

1. 听故事：《大黄鱼的命运》（学生讲述）

得出原因之一：过度捕捞大大超出了渔业资源本身的承受能力和再生长能力。

2. 播放采访录音

得出原因之二：工业污水、生活废水、垃圾的排放，导致海洋环境的污染。

3. 图片展示各种捕捞工具

得出原因之三：捕捞工具的改进。

4. 除此之外，还有什么原因

（1）启发：同学们，你们有没有发现，去年和今年市场上在卖的哪种海产品最多？
（螃蟹）

（出示课件）2014年8月21日，记者走访了舟山国际水产城的活品交易码头。记者看到十几艘渔业运输船正在排队卸货，一筐筐梭子蟹源源不断地从船舱搬运上岸。记者从市场管理部门了解到，这几天，市场每天梭子蟹的交易量都在100万千克左右，最多时甚至达到了150万千克左右，与去年同期相比今年梭子蟹增产50%以上。

（2）你认为梭子蟹大丰收是什么原因？（休渔期、蟹苗的放养等）如果往不好的方面思考呢？

得出原因之四：生态环境的破坏。

教师小结

其实从另一个角度来看，螃蟹的增产主要是由于海洋生态系统的破坏，鱼类减少了，梭子蟹生活的空间大了，吃它的鱼也少了，特别是章鱼这两年明显减少。螃蟹当然能大量繁殖，这与我们语文课本上讲到的《狼和兔子》的故事是一样的。

5. 活动：海莲花模拟法庭

为了让我们更深刻地了解舟山"四大鱼产"资源枯竭的原因，下面让我们以小组为单位举行一个模拟法庭的活动。

（1）分发"四大鱼产状告舟山渔民"模拟法庭资料。
（2）小组内成员分工。
（3）小组内模拟法庭活动。
（4）选优秀小组上台展示。

四、小结，布置课后调查任务

1. 教师总结

同学们，今天这节课我们一起探讨了舟山 "四大鱼产"资源匮乏的根本原因是海洋环境的污染和过度的捕捞，那么我们该如何用行动，留住餐桌上熟悉的那份鲜美的味道呢？下节课再进行探讨。

2. 安排课后资料搜集

（1）搜集先进国家保护和开发渔业资源的方法和经验。

（2）搜集舟山"四大鱼产"资源保护和开发的措施。

课时二：探讨保护措施

一、导入

同学们，舟山著名"四大鱼产"的濒临灭绝为我们敲响了警钟：经济发展应与保护环境相协调。这节课，就让我们行动起来，为留住餐桌上那份鲜美的味道献计献策。

二、探讨舟山"四大鱼产"资源的保护措施

1. 了解现在已经开始实施的保护舟山"四大鱼产"资源的相关措施

（1）观看纪录片《舌尖上的中国——海鲜篇》。

同学们，假如有一天，我们的餐桌上再也没有熟悉的海鲜的味道了，你会有什么样的感觉？

（2）交流课前调查，学习相关的措施。

是的，为了留住那份鲜美，有关部门已经出台了相关的政策和法规，请各小组派代表上台汇报，其他小组补充。

指导学生主要从加强立法、建立海洋自然保护区、制定休渔期等几个方面做介绍。

教师补充资料一：加强立法。

俗话说，没有规矩，不成方圆，加强立法是关键，2014年，我国对《海洋环境保护法》进行了修订，完善了内容，并对破坏海洋环境的个人和组织实行了更严厉的惩罚措施。这也很大程度地遏制了工业部门随意向大海排放污水的行为。

（出示课件）《海洋环境保护法》第七十三条。

第七十三条　违反本法有关规定，有下列行为之一的，由依照本法规定行使海洋环境监督管理权的部门责令限期改正，并处以罚款：

（一）向海域排放本法禁止排放的污染物或者其他物质的；

（二）不按照本法规定向海洋排放污染物，或者超过标准排放污染物的；

（三）未取得海洋倾倒许可证，向海洋倾倒废弃物的；

（四）因发生事故或者其他突发性事件，造成海洋环境污染事故，不立即采取处理措施的。

有前款第（一）、（三）项行为之一的，以处三万元以上二十万元以下的罚款；有前款第（二）、（四）项行为之一的，处二万元以上十万元以下的罚款。

教师补充资料二：建立海洋自然保护区（出示课件）。

在舟山群岛的最北端，嵊山、枸杞山、壁下山、花鸟山和绿华山等嵊泗东部海岛，汇聚成海域面积549平方千米的嵊泗马鞍列岛。2005年，国家海洋局批准设立嵊泗马鞍列岛国家级海洋特别保护区。

2. 学习先进国家保护海洋渔业资源的经验

一些先进国家对于海洋资源的保护和开发为我们提供了很好的样本，让我们先来学习。

（1）学生汇报课前搜集到的其他先进国家开发渔业资源的好方法。

（2）教师补充介绍。

世界各国保护海洋渔业资源有奇招。（出示课件）

美国：建世界最大保护区

2006年6月，时任美国总统布什宣布将夏威夷西北列岛定为国家保护区，这将是世界上最大的海洋生物保护区。新保护区建立后，在未来5年内将禁止所有渔业、采矿以及其他可能对保护区环境造成破坏的活动。从某种意上说，美国此举并非真正出于保护海洋生物，而是扩大美国的海洋利益范围，压缩我国的海洋活动空间。

西班牙：捕捞深度有限制

西班牙法律对渔网的网洞大小做了详细规定，对捕什么鱼使用什么渔网也有很明确的规定。这个规定是为了严格禁止捕杀还没有达到捕捉程度的小鱼，让它们有传宗接代的机会，因此也避免了绝种的可能性。

3. 作为舟山的小公民，为了留住舌尖上的那份鲜美，我们可以做些什么呢

引导学生从以下几个方面交流：向身边的人宣传有关禁渔期的知识；在禁渔期期间不买非法捕捞上来的鱼类；向有关部门举报违反禁渔期规定的单位或个人等。

4. 写宣传标语

（1）同学们，请选择"四大鱼产"中的其中一种，写一条保护它的宣传语。（学生在事先发下的爱心卡纸上书写宣传标语）

（2）张贴于教室后面的墙报中。

三、探讨舟山"四大鱼产"资源的开发措施

（1）看图片，猜一猜，这是什么？有什么作用？

（2）是的，这是"深水抗风浪重力式网箱"，由于在舟山东极岛开展深水网箱养殖，大大提高了大黄鱼的产量，一个深水网箱捕获5吨大黄鱼。（观看图片）

（3）同学们，这就是目前我们舟山采取的开发"四大鱼产"资源的其中一个措施。课前，同学们也进行了调查和参观，你还了解到其他哪些好的方法呢？

通过汇报，让学生了解其他的一些措施：渔业资源增殖放流、人工养殖——"海上牧场"、人工礁体建设等。

教师补充资料一："四大鱼产"鱼苗的研究。（出示课件）

浙江海洋大学科研人员攻克
小黄鱼规模化人工育苗难关

浙江海洋大学青浜岛科研基地
曼氏无针乌贼卵体长势良好

教师补充资料二："四大鱼产"的增殖放流。（出示课件）

放流品种	放流海域
大黄鱼、小黄鱼	岱衢洋、中街山列岛海洋特别保护区
曼氏无针乌贼	中街山列岛海洋特别保护区

（4）看了这份资料，你有什么想法？

（5）是呀，带鱼为什么没有放流呢？

（出示课件）科普知识：

因为带鱼是深海鱼，对水深的要求很高，要造出深海的压力环境，成本超巨大，所以目前还无法进行人工养殖。

（6）同学们，刚才大家交流的其实就是现在我们舟山正在实施研究的海洋农牧技术，就是像在陆地上种植庄稼，放牧牲畜那样在海洋里开展海洋生物的养殖和增殖。那么，随着科学技术的发展，除了这些传统的养殖方法外，海洋渔业资源的开发又有了哪些新的方法？

（出示课件）海洋药物开发技术：利用高科技开发海洋生物，让海洋生物不仅仅是我们餐桌上的美食，还可以成为保健品、化妆品、药品等，更好地为我们的生活服务。

海洋生物修复技术：利用海洋生物修复技术保护海洋环境，治理污染等。

（7）畅想未来：对于舟山"四大鱼产"资源的开发，你还有什么好点子？

①用手中的笔绘画自己的畅想。

②以小组为单位评出最佳创意奖。

四、总结提升，展望未来

（1）同学们，我们从小生长在海边，是美丽的大海为我们的生活提供各种资源，让舟山人民一步步走向富强！让我们共同行动起来，像对待自己最珍爱的东西一样来对待大海吧，同时呼吁身边的人一起保护海洋环境，减少对海洋的污染，从点滴的生活小事做起，用我们的智慧，去开发和保护我们赖以生存的海洋资源，为建设海洋强国贡献自己的力量！

（2）活动后，出一期以"舟山四大鱼产资源的保护和开发"为主题的手抄报，在班级学习园地上展示。

【活动反思】

本次活动结束后，最大的感受是，我们太需要给孩子们上这样的课了。虽然面对的是六年级的孩子，但是他们对海洋认知的缺乏，海洋环境保护意识的薄弱，是我始料不及的。通过学生调查、采访、参观等活动，深入了解了舟山"四大鱼产"资源由丰富到匮乏的根本原因，他们增强了保护海洋环境意识的主动性。

1. 精心的前期准备

不仅让学生了解了海洋渔业资源方面的知识，而且提高了他们的合作意识和能力。活动的前期准备就是一个很好的学习过程，在本次活动准备中，孩子们通过对父母长辈、有经验的渔民、渔业管理专业人员的采访，深入了解了舟山"四大鱼产"资源由丰富到匮乏的根本原因。在小组调查活动中，孩子们分工明确，汇报活动有条不紊。

2. 丰富多彩的活动

不仅提高了孩子们探究海洋的兴趣，也深刻感受到保护海洋环境的重要性。在"今昔对比"的调查中，孩子们通过采访父母长辈、参观渔业资源人工养殖场等活动，深深地认识到海洋环境的破坏对海洋生物造成的危害。在活动中，当有一个孩子汇报采访记录时说到20年前，人们把海蜇、带鱼等成担地挑到农田里做肥料时，其他学生一片惊呼，觉得太不可思议了。这也极大地激发了孩子们探究的兴趣。在小组活动汇报中，故事的讲述，图片的展示，都是学生感兴趣的。孩子们听得特别认真。尤其是在模拟法庭活动中，孩子们的兴趣更是高涨。这些活动，都让学生在亲身的体验中感受海洋正严重的被破坏，自觉保护海洋环境的意识增强了。

总之，对学生进行海洋意识教育非常重要，需要从一年级开始就进行系列化的有层次的教育，这样才能让保护海洋环境的意识深深扎根在每一个孩子的心中。本次活

动，也存在着一些不足，比如：在海洋渔业资源开发教学中，专业性太强，孩子们的兴趣明显不如第一课时高涨。在畅想的环节中，由于孩子们缺少知识经验，思维只是停留在老师讲过的层面上，自己想象创意就比较困难。这些都需要在以后的实践中不断地完善。

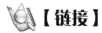
【链接】

资料："四大鱼产"状告舟山渔民模拟法庭

审判长：1人

审判员：1人

书记员：1人

公诉人：1人

辩护人：2人

原告四人：大黄鱼、小黄鱼、墨鱼和带鱼（分别由学生扮演）

被告人：舟山渔民（"浙舟144"号船长）

证人：2人

基本案情：

大黄鱼、小黄鱼、墨鱼和带鱼舟山"四大鱼产"联名状告"浙舟144"号船长，他于2015年6月15—19日，违反禁捕令，擅自在舟山渔场捕捞作业，将"四大鱼产"家族仅存的兄弟姐妹捕获，并以高价出卖。要求法庭严厉惩处。

庭审过程：

书记员：请旁听人员安静，现在宣布法庭纪律：

一、不得随意走动及进入审判区；

二、不得鼓掌、喧哗、哄闹；

三、不准吸烟；

四、移动电话一律关闭。

法庭纪律宣布完毕。请公诉人、辩护人、原告、被告入庭就坐。审判长、人民陪审员入庭。

审判长：（敲锤）现在开庭。传被告人"浙舟144"号船长到庭。

审判员：被告人姓名？

被告：黄国庆

审判员：性别？

被告：男。

审判员：出生年月日？

被告：1949年10月1日。

审判员：民族？

被告：汉族。

审判员：文化程度？

被告：没上过学。

审判员：职业？

被告：船老大。

审判员：家庭住址？

被告：舟山市冬极镇庙子湖村。

审判长：舟山市定海区定海小学海莲花法庭现在依法公开开庭审理"浙舟144"号渔船违法偷捕一案。根据《刑事诉讼法》的规定，被告人在庭审中享有以下权利：

1. 如果上述人员与本案有利害关系，影响公正的，可以请求换人；

2. 被告人可以自行辩护。

审判长：现在开始法庭调查。首先，由原告陈述自己的诉讼请求和事实根据。

原告1（大黄鱼）：我要状告"浙舟144"号渔船船长，他于2015年6月15日，违反禁捕令，擅自在休渔期期间在舟山渔场的猫头洋捕捞作业，我家族一位重达5千克的兄弟未能幸免于难，被捕获，并被以每千克1000元的高价卖出，使我本已经快面临绝迹的家族雪上加霜，请求严惩。

原告2（小黄鱼）：我也要状告"浙舟144"号渔船船长，他于2015年6月16日，违反禁捕令，擅自在休渔期期间在舟山渔场的猫头洋捕捞作业，将我家族刚出生不久的兄弟姐妹捕获，使我家族不能正常繁殖，请求严惩。

原告3（墨鱼）：我也要状告"浙舟144"号船长，他于2015年6月17日，违反禁捕令，休渔期期间擅自在舟山渔场的猫头洋捕捞作业。将我家族所剩无几的后代捕获，使我的家族面临绝种的威胁。

原告4（带鱼）：我要状告"浙舟144"号船长，他于2015年6月18日，违反禁鱼令，休渔期期间擅自在舟山渔场的猫头洋捕捞作业，使用国家禁用的脱网工具，将我家族刚出生几天的兄弟姐妹捕获。

公诉人：综合四位原告的起诉，我宣读舟山市定海区定海小学海莲花检察院起诉书：被告人黄国庆，男，1949年10月1日出生，汉族，舟山市冬极镇庙子湖村人，"浙舟144"号渔船船长。经依法审查查明：被告人于2015年6月15—18日，违反禁捕令，擅自在舟山渔场捕捞作业，将舟山渔场四大鱼产家族的仅存的兄弟姐妹捕获，使四大鱼产面临灭绝的威胁。以上事实清楚，证据确凿充分。本院认为，被告人黄国庆不顾国家海洋法的规定，在禁渔期期间，在禁止捕捞的水域进行捕捞，还非法买卖，情节非常严重，已构成"非法捕捞水产品罪"。为严肃法纪，维护公民合法的财产权利，依据《中华人民共和国渔业法》第三十八条之规定，提起公诉，请依法惩处。

审判长：本庭现就起诉书指控的犯罪事实进行调查。

审判员：被告人黄国庆，刚才公诉人宣读的起诉书你听明白了没有？

被告：听明白了。

审判员：是否有疑议？

被告：有。

审判长：你知道舟山每年有禁渔期吗？

被告：知道。

审判员：舟山今年的休渔期是什么时候？

被告：从今年的5月1日12时起至9月16日12时止，灯光围网、帆张网、拖虾等作业渔船休渔。

审判员：你的渔船属于什么类型？

被告：灯光围网。

审判员：明知道是休渔期，为什么还要擅自出海？

被告：没办法呀！我家上有80多岁的老父母，下有正读中学的两个孩子，全家6口人的生活全要靠我一个人出海养活，可是，近年来渔业资源越来越匮乏，每次出海，渔货越来越少，收入越来越少。不出海捕鱼，怎么行呢？

审判员：这样反而是恶性循坏，鱼儿不能得到及时地再生，当然是越捕越少了。

被告辩护人：刚才公诉员的陈述我有几点需要补充：第一，让四大鱼产家族面临灭绝的并非是我当事人的原因，海洋的污染、环境的破坏，是其一，还有捕捞工具和方式的问题。

申诉员：请提供证据。

被告辩护人：原本东海沿海海域的地形十分有利于浮游生物的大量繁殖。但是20世纪80年代后，沿海城市的邻近水域、河口及港湾水域被不同程度地污染，使得海产品的产量急剧下降。大量工业废水、生活污水、农业化肥流入海洋，加剧了海洋的污染，造成海水氮、磷等富营养化水平过高，水质下降，造成鱼类生存环境的恶化。我这里有一份采访资料，请允许我进行展示。

多媒体展示舟山沿海海域污染情况测试报告。

被告辩护人：其实大黄鱼家族的灭绝，最主要的原因是两次灾害性的过度捕捞。

第一次：1950年，人们发明了一种能探测到渔汛的仪器，结果探测到大黄鱼在东海集结产卵，一艘艘渔船竞相驶往鱼群所在的海域，可以说是千舸竞发，其场面相当壮观。几十米厚的鱼层使参与捕捞的每条船都满载而归，每个人都笑得合不拢嘴。

第二次：1956年6月，福建的渔民在当地已经捕不上什么鱼了，于是相约着来浙江谋生计，与当地的领导商量能不能在浙江海面上"分一杯羹"。谁知这些福建渔民用的是赶尽杀绝的捕捞方式，致使东海里一息尚存的黄鱼再次遭遇灭顶之灾。黄鱼有个致命的"死穴"，大概知道的人不多，这就是它头上那块要命的"耳石"，这块"耳石"如遇一定频率的声波就会引起共振，继而爆裂，气绝身亡，浮上水面。福建渔民正是抓住了黄鱼的这个"软肋"，采用敲船帮、敲鼓、敲脸盆的方式，动用了一切可以发出声响的物件，致使大大小小的黄鱼无一幸免，近海的黄鱼从此便断子绝孙。

被告辩护人：对这两件事的真实性，请允许我当事人的证人出庭。

（传证人上台）

证人1：我是"浙舟14"号渔船船长，我以人格证明，当时我们的船只也参与了第一次用探测仪捕捞大黄鱼的作业，并且当时捕获1 000千克大黄鱼。

证人2：我是"闽17"号渔船船长，我以人格证明，当时我们的船只参与了第二次敲击捕捞大黄鱼的作业，并且当时捕获2 500千克大黄鱼。

审判员：对于证人提供的证词，原告有无异议？

原告辩护人：抗议，我们今天是针对被告人于2015年6月15—18日，违反禁捕令，擅自在舟山渔场捕捞作业，违反了相关法律的事情开庭，请被告不要把事情扯远了。

被告辩护人：虽然每年浙江省渔业部门都会下发海洋禁渔通告，但这只能管住有证的渔船，而无证的小渔船依旧我行我素，不顾禁渔期，擅自出海，捕捞上来的幼鱼被做成鱼粉售卖，这才是鱼类灭绝的真凶。而且有关部门惩处不严，这些小渔船打游击战，把才出生的鱼儿都一网打尽，鱼类怎么才能繁殖呢？

审判员：对于上述被告的陈述，原告方有什么疑义？

原告辩护人：通过刚才的陈述，我们可以了解到，是因为很多的渔民被金钱所迷惑，不计后果，只考虑眼前的利益，才导致水产品的濒临灭绝，令人痛心，因此，我的当事人要求严惩，以警示后人。

被告：刚才我听了原告方的陈述，我也深深认识到自己的无知，不顾禁渔期的法

规，不仅违法，而且还会造成恶性循环，所以以后我一定吸取教训，请法庭念在我上有老、下有小的份上，从轻发落。

审判长：双方无新的辩论，辩论结束。

下面是合议阶段，休庭10分钟。

现在休庭10分钟，待本庭合议后宣判。

（敲法锤，待书记员宣布"全体起立，请退庭"以后，退庭）

法庭调解判决阶段

（书记员宣布全体起立，请审判人员入庭）

审判长：下面宣读宣判书。

被告人黄国庆，男，1949年10月1日出生，汉族，舟山市冬极镇庙子湖村人，"浙舟144"号渔船船长。被告人于2015年6月15—18日，违反禁捕令，擅自在舟山渔场捕捞作业。以上事实清楚，证据确凿充分。本院认为，被告人黄国庆在休渔期间不顾国家渔业法律法规的规定，在禁渔期期间，在禁止捕捞的水域进行捕捞，还非法买卖，情节严重，已构成"非法捕捞水产品罪"。为严肃法纪，维护公民合法的财产权利，依据《中华人民共和国渔业法》第三十八条之规定，但考虑其悔改态度诚恳，法院从轻发落，没收本次出海所得人民币5 000元，罚金1万元，判处黄国庆有期徒刑一年。

书记员：全体起立。退庭。

第2课　走进跨海大桥

 【活动理念】

"一桥飞架南北，天堑变通途"，跨海大桥是连接岛屿或跨越海峡的大桥，它技术要求高，施工难度大，是桥梁建筑的新课题，是人类智慧的结晶。博览世界跨海大桥令人惊叹不已，综观国内跨海大桥令人大饱眼福，立足舟山跨海大桥我们更是骄傲自豪。

本次主题活动，分3个板块：赏大桥——探访家乡的大桥；知大桥——研究不同桥梁资料；制大桥——为舟山新区设计出更多更新颖的跨海大桥。从欣赏的感性认知，到探究桥梁技术，最后动手绘制桥模，有效地培养了学生的探究能力、动手能力、实践能力，同时也教育学生要树立海洋观念，激发爱海情怀，培养用海技能，弘扬海洋精神，传承海洋文化。

【适用年级】

四年级。

【活动目标】

（1）认知目标：让学生认识各种跨海大桥，了解有关跨海大桥的设计建造技术。

（2）情感目标：认识跨海大桥，为家乡的跨海大桥感到自豪，为人类的智慧结晶感到骄傲。

（3）行为目标：通过让学生设计"未来的家乡的跨海大桥"，提高学生创新能力和动手制作能力。

【活动准备】

（1）以小队为单位参观舟山的跨海大桥（鲁家峙大桥、朱家尖海峡大桥、连岛大桥），拍照留影。

（2）搜集有关舟山、国内、国外的各种桥梁的图文资料。

（3）联系"月亮湾风景区"的负责人，确定学生参观的时间。在家长群里发布信息，家长自愿参加，组织车队。

（4）小队设计跨海大桥图纸，尝试模型制作。

（5）活动展示的幻灯片制作。

【活动过程】

这一次我们冲浪体验的主题是——走进跨海大桥。（幻灯）

一、跨海大桥知多少

1. 我和大桥合个影

在冲浪活动中，很多同学都逛了大桥，感受了它的雄伟壮观，还在大桥上、大桥附近拍照留影。一起来看看和大桥的合影吧！（幻灯：和大桥合影）

2. 舟山跨海大桥知多少

通过走访、上网查找资料，大家对大桥都有了新的认识，让我们聊聊舟山

的跨海大桥吧！（你知道舟山有哪些跨海大桥吗？）

自主介绍：

内容：朱家尖海峡大桥、鲁家峙大桥、连岛大桥等。

形式：幻灯、小报、照片、视频。

3. 纵观中国跨海大桥

"一桥飞架南北，天堑变通途"，舟山连岛大桥的建成推动我们舟山更好地"接轨大上海，融入长三角"。在古代，我们舟山就是"丝绸之路"的重要中转站，比如六横的佛渡、金塘的沥港等。如今在"一带一路"经济战略的引领下，我们舟山新区的经济将飞速发展。大家对我国的跨海大桥又了解多少呢？下面让我们用"知识大冲浪"形式来认识我国的跨海大桥吧。（竞赛内容见附件）

第一环节：有问必答，我来答。（必答题）

第二环节：神速抢答，我最棒。（抢答题）

第三环节：巅峰一答，夺冠军。（风险题）

4. 博览世界跨海桥

刚才的介绍，让我们了解了很多有关跨海大桥的知识，也认识了祖国各地的跨海大桥。现在让我们放眼世界，来博览世界上有名的跨海大桥。（幻灯）

（学生介绍有关世界跨海大桥的资料）

二、桥梁设计师露一手

在这次冲浪活动中，我们每个小组的同学也动手设计了各种各样的未来的跨海大桥。请把你们的桥模型亮出来吧！

假如你是桥梁专家，你会怎样评价一座桥的模型？（学生自由发言：整体构想、结构、美观、实用、创意、安全……）请小专家对各小组的桥模进行参观评价，投上你宝贵的一票。

（各小组摆放）桥模、设计图、文字介绍（桥型、材料、水文、环境、高度通航能力、长度、设计图……）

老师课前准备了我们普陀各个岛屿的模型，请各位设计师用你们巧手制作的桥梁把我们普陀的各个岛屿连起来，把我们普陀的连岛大桥建起来。

畅想：真壮观，看着这一幕，你想说什么？

学生：这样岛与岛相连，大大方便了海岛居民的生活，他们办事、购物可以当日来回。到医院就医方便了，不用担心晚上没有船只了。

学生：这样岛与岛相连，很多特产可以立刻销往省内外，比如登步的黄金瓜，这样人民能吃到更新鲜的瓜了。

学生：普陀连岛大桥建成后，各岛之间的通行不受时间限制，我们去全国各地旅游更加方便。

教师：是的，这样我们普陀也将步入"大桥经济时代"，为实现"大舟山"的梦想添上绚丽的一笔。

如果有那一天，老师想带上家人驾驶爱车去各个岛屿进行环岛游。你呢？

你可以——（双休日去老家看望爷爷奶奶，让他们不再孤单）

你可以——（把老房子改造成别墅，去那里度假）

我们的生活会更便捷，更幸福！

三、冲浪花絮小集锦

回忆一幅幅幻灯片、一张张相片、一段段视频，可谓精彩纷呈。今天精彩纷呈的背后有过怎样精彩的故事呢？让我们分享冲浪体验中的酸甜苦辣吧。

（设计师背后的故事、学会看设计图、与导游交流）

教师小结

老师从你们的故事中听出了你们对本次冲浪活动的热情。大家实地考察、调查采访、动手绘制，还与同学研究探讨，可谓"用心良苦"。本次的冲浪活动，我们收获多多，让我们共同期待下次精彩。

 【活动反思】

"海纳课"是沈家门小学自主开发的一门校本课程，共六册，每册五章（以海立德、以海启智、以海健体、以海育美、以海崇劳），每一章四个主题。本教案设计是五年级第五章第三课的内容。

在短课上，落实了"冲浪活动"的任务，指导学生分组讨论并制订了详细的计划。主要包括3块内容：①赏大桥——探访家乡的大桥；②知大桥——研究不同桥梁资料；③制大桥——设计出舟山新区更多更新颖的跨海大桥。

接下去的一周，同学们利用课外时间开始了探究之旅，有去舟山各大桥考察的，有上网查找资料的，有去大桥管理局采访的，也有去西堠门景区实地调查的。在探访了家乡的大桥、研究了国内外的大桥后，孩子们查计算机、看地图、问家长，绘制了一份份独具个性的大桥设计图，每个小队又根据图纸，用不同材料制作了各种各样桥的模型。在探究过程中，学生上网查找资料、实地考察、调查采访、设计图纸、动手绘制，综合实践，他们的统筹安排、制订计划、人际交往、使用手机相机、撰写采访稿、记录整理资料等能力都得到了提高。

在长课上，学生以多种形式展示了各自丰硕的成果，有文字、图片、照片、小报、设计图、模型等形式；分享的方式也很多，有展一展、说一说、比一比、赛一赛，评一评等。在"舟山跨海大桥知多少"环节一个小队以幻灯的形式介绍了朱家尖海峡大桥，一个小队以小报的形式介绍了鲁家峙大桥，介绍舟山跨海大桥的形式更是丰富，有幻灯，有照片，有文字，有录像等。在接下来的"综观国内跨海大桥"展示中，运用学生"知识竞赛"的形式来考察学生对跨海大桥的认知和对桥梁知识的了解，气氛活跃。在"桥梁设计师露一手"环节，各组的小设计师呈现了自己精心制作的"未来的跨海大桥"的模型，并向大家介绍了自己的创意，小设计师们独特的创作构思、丰富的桥梁知识让大家脑洞大开，纷纷畅想未来的舟山岛岛相连，人们的生活更便捷、更惬意。整堂课上，学生积极参与，乐此不疲。

一幅幅幻灯片、一张张相片、一段段视频，一个个精彩的背后有过怎样精彩的故事呢？在课末的"冲浪花絮小集锦"环节，大家一起分享冲浪体验中的酸甜苦辣，让整个课堂更是意犹未尽。

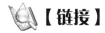【链接】

资料一：舟山跨海大桥

舟山跨海大桥，又名舟山大陆连岛工程，1999年9月动工，2009年12月正式通车，是国家高速公路网甬舟高速公路的主要组成部分。大桥起自舟山本岛，经舟山群岛中的里钓岛、富翅岛、册子岛、金塘岛至宁波镇海区，与宁波绕城高速公路和杭州湾大桥相连接。

舟山跨海大桥工程共建岑港大桥、响礁门大桥、桃夭门大桥、西堠门大桥和金塘

大桥5座大桥，全长48.16千米，按高速公路标准设计，双向四车道，设计行车速度为100千米/小时。舟山跨海大桥共投资130亿元，是世界规模最大的岛陆联络工程。规模浩大、地理位置特殊的舟山跨海大桥在建设中创造了诸多世界和国内第一。

——西堠门大桥主桥为两跨连续钢箱梁悬索桥，是5座大桥中技术要求最高的跨海特大桥梁，大桥主跨1 650米，是世界上跨径最大的钢箱梁悬索桥。在此之前，世界上已建的钢箱梁悬索桥最大跨度是丹麦的大贝儿桥，主跨为1 624米。此外，西堠门大桥还是世界上首座双箱分体式钢箱梁悬索桥。

——西堠门大桥是世界上抗风要求最高的桥梁之一，采用了世界上尚无先例的分体式钢箱加劲梁，满足了抗风稳定性要求，颤振临界风速达到88米/秒以上，可抗17级超强台风。

——在大桥建设过程中，是国内首次采用直升机牵引先导索过海，其中放索系统与直升机分离的模式为国际首创，首次实现了先导索过海不封航作业。

——金塘大桥主通航孔桥全长1 210米，为主跨620米的五跨双塔双索面钢箱梁斜拉桥，是世界上在复杂外海环境中建造的最大跨径斜拉桥。

——金塘大桥主通航孔桥斜拉索塔端锚固采用的钢牛腿、钢锚梁组合体系属世界首创，成功解决了索塔端锚固区开裂问题，提高了结构耐久性。

资料二：有关国内大桥知识竞赛题

第一环节：有问必答，我来答

（1）国内抗震级别最高的跨海大桥是哪座？　　　（A）

　　　A.海南清澜大桥　　　　　　B.海南世纪大桥

（2）国内最长的跨海大桥是哪座？　　　（胶州湾大桥）

（胶州湾大桥比前任"冠军"杭州湾跨海大桥长了0.48千米）

（3）杭州湾大桥是钻石型双塔双索面钢箱梁斜拉桥吗？（是）

第二环节：神速抢答，我最棒

（1）全球最长的行车铁路双用悬索式吊桥是（B）。

　　　A.香港的昂船洲大桥　　　B.香港的青马大桥

（2）中国最长最宽多的塔斜拉桥是（A）。

　　A.浙江的嘉绍跨海大桥　　　　B.浙江的象山港大桥

（3）中国第一位桥梁专家是谁？（茅以升）

（4）亚洲第一座大型的三跨连续漂浮钢箱梁悬索桥，是哪座？　（A）

　　A. 福建海沧大桥　　　　　　　B. 福建集美大桥

（5）哪座大桥图案入选第三套人民币？　　（武汉长江大桥）

（6）正在新建中的哪座桥建成后将成为世界上最长的跨海大桥？（港珠澳大桥）

第三环节：巅峰一答，夺冠军

（1）为解决视觉疲劳的问题，大桥在设计上有哪些创意？

方法一：大桥设计成"S"形；方法二：改变沿线的景物，改变护栏的颜色，大桥
自北向南栏杆分别被刷成赤、橙、黄、绿、青、蓝、紫，每一种颜色5千米左右。

（2）南京长江大桥在1960年曾以什么被载入吉尼斯世界纪录？

（南京长江大桥在1960年曾以"最大的公铁两路桥"被载入吉尼斯世界纪录）

（3）哪座桥被称为"千里长江第一桥"？　（武汉长江大桥）

大桥位于武汉阳龟山和武昌蛇山之间，是新中国成立后在"天堑"长江上修建的
第一座大桥。

第3课　　走进舟山海味小吃

 【活动理念】

　　《海味小吃》是沈家门小学"海纳"校本课程四年级"以海崇劳"中的一课。沈
家门小学的"海纳"校本课程根植于舟山本土独有的海洋文化，把握现代海洋教育核
心内涵，通过整合海洋教育资源，深入挖掘海洋教育内涵，培养具有海洋气质的"海
纳人"。

　　小吃是人们在闲暇、休息时所吃的食物，而舟山的海味小吃是以本地最常见、最
多、最新鲜的海鲜为原料就地取材做成的各种小吃。近年来舟山海味小吃发展势头十
足，每年都要举行海岛美食节，而在美食节中，舟山的海味小吃独占鳌头，吸引了美
食大众的驻足品尝，尤其是舟山的小"食客们"。怎样通过本次活动让学生更深入地
走进海味小吃，感受舟山海味小吃的种类繁多、舟山海味小吃的文化，同时对家乡的
海味小吃产生浓厚的兴趣，继而通过自主、开放的各种实践体验活动获取大量的关于
海味小吃的信息，并展望家乡海味小吃的发展是本次活动设计的出发点。在活动中，
我们依据"立足本土—面向全国—放眼世界"这一海纳校本课程设计的主线组织开展

汇报交流活动：立足舟山的海味小吃，让孩子交流呈现通过各种途径了解到的舟山海味小吃，深刻感受舟山海味小吃的种类繁多；再拓展到全国沿海城市的海味小吃，随后延伸到世界沿海国家的特色海味小吃，以此来拓宽学生的视野，让本土的海味小吃文化与全国乃至全世界的海味小吃文化交融，从而为家乡海味小吃的发展出谋划策。

【适用年级】

四年级。

【活动目标】

（1）认知目标：了解舟山海味小吃的种类与特色，品味舟山海洋休闲食品。初步了解几个舟山知名的海洋休闲食品生产公司，了解其系列海味食品的主要特色。

（2）情感目标：感受舟山海味小吃的种类繁多，产生对舟山海味小吃文化的浓厚兴趣，继而培养学生对家乡、对大海的热爱之情。

（3）行为目标：通过参观、调查、访问、探究等各种实践体验活动，获取关于海味小吃的海量信息，在交流、汇报探究成果的过程中立足本土，放眼世界，增进对舟山乃至国内外海味小吃的了解，树立海洋小主人意识，能为家乡的海味小吃设计创意活动。

【活动准备】

在20分钟短课充分讨论的基础上，从不同视角细化目标，形成具体的关于"海味小吃"的各个任务专题，使整个主题活动有明确的目标导向，驱动学生全力达成。短课结束后，学生带着自行选择的活动任务和专题走出课堂，走向各种海洋产品区，开展体验活动，活动时间为一周。

【活动过程】

一、海趣迭生收获园

这一周我们进行冲浪体验的是以海崇劳篇——走进海味小吃。

1. 舟山的海洋休闲食品

（1）亮出收获：通过这次海纳冲浪活动，同学们对我们舟山的海味小吃有了哪些了解？大家又有哪些收获呢？请将我们的收获快快地亮出来吧！

　　（同学们将自己的收获纷纷亮出来，冲浪收获精彩纷呈：食品、资料、照片应有尽有！）

　　（2）大卡展示。

　　①各小队将活动收获贴在小队展示大卡上。

　　要求：每张展示大卡可以根据小队的冲浪内容确立一个主题，取个响亮的名字，张贴时尽可能地体现自己小队的创意。

　　（展示大卡要根据每个小队的活动内容来完成，可以是舟山著名的海洋休闲食品的品牌介绍，例如明珠食品、福丹食品等，也可以是舟山海洋休闲食品的种类、做法、商标等方面的介绍等）

　　②各小队自行准备展示大卡的介绍。小组成员可以离开座位，介绍时要注意小组成员的分工合作，要用独特的创意来吸引同学们的关注，获取同学们的点赞。

　　（小组成员齐动手，策划制作海味小吃展示大卡）

　　（3）集体评议：全班同学细细欣赏评议各个小组的展示大卡。

　　要求：每位同学将手中的小海星章投给自己认为最棒的小队，可以按照自己的意愿投票，也可以小队统一来投票。哪个小队收获的小海星章多，哪个小队就获胜，但不能投给自己的小队。

认真评议海味小吃展示大卡，投上宝贵的一票

2. 舟山的其他海味小吃

（1）告诉学生刚才介绍的都是舟山海味小吃中的一种——海洋休闲食品。单是海洋休闲食品就有那么多的品牌，那么多的产品，真是琳琅满目，种类繁多！

（2）游戏：海味小吃对对碰。除了这些海洋休闲食品，舟山的海味小吃还有很多，你还在舟山什么地方吃到过哪些特别好吃的海味小吃呢？或者还知道哪些美味的海味小吃呢？我们来玩个"对对碰"的游戏。

游戏规则：课前将舟山特别常见的海味小吃反面蒙在黑板上，让学生来碰一碰。

口令：海味小吃对对碰——我来碰一碰。

获胜方法：如果学生说出来的海味小吃和黑板上贴的不谋而合，那么请学生来介绍一下这种小吃，小组可以加两颗星。如果学生介绍的舟山海味小吃黑板上没有，也请学生介绍，如果能说得同学咽口水了，那就给自己小队加3颗星！

快乐游戏时间：海味小吃对对碰

事先准备的舟山海味小吃：

老国强蟹面、面拖虾（鱼）、烧烤鱿鱼、油炸虾饺、海力生鱼丸汤、风味烤对虾、螃蟹炒年糕。

3. 明确什么叫海味小吃

学到这里，大家知道什么叫做海味小吃了吗？

教师小结

小吃是一类在口味上具有特色的食品的总称，可以作为宴席间的点缀或者早点、夜宵的主要食品，吃小吃通常不是为了吃饱，除了可以解馋以外，品尝异地风味小吃还可以了解当地风情。小吃就地取材，一般售卖起点低，价格不高，普通民众都可以买得起。

舟山海味小吃是以我们舟山最常见、最多、最新鲜的海鲜为原料，就地取材做成的各种小吃。

4. 延伸到全国

除了我们舟山有那么多的海味小吃外，其他城市有没有海味小吃呢？

（1）猜猜哪些城市可能有海味小吃？（沿海城市）

（2）了解其他沿海城市特别有名的海味小吃。

课件出示一些有名的海味小吃，猜猜分别是哪座城市的特色海味小吃。

宁波——海鲜珍　　　　　香港——鱼丸

湛江——沙虫　　　　　　青岛——海草凉粉

（请吃过这些沿海城市特色海味小吃的学生简单介绍做法或口味）

5. 拓展到世界

现在将我们的视野再放大，到整个世界去搜搜海味小吃。

（1）学生介绍：请去过日本和新加坡的同学介绍这两个国家的海味小吃。

日本：海鲜寿司等。（教师随机拓展日本的秋刀鱼祭）

新加坡：椒盐鱿鱼圈和开背虾。

（2）图片介绍。

韩国济州岛的海味小吃。

泰国的街边海味小吃。

法国巴黎的海味小吃。

6. 第一板块小结

　　刚才我们从舟山的海洋休闲食品谈到舟山的海味小吃，继而延伸到中国沿海城市的海味小吃、世界沿海国家的海味小吃，真可谓天南地北说小吃，海趣迭生收获丰呀！

二、海阔天空大展台

　　引导学生回忆海纳冲浪活动的过程：这么丰厚的收获，这么多信息，大家是通过哪些渠道、途径获取的呢？

　　教师：其实在双休日，老师就已经收到很多同学的活动收获了，从大家留下的各种活动足迹中，老师看得出来这一次的海纳冲浪活动非常有意思。

　　想不想看看同学们参加冲浪活动的风采呢？让我们进入海阔天空大展台。

　　（1）展示同学们参加冲浪活动的照片。

　　看，同学们参加冲浪活动留下的足迹一串串！

　　随机问：这是谁呀？你这是在干什么？味道好不好呀？

请去参加过调查采访活动的同学将手高高举起！

（2）听听照片背后的故事。

每次精彩的冲浪活动背后都有一些小插曲，请3位同学讲讲冲浪照片背后的故事。

（3）欣赏、评议冲浪活动中学生拍摄的视频，进行调查采访的具体指导。

第一个视频："扬名组合"采访视频。（采访时存在一些欠缺）

请学生评议一下他们的采访：

肯定扬名组合做得非常用心，但也指出视频拍摄过程中存在的问题。

随机进行调查采访方法的指导：①采访的对象最好事先预约；②采访的问题要预先设计、拟定；③采访时要注意落落大方。

第二个视频：比较规范的采访视频。（主要起示范作用）

（说说这个采访有哪些值得大家学习的地方）

教师：老师相信，随着我们海纳课程中冲浪活动的不断深入，我们的采访调查会越来越老练，我们班会出现越来越多能干的小记者的。

（4）除了这些方式方法，其他同学还有没有其他活动的方法？

（电话采访、实地体验、搜街行动、微信采访等）

三、海味荟萃品尝会

教师：这么丰富多彩的活动以后，同学们肯定有很多话想说，对吗？让我们进入第三板块——海味荟萃品尝会。

（1）特别有想法的主动站起来说一说。（预设：设计广告、舟山海味小吃的创新、推广等）

（2）每个人将冲浪活动的感受精简成一句话来说一说。

（3）边品尝海味小吃边自由走动，欣赏各小组贴在黑板上的大卡，在轻松随意的气氛中结束本堂课。

【活动反思】

"海味小吃"的长课分享呈现，可谓是"八仙过海，各显神通"。"海阔天空大展台"板块中按"雏鹰冲浪"的内容为基本框架，以"立足本土—面向全国—放眼世界"的主线展开，学生根据各自活动内容进行充分填充，使课堂真正实现"博大、丰厚、激情、灵动"。因为每个学生都进行了充分的体验活动，活动体验的角度都不同，课堂上产生了许多意想不到的惊喜，现撷取几个。

1. 探访海味小吃——各显神通

学生以多种形式展示各自丰硕的成果：搜街行动；到明珠、富丹食品有限公司参观、采访；请长辈做一做特色海味小吃等。对于舟山的海味小吃，不同小组呈现的形式也不尽相同，幻灯、摄影、视频、采访日记、现场互动等，十八般武艺全部用上。课堂上，同学们展一展、说一说、演一演，做一做、比一比、赛一赛，形式不拘一格。"海纳"课不再拘泥于课堂的组织形式，让学生真正成为课堂的主人，课堂成为学生充分展示、分享的舞台，在轻松、随意、愉悦的课堂氛围中，每一个孩子都全身心地积极参与着，海洋情意观也在潜移默化中逐渐树立。

2. 展示大卡介绍——精彩纷呈

这个环节，学生都将自己的收获融入到小组的海味小吃展示大卡中去，每个小组都有自己的特色，有从舟山海味休闲食品的商标上入手进行介绍的，也有单从鱿鱼类入手进行各种海味小吃介绍的；有介绍舟山传统的海味小吃的，也有将视线聚焦到洋快餐中的海味小吃的，类型众多，精彩纷呈。在大卡的展示环节中，每个小组都根据自己调查的切入点为海味小吃设计了充满童真童趣的广告词，生动的演绎博得了听课老师的啧啧称赞。"海纳"校本课程引领学生在主题活动中关注自己身边的问题，打开了学校与社会间的链接，真正引导学生走出校门，走向社会，真正意义上实现了学习方式的改变，体现了现代海洋教育的价值追求。

3. 课堂游戏环节——其乐融融

在大课展示环节，为了使课堂更吸引孩子们，设计了游戏环节：海味小吃对对碰。如果学生说出来的海味小吃和老师找到的不谋而合，那么请学生来介绍一下这种小吃，所在的小组可以加两颗星。如果说出来的舟山海味小吃，说得同学咽口水了，那就给小队加3颗星！这样的游戏使同学们兴趣盎然，他们在轻松的活动中获得了更多的有关家乡海味特色小吃的知识，有老国强蟹面、张阿三海鲜馄饨、面拖虾、海力生鱼丸汤、风味烤对虾等。游戏后，教师又不忘在课堂小结中强调了搜集资料的方法，培养了学生处理材料的能力，提高了合作、交流、交往的能力。

4. 畅想未来——创意无限

在课堂的最后环节"海味荟萃品尝会"中，让同学们说说自己想说的话，很多同学都对舟山的海味小吃提出了富有创意的金点子。有的同学谈到自己5次去明珠食品有限公司采访的事，执著的态度赢得了同学们的一致好评。有的同学谈到自己在活动中遇到外国游客来买海味小吃而误打误撞充当了翻译的经历，就想到要提升海味小吃销售的档次，最好有英文的介绍，甚至销售员应该会简单的英语，让舟山的海味小吃走出国门。酸、甜、苦、辣，同学们讲述的独特的"冲浪"体验也成为了课堂亮点。

可见，将课程、活动与学生的生活融为一体，将我们的课堂向社会敞开，向学生生活的那一片蓝海敞开，学生能还给我们更多的惊喜！

第4课　神奇的海水

【活动理念】

海洋的面积占地球表面积的71%，陆地面积只占29%。海洋的总面积差不多是陆地面积的2.5倍。

海洋是生命的摇篮，海水不仅是宝贵的水资源，而且蕴藏着丰富的化学资源。加强对海水资源的开发利用，是解决沿海淡水危机和资源短缺问题的重要措施，是实现国民经济可持续发展战略的重要保证。

舟山群岛新区的建立，是国家一项海洋经济战略决策。它作为中国首个群岛新区，是首个以海洋经济为主体的国家级新区。作为舟山人，应该树立"开发海洋，利用海洋"意识。因此，对学生进行海洋教育，是全面贯彻国家的教育方针、提高全民素质的需要，对促进中小学学生树立正确的海洋意识、提高民族振兴的使命感具有重要意义。

本次主题活动，设计了3个系列化的活动：第一部分，认识海洋，揭示神奇海水；第二部分，利用科技，开发海水资源；第三部分，童心稚笔，彩绘未来的海水。这三部分活动，让学生明白海水与我们的生活、生产、娱乐、体育等息息相关，它是神奇的；了解人类利用高科技，发掘了海水那些令人意想不到的造福人类的潜能；并通过描绘漫画的形式，发挥学生想象，挖掘未来人类可能对海水其他作用的利用，激发学生探究海洋的兴趣，树立学生"开发海洋，利用海洋"的意识。

 【适用年级】

六年级。

 【活动目标】

（1）通过交流、图片欣赏、资料阅读，初步了解海水与人类在生产、生活方面息息相关；初步了解人类利用高科技开发海水，感受科技的发达、海水的神奇。

（2）初步探索了解海水淡化简易装置，并通过漫画创作，展开想象，描绘未来海洋的开发，激发学生探索海洋开发的兴趣。

（3）树立学生海洋开发意识，初步培养学生热爱海洋、保护海洋的情感。

 【活动准备】

（1）组织部分学生参观舟山海洋科技馆、岱东盐场、浙江海洋大学流化冰实验室。

（2）学生搜集海水利用的相关资料。

（3）学生搜集资料，了解海水淡化的相关原理。

 【活动过程】

一、认识海洋，揭示神奇海水

1. 我们的地球

（播放视频）地球表面大部分被水覆盖。世界海洋的面积约相当于38个中国，有3.62亿平方千米，约占地球表面积的71%，陆地面积只占29%，海洋的总面积差不多是陆地面积的2.5倍。

2. 学生交流

教师：从视频中可以看出，我们生存的地球，绝大部分被海水覆盖。我们是舟山人，生活在海边，海水一直伴随着我们成长。海水有哪些作用与我们的生活息息相关呢？

学生：淡化、制盐、景观、海泳、提取矿物质、潮汐能、渔业、航线……

3. 神奇的海水

同学们不愧为名副其实的舟山人，对海水的作用了解得真多。接下来，我们一起欣赏一下它的神奇吧！

（出示图片，学生谈感受）

海泳

海水景观

渔业

航线

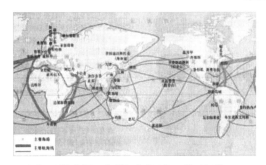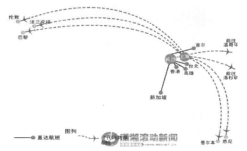

（出示资料）海洋矿物质、潮汐能。

老师：海水果真和我们的生活、生产、娱乐、体育等息息相关。

二、利用科技，开发海水资源

海水用处很多，你看，我们平时饮食中不可缺少的盐就来源于它。

1. 海盐提炼

按原料来源来分，盐可以分为海盐、湖盐、井盐和矿盐4类，我们一般食用的是海盐。海盐的制作流程并不复杂，人们通常使用的方法有"晒盐、煮盐"。

我们来看一段晒盐的视频（播放视频），海盐提炼包括纳潮、制卤、结晶、采盐、储运等步骤。

（出示图片）我们舟山市有许多著名的盐场，如马岙、北蝉、白泉，现在保存比较完善，并还在使用生产的是岱东盐场。

海盐制作自古就有，深受天气因素影响，雨天就无法生产，没有多少科技含量。

2. 海水淡化

地球是一个蓝色星球，因为其表面的71%被水覆盖。但现实是，其中97%以上的水为咸水，淡水仅占3%还不到。近70%的淡水被固定在南极和格陵兰的冰层中，其余多为土壤水分或深层地下水，不能被人类利用。地球上只有不到1%的淡水可为人类直接利用，主要分布在湖泊、河流、水库和浅层地下水源。

我们国家属于贫水国，人均淡水资源还不到世界人均量的一半。淡水资源不足已经成为人们日益关注的问题。

老师：同学们猜猜，目前最有效的解决淡水资源问题的方法是什么？

学生：海水淡化！

老师：是的，从海水中提取淡水不失为一种较好的方法。

（1）设置情境，假如你到了海边，非常渴，但是又没有淡水，你如何利用身边的材料，从海水中提取饮用水？

小组讨论：

发挥想象，制作出简单的海水淡化装置，画在纸上，并说明理由。（PPT出示材料：水桶、塑料薄膜、木棒、杯子、柴火）

（2）教师出示淡化的海水，请学生品尝。

这种海水淡化的方法很简单，但是产量很小，根本满足不了我们的生活和生产等需求，那么该怎么去解决日益增长的淡水需求呢？需要我们利用科技的力量，开发大规模的海水淡化系统。

（播放视频：《舟山六横海水淡化系统》）

在我们的日常生活中，淡水资源的用途非常广泛，除了生活饮用，还被广泛用于工业、农业等各个领域。

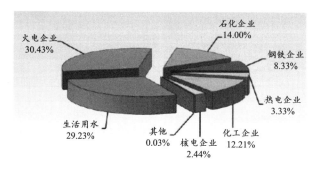

3. 了解世界各地对海水资源的新的开发

随着科技的发展，海水的潜能更多地被人类发掘。

（1）海水直接利用技术，是以海水直接代替淡水作为工业用水和生活用水等相关技术的总称。包括海水冷却、海水冲厕和海水冲灰、洗涤、消防、制冰、印染等。

（2）海水源空调。海水源空调技术是依靠提取海水中的能量进行供热制冷，尽管其真正意义上的商业应用也只有近20年历史，但发展相当迅速，在瑞典、加拿大等国家已得到不同程度的推广。它是高效环保节能空调系统，不但不需要消耗任何不可再生能源，还避免了二氧化硫、氮氧化物等污染物的排放，真正实现使用区域零污染。（我国在这方面的研究相对比较滞后，作为舟山人，我们基本都没见过这种空调。这就需要我们一起努力，利用身边取之不尽的海水资源，造福人类）

（3）海水蔬菜种植大棚。

教师：记得小时候，老师听外婆讲了一个故事。苏联跟中国有各种各样的贸易。当时，新中国刚刚成立，百废待兴，农业生产中需要大量的化肥，就向苏联政府提出买化肥。苏联开着一艘空船前往中国，结果一到码头停靠，船上装满了化肥。空船出发，靠岸满船化肥，当时人们惊讶极了。为什么会这样呢？同学们猜猜看。（海水中有很多制作化肥所需要的原料，如钾、钠、磷等。原来苏联人的那艘船就是一座工厂，他们在途中利用高科技用海水制作化肥，空船而来，却换走了中国很多的物品。我们暂且不去验证这个故事的真伪。但有一点，确是无法忽略的，那就是，科技真的能创造很多奇迹）

（出示图片）近几年，山东蔬菜之乡就成功建造了海水蔬菜种植大棚。大棚里的蔬菜不施化肥，不打农药，只灌溉清洁海水。记者看到绿油油的海水蔬菜——西洋海笋，形似珊瑚、色如翡翠，掐一枝放入口中，略有海水的苦味和独特鲜美的海鲜风味。

从海水制化肥到直接利用海水种植蔬菜，这是科技的又一大进步，在过去人们是无法想象的。

（4）流化冰。

在农业方面，我们利用海水种植蔬菜的技术获得成功的同时，渔业方面对海水的利用也有一项最新的发明，这项发明叫流化冰。顾名思义，大家猜猜，这个流化冰是什么样的？

（播放视频）作为海岛居民，我们都知道，渔船出海需要带装冰的船只，这样捕上来的海产品才能保持新鲜。这些冰一般在码头制作。可是，码头制冰淡水消耗大，碎冰有尖锐的角，容易把海鲜表皮刺破，而且碎冰形状也不规则，有铺不到的空隙，海鲜就暴露在空气中，很容易腐烂。

如何节约淡水资源，提高冰块利用率？如何让渔船获取冰块更方便？浙江海洋大学的科研团队发明了这样一种制冰机器，采用海水制冰，而且冰块可以流动，能够解决以上几个问题。这种冰沙颗粒直径只有1毫米，可以完全覆盖海鲜表面，生产成本和普通冰块相差不多，可以广泛应用于渔船水产品保鲜。这项发明获得了浙江省高校创新科技赛二等奖。它比普通碎冰的降温速度更快、对海鲜的保鲜效果更好。有了这种机器，渔船不需要特地到岸上补充冰，需要多少冰块在海上就可当场制作，不仅节能降耗，而且捕捞上来的海鲜可以得到更好地保鲜。

三、童心稚笔，彩绘未来的海水

随着科技的进步，对海水利用的范围不断扩大，不同的行业都从海水中挖掘了宝藏，造福人类。海水很多的作用都是我们平时所不敢想的，它却变成了现实。未来，人们对海水的利用之路还会更加广阔。

同学们，让我们插上想象的翅膀，利用你手中的笔，来描绘一下，海水还有可能在哪些方面被人类所用？

（1）学生分组讨论：未来，人类将会对海水有哪些利用？

（2）小组用漫画形式彩绘：海水未来的作用。

（3）组长上台汇报小组的奇思妙想，并把漫画张贴在黑板上。

教师小结

同学们，你们的奇思妙想真让老师惊叹，未来科技的发展依赖于大家的努力。神奇的海水确实给我们带来了福音，相信有一天，我们的这些灵感都会变成现实。海洋，这个巨大的宝藏，还有很多不解之谜，等待着我们去揭秘、开发和利用。

【活动反思】

舟山是我国首个群岛新区，也是首个以海洋经济为主体的国家级新区。作为舟山人，应该树立"开发海洋，利用海洋"的意识。这节课的设计目标就是在学生中普及海洋知识，树立海洋意识，激发学生保护海洋的情感。

为了达成活动目标，本次主题活动设计了3个系列化的内容。虽然海水是我们群岛孩子身边常见的事物，但是对他们来说，只是把海水当作普通观赏的景观，对于它在生活、生产中的作用了解得不够深入，所以本次主题活动使用了大量的图片、视频、新闻资料，甚至准备了淡化的海水请学生品尝，力图通过这些教学手段直观地呈现课堂内容，使学生真正走进海水神奇的世界。事实证明，充分利用这些多媒体手段，效果是显著的。第一部分——认识海洋，揭示神奇海水中，通过介绍海洋的视频，通过海泳、海景、航线、渔业等图片，成功地唤醒并丰富了学生对海洋的认识，让他们认识到海水与生活、生产、娱乐、体育等息息相关。而在第二部分——利用科技开发海水资源中，不管是传统海盐的提炼，还是利用现代科技海水淡化，都离学生的生活较远。除了利用盐场图片、新闻视频让学生了解海水这些神奇的作用，还在课堂上安排了一次纸上实验的过程，通过小组合作、动手探究，把海水淡化的原理直观地呈现在学生面前。这是整节课堂学生参与率最高，也是智慧碰撞最热烈的一个环节。同学们热烈地讨论、大胆地阐述自己的想法，不时地拿起笔构思海水淡化的实验装置。在强烈的求知欲中，海洋科学知识被成功地普及了。有了前两个活动环节的铺垫，再加上海水种植蔬菜、海水源空调、流化冰等资料的提示，第三部分——童心稚笔，彩绘未来的海水就水到渠成了。同学们的思路充分打开了，他们的绘画作品充满奇思妙想，稚嫩的笔触大胆地描绘了海水将来可能会被人类利用的功能。

【链接】

资料一：潮汐能

因月球引力的变化引起潮汐现象，潮汐导致海水平面周期性地升降，因海水涨落及潮水流动所产生的能量称为潮汐能。潮汐能是一种不消耗燃料、不受洪水或枯水影响、用之不竭的再生能源。潮汐能的能量与潮量和潮差成正比。

我国海区的潮汐能资源非常丰富，潮汐类型多种多样，但地理分布十分不均匀。沿海潮差以东海为最大，黄海次之，渤海南部和南海最小。河口潮汐能资源以钱塘江口为最丰富，其次为长江口，以下依次为珠江、晋江、闽江和瓯江等河口。以地区而言，主要集中在华东沿海，其中以福建、浙江、上海长江北支为最多，占中国可开发

潮汐能的88%。

发展像潮汐能这样的新能源，可以间接使大气中的CO_2含量的增速减缓。潮汐作为一种自然现象，其规律被人类所掌握，为人类的航海、捕捞和晒盐提供了方便。更值得指出的是，它还可以转变成电能，给人类带来光明和动力。

资料二：海水淡化简易装置

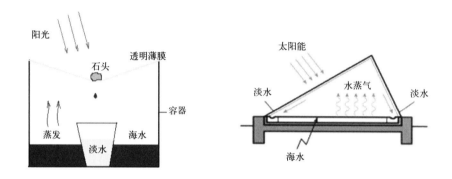

资料三： 海水制盐

以海水为原料晒制而得的盐叫作海盐；开采现代盐湖矿加工制得的盐叫作湖盐；运用凿井法汲取地表浅部或地下天然卤水加工制得的盐叫作井盐；开采古代岩盐矿床加工制得的盐则称矿盐。由于岩盐矿床有时与天然卤水盐矿共存，加之开采岩盐矿床钻井水溶法的问世，故又有井盐和矿盐的合称——井矿盐（泛称矿盐）。

古人制盐有两种方法：

（1）沿海地区的海盐，在临海的地区有盐田，将海水放入后围起来，利用日晒蒸发水分，待盐自然析出后取盐。

（2）内陆主要是盐井，从井中取出盐分高的卤水，通过蒸煮的方式将水蒸发掉，取盐。

资料四：海水蔬菜

2014年7月，被列入国家"863"计划海洋生物主题研究的"耐海水蔬菜新品种选育与规模化应用技术"项目，在江苏省大丰市顺利通过了国家"863"计划专家组项目验收。它向国人昭示，作为新型绿色保健蔬菜的海水蔬菜不久将成为人们的消费新宠。

海水蔬菜主要有北美海蓬子、海芦笋、海英菜、红菊苣、番杏、浦公英、甘蓝等。尤其是海芦笋和海英菜浑身是宝，既可当蔬菜食用，也可脱水后用作食品配料，还可开发保健饮料和化妆品，是一种高档的有机食品。海水蔬菜所含的盐分属于生物盐。经北京理化中心检测，海水蔬菜除含有普通蔬菜所含的各类营养成分外，灰分、粗蛋白质、维生素B₂、维生素C、胡萝卜素含量比同种的普通蔬菜要高，其中胡萝卜素含量高出40倍，锌、硒等微量元素含量高出2～6倍。可以降低胆固醇、血脂，对高血压、糖尿病均有很好的疗效。目前已培育出的品种中多数能生食，而且是当地家庭餐桌上常见的蔬菜品种，能够适应大众口味。随着大众消费朝着营养、保健方向发展，抗盐耐海水蔬菜——海英菜、海芦笋等品种，因其营养丰富、口味独特并且耐储藏而会深受大众喜爱。

第5课 我是海岛小导游

 【活动理念】

舟山新区的成立，带动了舟山经济的发展，舟山群岛也走向了国际化。这些星星点点的岛屿，越来越被人们关注，越来越多的人来旅游——四大佛山普陀山，金庸笔下的桃花岛，沙滩泥土秀山……然而舟山还有许多的小岛没有被开发，等着人们去开发、去创造。因此，我们设计了本次活动，通过生动的故事、多彩的图片，以小导游的方式让学生通过介绍来了解普陀山，激发学生热爱海洋的情感。然后通过对国外岛屿的介绍、比较，进行设计，创设属于我们自己的品牌。

 【适用年级】

六年级。

 【活动目标】

（1）认知目标：了解普陀山的地理位置、特色、景点等情况，知道普陀山出名的原因。

（2）情感目标：通过课前搜集资料、学生介绍，激起学生热爱家乡的情感。

（3）行为目标：通过欣赏图片，找到岛屿的各自特点；根据岛屿的特点，进行设计。

 【活动准备】

搜集普陀山、巴厘岛、马尔代夫、格陵兰岛的图片、录音，制作PPT。

【活动过程】

一、热身游戏——猜谜

（1）根据情景猜地名。

提示1："海上有仙山，山在虚无缥缈间"，它以其神奇、神圣、神秘，成为驰誉中外的旅游胜地。

提示2：它是中国佛教四大名山之一，是观世音菩萨教化众生的道场。

提示3：形似苍龙卧海，面积近13平方千米，素有"海天佛国""南海圣境"之称，是首批国家重点风景名胜区。

（2）学生根据上述描述进行活动。

（3）无论猜对哪一个，都要把题目读完。（普陀山）你是怎么猜出来的？学生可以根据以上提示进行回答。

二、了解佛国，感受魅力

（1）观看地图，同学们请看，普陀山的形状像什么？

（2）为什么它吸引了一批又一批的游客呢？今天我们就一起走进普陀山。

（3）下面我们请几个小导游为我们介绍。

（4）交流，PPT展示。

★ 地理位置：

导游1：普陀山呈菱形，南北长8.6千米，东西宽约3.5千米，面积12.5平方千米，岸线长30千米。属亚热带海洋性季风气候区，四季分明，夏无酷暑，冬无严寒，气候湿润，季风明显，雨量流沛，光照充足。普陀山树木葱茏，地表水无杂质污染，地下水味甘美。本山自来水厂所用源水，1994年经舟山市自来水公司中心化验室测定，水质优于国家标准，完全符合

旅游风景区水质要求。土体深厚，能为植物提供充足的营养物质，使植物根系深扎，呈现郁郁葱葱之风貌。

大家看，怪不得普陀山被评为国家5A旅游景点。

过渡：那到底有哪些景点适合我们观赏呢？

★ 著名景点：

导游1：磐陀石：相传这里就是观音大士的说法处。磐陀石由上下两石相累而成，下石一块巨石底阔上尖，周广余米，中间凸出处将上石托住，曰"磐"；上石2.7米，宽近7米，上宽下窄，呈菱形，曰"陀"。

上下石衔接处间隙如线，似连似断，好像上石悬空挂在下石之上。"疑天外飞来，似神手搁置"是对磐陀石最恰当的描绘。

相传曾有人牵线割过两石交接之处，由此证明二石并未相接，但今人有尝试者却都没有成功过。（一说为每逢大年初一的零时，上石就会漂浮而起，用一根很细的丝线便可以横割而过）

磐陀石险如滚卵，顶端却安稳如磐，可容30人在上面游玩嬉戏。石上凿有石阶，可拾级而上到石顶。

石上有明万历年间抗倭将军侯继高题写的"磐陀石"3个笔力遒健、势如飞虹的大字，最令人惊奇的是"石"字上多了一点，据说侯将军题字时，大石左右摆动，摇摇欲坠，于是他在石字上加了一点，磐陀石便稳稳当当地固定住了。当然，这只是个传说，仔细观察可知"磐"字的舟字实际上是少了"舟"字的钩，并不是第二点。这是因为在"磐陀石"这3个字作为一件书法作品，"磐"字笔画太多，钩笔作为不重要的笔画就被省略掉以使视觉效果更好；而磐陀石的"石"字，之所以多一笔，其目的与"磐"字少一笔是一样的，石字笔画较少，为了使整幅字看起来相对平衡，在"石"字不重要的空白位置作一点睛之笔，书法艺术中叫作"补白"。

此外还有"金刚宝石""灵通""天下第一石""大士说法处"等题刻。傍晚时分登顶游览，环眺山海，还可欣赏"磐陀夕照"的壮丽景观。

导游2：二龟听法石：一传，观音菩萨在说法台上讲经说法，东海龙王知道以后派了他的两个龟相来听经，没想到两相听得入了迷，不愿再回龙宫，龙王知道后非常生气，就将它们化为了石头。二传，这是雌雄两只乌龟，因在圣地戏闹而被惩罚变成了石头。大家看它们像不像在听法？

导游3：梵音洞：梵音洞山色清黔，苍崖兀起，距崖顶数丈的洞腰部，中嵌横石如桥，宛如一颗含在苍龙口中的宝玉。两陡壁间架有石台，台上筑有双层佛龛，名"观佛阁"，前可望海，后可观洞，相传为观音大士显圣处。凡欲观览梵音洞者，要先从崖顶迂回顺着石阶而下，然后来到

观佛阁。洞深幽，在阳光海潮作用下，洞内岩石各显奇形，变幻莫测。据传在这里观佛，人人看到的佛都不同，即使是同一个人，也会随看随变，极其奇异。

导游4：千步沙：千步金沙，沙色如金，纯净松软，宽坦柔美，犹如锦茵设席，人行其上，不濡不陷。此处海浪日夜拍岸，涛声不绝。浪潮嬉沙，来如飞瀑，止如曳练。每遇大风激浪，则又轰雷成雪，骇人心魄。悠忽之际，诡异尤常，奇特景观，不可名状。千步沙沙坡平缓，海面宽阔，且水中无乱石暗礁，常为游泳健儿所青睐。如在夏日来的游客，千万不要错过这一景观，或在游山之后，赤足漫步其上，让海浪亲抚你的脚面，其趣其味，未经亲试者不可想象。

听了我的介绍，大家是不是也想听一听海的声音，踩一踩松软的沙子？

奇异天象：

据戒忍大师回忆，1997年的农历九月二十九日，准备进行南海观音铜像开光。但谁也没有想到，开光之

前，铺天盖地的乌云席卷天空，一场倾盆大雨似乎已不可避免。戒忍大师当即通知准备雨衣4 000件，以备法会使用。4 000件雨衣买好了，天空依旧乌云密布，丝毫没有放晴的意思。本来预定8点钟准时进行的开光，也因故延迟了15分钟。8点15分，开光法会正式开始。戒忍大师宣布："南海观音圣像开光法会正式开始！"话音刚落，仿佛有一双无形的巨手在这一瞬间拨开了乌云，一束阳光透过云层直射下来！见此奇异天象，在场的人们纷纷跪倒，虔诚地顶礼膜拜。

这可是真实的故事，所以许多虔诚的信众都会慕名而来，每年的香会总会有上万信众摩肩接踵，三步一拜齐登佛顶山，场面蔚为壮观。香会期间，全山彻夜灯烛辉煌，讲经诵佛之声通宵达旦，呈现出佛国盛会庄严虔诚的节庆氛围。

过渡：怪不得它是咱们的四大佛山之一呢！

普陀山的特色：

普陀山为中国四大佛山之一，因观世音菩萨"属水"，故称为"南海佛国"，是中国佛教的旅游圣地。国内罕见的古建筑——元代的多宝塔，南京明故宫拆来的九龙殿以及建于明万历年间的杨枝观音碑，合称普陀三宝。普陀观音道场始建于咸通四年（公元863年），现存最早寺院为不肯去观音寺，最盛时有82座寺庵，128座茅蓬，僧尼达4 000余人，香火极盛。

普陀山的寺庙主要有普济、法雨、慧济三大寺，这是现今保存的20多所寺庵中最大的。

普济禅寺始建于宋，为山中供奉观音的主刹，建筑总面积约11 000平方米。

法雨禅寺始建于明代，依山凭险，层层叠建，周围古木参天，极为幽静。

慧济禅寺建于佛顶山上，又名佛顶山寺。

教师：听了小导游的介绍，大家现在知道为什么普陀山每年有这么多人旅游了吗？

总结：气候适宜、风景优美、观音文化。

很多岛屿都是根据自身的特点建设，才出名的。

三、欣赏岛屿，找到共性

（1）巴厘岛：是一个印度尼西亚的小岛，它属于热带气候，它以如画的风景、纯朴的民风而成为世界级的旅游度假区。当您漫步于美丽的沙滩，沐浴着温暖的印度洋海水，满目充斥的是绿色的热带雨林和遍地的树丛野花，您会感到身心无比放松和惬意。当然，您也可以选择冲浪、潜水、跳伞，或者登上海拔1 700多米的京打马尼火山山麓和火山湖风景区，眺望远处火山烟直插云霄的同时享受舒适的习习凉风。

（2）马尔代夫：由北向南经过赤道纵列，形成了一条长长的礁岛群岛地带。1 000多个岛屿都是因为古代海底火山爆发而形成，有的中央突起成为沙丘，有的中央下陷成环状珊瑚礁圈，点缀在绿蓝色的印度洋上，像一串串的宝石，海水清澄，煞是美丽。很多游客喜欢租用小船前往这些无人荒岛寻幽探秘，体验一下自由奔放的原始风情。

（3）格陵兰岛：在全球海洋千千万万岛屿中，面积达217.56万平方千米的格陵兰岛（Greenland）绝对排第一，它的面积比排名第二的新几内亚岛、排名第三的加里曼丹岛、排名第四的马达加斯加岛的总和还要多近5.5万平方千米。因此，格陵兰岛当之无愧为"寰球诸岛大哥大"。

格陵兰在它的官方语言丹麦语中的字面意思为"绿色的土地"。这块千里冰冻、银装素裹的陆地为何享有这般春意盎然的芳名呢？据记载，约在公元982年，北欧人埃里克和他的伙伴从冰岛出发，向西北航行，去寻找新大陆，却意外发现了一个大岛。经过两个夏季的考察，终于在该岛西南沿海地段找到了几片平坦之地。这几片平坦的沿海土地在地形上可防御北极寒风的袭击，而且在北极短暂的夏季还长满青嫩的植被。面对四周一片冰天雪地的荒原，埃里克情有独钟地将这片长满绿色植被的沿海地段命名为"格陵兰"，意为"绿色的土地"。据冰岛古代史记载，埃里克企图以这个"令人亲切的、充满生机的称谓"诱惑世人，使人们迁徙到这个荒凉的冰原上。

（4）总结。

四、大胆想象，进行创造

教师：通过刚才的活动，我们了解到了许多岛屿出名的原因。现在我们舟山就有一个岛屿叫东极岛，要想把它推销到国外去，我们需要做哪些改善呢？下面我们将以设计者的身份为东极岛做一个设计。

在进行设计之前，你觉得需要了解些什么呢？（地理位置、环境、海岛自身的优越条件……）

1. 听介绍

2. 学生设计

3. 教师小结

我相信，东极岛美好的明天会在你们手中诞生。让我们一起等待！

【活动反思】

在本次主题活动中，我们以"普陀山"为主线，通过参观、搜集、观察、介绍等

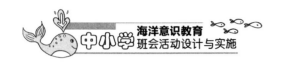

多种形式，促进学生对普陀山的了解，激发学生爱家乡的情感。本次活动开展中有优点也有不足。

（1）主题环境创设充分体现六年级孩子的主动性。在介绍普陀山的名胜古迹这个板块中都是通过学生自己搜集照片、图片，然后自己动手制作PPT。难得的是每一个小导游介绍得有模有样，有的孩子还配上了自己在普陀山的留影。

（2）在游戏环节中，我们进行了抢答竞赛。大量的题目都是学生根据本节课的内容来设计的。题型也非常丰富，选择题、填空题、判断题……活动中学生踊跃参加，成了一道亮丽的风景线。

（3）我们觉得本次活动的目的基本达到，只是活动的形式还可以多一些，比如唱唱歌，排排小品等，通过不同的方式让学生了解更多的普陀山知识。

第6课　遇见海岛民宿

 【活动理念】

民宿是指利用自用住宅空闲房间，结合当地人文、自然景观、生态、环境资源及农林渔牧生产活动，以家庭副业方式经营，提供旅客乡野生活之住宿处所。

民宿业因平民化、平价化、亲民化而广受游客欢迎。随着民宿的风潮渐热，全国的民宿迅猛发展起来，近几年来，海岛民宿更是将海岛观光、休闲渔业、生态人居与慢生活假期相结合，成为游客竞相选择的旅游方式。

借此主题活动让学生了解海岛民宿，感受民宿人文，以此来激发学生对海岛的喜爱，在体验中提升学生的能力。

 【适用年级】

九年级。

 【活动目标】

（1）认知目标：认识海岛特色，感受民宿，认识民宿，让学生了解民宿的概念，对民宿有一个理性的认识。

（2）情感目标：感受民宿的内涵，体会民宿的气息，激发学生对海岛文化的热爱，让学生对海岛充满幻想。

（3）行为目标：能感受海岛美，感受民宿美，增强环境和生态保护意识，在活动中提高能力。

【活动准备】

（1）下载好微电影《嵊泗列岛》，以烘托课堂氛围，让学生渐入情境，对民宿民风有一个大概的认识。

（2）做好课前准备，选取海岛民宿典型地代表——嵊泗，在嵊泗各地实地寻找民宿，拍照、录像和采访各地民宿主人，制作多媒体、PPT演示文稿等，整理好各地民宿的材料和照片，准备好介绍文字稿。

（3）邀请"美丽海岛办公室"负责人拍摄一段介绍这几年海岛民宿迅速发展的介绍视频。

（4）参考网上资料，查找根据网络评选的"浙江十大最美海岛民宿"，并制作好PPT。

【活动过程】

一、初探海岛民宿

播放海峡两岸微电影大赛参赛作品《嵊泗列岛》视频，内容为"嵊泗民宿掠影"，时长大约1分钟。

二、认识海岛民宿

介绍民宿的概念、起源，海岛民宿的特点。

（1）民宿是指利用自用住宅空闲房间，结合当地人文、自然景观、生态、环境资源及农林渔牧生产活动，以家庭副业方式经营，提供旅客乡野生活之住宿处所。它不同于传统的饭店旅馆，也许没有高级奢华的设施，但它能让人体验当地风情、感受民宿主人的热情与服务、并体验有别于以往的生活，因此蔚为流行。

（2）民宿的起源有很多说法，有研究说来自日本，也有的说来自于法国。探究民宿一词，更多的是来自于英国。20世纪60年代初期，英国的西南部与中部人口较稀疏的农家，为了增加收入开始出现民宿，当时的民宿数量并不多，是采用B&B（Bed and Breakfast）的经营方式，它的性质属于家庭式的招待，这就是英国最早的民宿。

（3）海岛民宿的特点是将渔民画、贝雕和渔具、渔船机械设备融合起来，作为装饰品装饰在餐厅、客房、客厅、院子里；让游客直接参与涨网、流网、拖虾、笼捕、海钓等近海传统捕捞作业，吃海鲜、体验海上乐园，让游客体验渔民的生活。

民宿的类型多种多样，民宿的生活多姿多彩，那么海岛民宿又是什么样的呢？下面让我们选取几个有代表性的海岛民宿为大家进行逐一的介绍。

民宿简介1：清新、温馨、简约的空间氛围，打破单一而纯粹的家具设置，东西方元素在这所民宿内融为一体。

民宿简介2：安静私密，院子漂亮，实现"面朝大海，春暖花开"的梦想。

民宿简介3：真正的一线海景房，每天起来晨曦洒落，瀚海泛金，让人心生开阔之感。

三、了解海岛民宿发展历程

近几年来，全国各地的民宿迅猛发展起来，具有海岛特色的海岛民宿也正在如火如荼地经营。海岛民宿以旅游圣地嵊泗最具代表性，随着当地正在打造嵊泗县"中国海岛旅游首选目的地"的称号，嵊泗新兴"离岛民宿"新业态，建立品牌项目，特设美丽海岛建设领导小组办公室，于是特别邀请嵊泗美丽海岛负责人（专门负责民宿建设的领导）介绍近几年海岛民宿发展的变化。

形式：视频播放。

时长：1分钟。

四、欣赏海岛民宿

形式：PPT

8月盛夏来袭，大海的浪潮声引诱着向往海滩的你。海岛民宿，既是踏海寻浪的绝佳去处，也是充满情调的栖息地。让我们一起感受浙江10家最美的海岛民宿，带你领略诗意栖居的风情，享受枕着海浪声入眠的惬意。

五、设计海岛民宿

看了这些美丽的海岛民宿的介绍，它们都具有明显的海岛特色，吸引着一批又一批有品位又会玩的游客，它们都是把渔民自家的先天环境改造成具有浓浓海岛特色的民宿。

同学们是不是也有来设计一间民宿的冲动了呢？请大家以小组为单位，每个小组设计一个你心目中的民宿，说说你设计民宿的理念，并请每个小组来展示设计成果。

结束语

民宿首先是家庭旅馆，但它比家庭旅馆更讲究文化特色和经营特色。民宿是旅行者在岛上的安乐窝，随着"美丽海岛"建设行动的深化，嵊泗成为了"让城市人更向往"的海岛旅游胜地。在政府的有力推进下独具风情的"离岛民宿"脱颖而出，多元形态的民宿风格开始在各个岛屿呈现，各种风格，五彩斑斓，为我们这个中国最东部的列岛增添无限的色彩，成全了旅行者的蓝色假期，成就了海岛人民的金色梦想。也希望同学们能开发我们无穷的资源来建设我们美丽的海岛、富有潜力的家乡。

【活动反思】

本次活动从"认识民宿、了解民宿、欣赏民宿、设计民宿"出发，让学生对近几年来民宿的发展有了一个非常深刻的认识，民宿作为一种新兴的文化产业，正成为海岛旅游事业的主要标志。让学生搜集民宿的资料，积极参与到民宿的研究中，让学生身临其境，激发学生对海岛文化的热爱，尤其是设计民宿环节，充分发挥学生的想象力，将民宿设计得有特色。有的学生甚至还提出了是否可以把民宿设计成海岛特色的校园民宿，可谓创意非凡。

这种新型的民宿文化，其实就是家庭宾馆的升级版、特色版，既熟悉又陌生。熟悉的是民宿的基本概念就是家庭宾馆，但在宾馆里融入了海岛特色，加入了海洋元素就上升为海岛民宿；陌生的是学生对海岛民宿缺乏亲身体验，因此，需要学生在课前花费大量的时间先去搜集资料，有条件的甚至还可以拍一些民宿的照片。在活动过程中更让学生体会到民宿的精彩给海洋文化带来的巨大变化，同时也为民宿的特色做了一次很好的广告，感受了海岛的魅力。

【链接】

资料：大力发展海岛民宿，促进群众增收致富

近年来，浙江省舟山市嵊泗县依托得天独厚的自然区位、资源禀赋与民俗人文等因素，加快发展海洋旅游产业，大力发展海岛民宿，促进渔农民增收致富。截至2016年6月，全县共有民宿经营户819家，床位数15 487张，共接待游客175.1万人次、户均净收入16.5万元以上。

嵊泗县确立离岛民宿为县域品牌，着力探索本土民宿村、外来美宿区等民宿综合体的发展模式。确立"蓝海牧岛""鸟屿花乡"为岛域品牌，使民宿旅游成为海岛旅游的必备产品。目前，全县已形成传统渔家风、乡村田园风、青年旅舍风、精致唯美风、庭院野趣风、欧式洋楼风、现代简约风7种风格为主的多元化发展格局。

同时实行民宿分级管理机制。其中，由本地渔农户为经营主体的普通渔宿，讲求服务规范与渔乡待客之道；由返乡大学生或宿二代为经营主体的主题民宿，讲求离岛风情与个性化经营；由县内外精英为主体的精品美宿，讲求慢生活环境、精细化服务与文化品位。

2014年以来累计投入8 800余万元，全面开展"抓点示范—串点成线—连线成片"的特色村落创建工程，通过环境卫生整治、污水垃圾处理、民居风貌改造、村落景观提升、美丽庭院创建、家园绿化美化等举措，为民宿产业的发展营造良好的在地环

境。推动生态家园品质提升。以开展森林村庄创建、绿化增量为重点，结合渔农村污水治理、垃圾干湿分离、"三改一拆""三沿三化"等行动，稳步提升生态家园品质。渔农村生活垃圾处理覆盖率达100%，生活污水治理覆盖率达86.8%，嵊泗县渔农村人居环境状况得到切实改善，为民宿产业的发展进一步奠定基础。

第7课　平安出航　鱼虾满仓
——海上安全主题教育活动

 【活动理念】

安全生产是开发海洋和发展海洋经济的前提和保障。近几年来，随着海洋经济的迅速发展，海上安全事件频发。这些安全事件，有些是自然灾害带来的，有些是人们的安全观念淡薄和缺失造成的，有些甚至是人为的不幸事故。所以，在中学阶段，应该让学生学习一定的海洋活动安全知识，树立海洋活动安全意识，为未来参与海洋开发和海洋经济建设打下"安全"基桩。

 【适用年级】

八年级。

 【活动目标】

（1）认知目标：认识海上安全事故的基本概念，海上事故的危害性以及海上安全事故的分类等。

（2）情感目标：理解他人失去亲人的悲伤，让学生感受"大海无情人有情"，增强自我保护意识。

（3）行为目标：通过本次活动，提高学生的判断能力，在活动中增强海上安全防范意识。

 【课前准备】

（1）下载好莱坞大片《完美风暴》（片长2小时），在课前找个合适的时间在班级中先进行播放，让学生对海上安全事故有非常震撼的感受。

（2）做好课前准备，让学生搜集各地或者身边发生的各种海上安全事故的案例和资料。

（3）截取影片《泰坦尼克号》的精彩片段。

【活动过程】

一、电影导入，初步感知大海凶险

（1）课前欣赏2000年好莱坞大片《完美风暴》，该片改编自同名纪实小说，讲述一艘捕鱼船在大西洋上遭遇百年罕见的风暴，船员们在船长比利的带领下与风暴搏斗的故事。

（2）让学生说说观影后的感受，教师从电影的人物、启示、结局等方面启发学生发表想法。

教师小结

电影想展现的主题有很多，但真正让大家共鸣的是人心，影片中有各种目的人走到一起，有为了支付律师费而想去赚钱的，有为了抚养妻子和孩子的，也有为了舒服生活的，更有为了娶个老婆过生活的。但不管怎么样，他们都是普通人，都是我们生活中平凡得不能再平凡的普通人了。在困难面前，大家还是团结一致共同去克服危难。让大家震撼的是电影中的巨浪，也就是所谓的"完美风暴"，风暴太完美，以至于没有给人留下丝毫生存的希望，从影片中我们看到了影片的主人公明明知道有风暴来，但是却仍然抱着侥幸的心理，顶风前行，以至于最后的悲剧发生。

这告诉了我们一个道理：我们要注意海上安全，不能抱着尝试的心态拿自己的生命开玩笑，今天就让我们一起来走进这节名为《平安出航　鱼虾满仓》的主题活动教育课。

二、案例呈现，深入认识事故危害

1. 教师介绍海上安全事故

海上安全事故从广义上说是指与海事有关的事故，狭义上来说就是在水上发生的交通事故。海上安全事故的定义是指船舶或海上结构物在航行、停泊以及修理期间所发生的海损事故，如碰撞、触损、浪损、触礁、搁浅、火灾、爆炸、风灾、自沉及其他造成财产损失或人员伤亡的交通事故。近几年海上安全事故的类型有以下几种。

（1）中毒事件。2014年9月11日，一艘船号为"浙路渔运88228"的渔船发生硫化氢中毒事故，3名船员中毒昏迷。据了解，硫化氢是鱼虾腐烂后产生的，具有刺激性和窒息性。浓度低时带恶臭，气味如臭蛋，浓度高时反而没有气味，高浓度的硫化氢可以麻痹嗅觉神经，中毒严重者可出现脑水肿、肺水肿，让人瞬间昏迷，发生闪电型死亡。

（2）火灾事件。2015年5月10日，一艘舟山籍渔船在海上发生火灾，致5名船员遇难，另10人获救。据了解，海上火灾往往是由液化气使用不当、船上设备老化短路等原因引起。

（3）搁浅事件。2001年1月6日21时30分许，江苏省盐城市新光集团有限公司所有、射阳县海运公司经营的"苏射18"轮，在江苏省射阳港海域搁浅沉没，船上12名船员，1人获救，9人死亡，2人下落不明，直接经济损失逾270万元，构成重大事故。据了解，当晚东南风8～9级，阵风10级，潮高61厘米，恶劣的天气渔船仍强行作业是导致渔船沉没的原因。

（4）碰撞事件。2010年5月2日，"海盛"轮在从天津新港驶往秘鲁途中与澳大利亚驶往鲅鱼圈港的"世纪之光"轮碰撞。据了解，"世纪之光"轮对此次船舶碰撞事故负主要责任，因为碰撞前"世纪之光"导致两船陷入紧迫局面。

2. 学生谈搜集到的海上安全事故例子

（1）2014年4月16日韩国"岁月"号发生沉船事故。当地时间2014年4月16日上午8时58分许，一艘载有470人的"世越"（SEWOL）号客轮在韩国西南海域发生浸水事故而下沉。船上有325名中学生，15名教师，30名船务人员以及89名其他乘客。此外还载有150～180辆汽车和1 157吨货物。"岁月"号事发时搭载的476人中，172人获救，281人确认遇难，尚有23人下落不明。

（2）2004年2月10日，荷兰籍集装箱船"华商"轮航行至上海港长江口附近时与中国籍杂货船"浙嵊97071"轮发生碰撞，造成"浙嵊97071"轮当即倾覆，船上11名人员全部落水，其中1人获救，6人死亡，4人失踪。

（3）据韩联社报道，韩国渔船"501五龙"号1日在俄罗斯白

令海海域进行作业时遇险沉没，据了解，共7名外籍船员和1名韩国船员等8人获救，但韩国船员在获救后因体温过低而不幸身亡，其余52人下落不明。

3. 教师小结：安全是什么

对于一个家庭，安全意味着幸福；对于一个企业，安全意味着发展；对于一个国家，安全意味着强大；对于一个个人，安全意味着健康和生命。

三、情景模拟，体验抉择之艰难

1. 案例

在茫茫大海上，一艘客船触礁沉没，在沉没前，有7个人登上了救生艇，分别是身体受伤但神智清醒的老船长、带罪潜藏在客船上的水手、独臂少年、未婚的孕妇、家有老父老母和3个孩子的中年男人、主持国家重大经济项目的老专家和经验丰富的老医生。

这7个人在惊恐中发现，救生艇只能承受3个人的重量，如果不能在5分钟内决定哪4个人离开，小艇就会沉没，7个人都无法生存。请同学们对这个情景进行讨论，最后派一名同学来阐述你们小组的观点。

2. 教师小结

其实，这道题目是没有定论答案的，老师让大家选择的目的就是想告诉大家，每个人的生命都是宝贵的，但是当遇到不测，需要对别人的生死进行"投票"的时候，不管怎样选择，都是痛苦的，折磨人的。而现实也远远比我们模拟的情景残酷得多，就犹如《泰坦尼克号》中所展现的，在海难面前，每个人暴露出来的各种面目，真实形象而让人思索。

四、小组讨论，集思广益献对策

绝大多数海上事故是人的疏忽过失造成的，因此要有效地预控海上事故，应着重从提高在船人员的思想、心理、技术素质以及进一步完善安全管理体系等方面努力。学生讨论后，形成以下几点意见。

（1）企业或公司的管理人员必须熟悉船舶营运系统以及船舶安全管理的途径和方法，才能有效预防和减少货运事故的发生，保证船舶营运的安全。

（2）要对船员进行专业知识技能培训，提高船员职业素质。包括道德、身心、技术、能力、语言等方面，有良好的素质才能有良好的行为，才能安全、优质、经济、高效地完成营运任务。

（3）注意船舶的维护保养，在调度使用时应考虑船舶的技术设备状况。

（4）弘扬安全文化。企业应教育和督促全体员工，不折不扣地落实各级主管部门和执法监督部门的各项要求，严格执行各种安全生产规章制度、操作规程和劳动纪律，消除事故隐患，克服安全生产中的麻痹思想和侥幸心理。

（5）全社会要大力普及群众安全知识，广泛开展安全教育和宣传活动，增强广大群众的社会责任感，努力营造"人人关心安全，人人重视安全"的氛围。

五、海上安全警示语大征集

教师先出示几条警示语，启发学生，警示语要言简意赅，醒目有力，最好能够采用一定的修辞方法，以增强生动性或节奏感，好记易懂。如以下标语。

（1）渔业生产，安全第一。

（2）强化渔船安全措施，严防安全事故发生。

（3）遵章是平安的保障，违规是灾祸的开端。

（4）今天的隐患，明天的灾难。

（5）认真开展安全检查，彻底清除事故隐患。

学生独立撰写警示语，先在小组交流，之后小组选出最佳标语在全班朗读。

结束语

同学们，海上安全事关我们很多家庭的幸福，特别是我们这些生活在海岛的人，更要时刻记住，天灾人祸的罪魁祸首是人的麻痹大意，随性而为。以后我们的同学可能成为海员或渔民，愿你们记住老师今天给你们上的这节课，安全幸福一辈子。也希望你们多向从事海上生产的家人宣传海上安全，老师衷心祝愿你的亲人平安出航，鱼虾满仓。

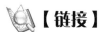【活动反思】

经过这个活动，学生对海上安全有了进一步的了解，并且认识到如果遇到大小不等的海上险情，我们应该应用正确的知识和方法去预防和应对。本次活动从准备到召开，以及课前、课中和课后的讨论，学生都积极地参与了。学生都表示应该学会保护自己，避免不必要的事故发生。也会向家人积极宣传海上安全常识，同时，也更加懂得了父辈在海上作业的艰辛。

为了搞好这一个活动，最好让学生提前欣赏《完美风暴》和《泰坦尼克号》两部精彩的灾难大片。两部电影都是从真人真事选取素材进行改编拍摄的电影，紧扣本次活动的主题，起到了很好的效果。但是因为两部电影片长都很长，《完美风暴》将近两个小时，《泰坦尼克号》片长3个多小时，如果在学校里没有这么多的时间可以让学生欣赏，只是老师简短地介绍，那么将失去观赏影片的乐趣，感受不到电影本身的精髓，这是这个活动安排中最大的困难。

【链接】

资料一：《完美风暴》资料

时长：130分钟

导演：沃尔夫冈·彼德森

主演：乔治·克鲁尼、马克·沃尔伯格、黛安·莲恩

剧情：本片真实地呈现出人类面临大自然灾难时，与恐惧交战，最终激发出无比的潜能及勇气。

几个世纪以来，美国马萨诸塞州的葛鲁赛斯特港一直是北大西洋的主要渔港之一。1991年10月，渔船老板巴伯·布朗手下有两艘渔船，分别是由比利·泰恩担任船长的"安德丽雅"号以及由琳达葛林洛担任船长的"汉娜波顿"号。

其中"安德丽雅"号近来时运不佳，渔获量一直令人失望，而"汉娜波顿"号每次出海却都满载而归。老板巴伯因而常借此对比利冷嘲热讽。巴比·夏福为离婚律师费用伤透脑筋的同时，又与新女友克莉丝交往，经济压力极大。基于捕鱼获利可为他解决经济上的问题，于是他不顾克莉丝反对，执意与

比利在季末最后一次出航，与其他船员同舟共济，完成共同目标。

资料二：《泰坦尼克号》资料

时长：194分钟

导演：詹姆斯·卡梅隆

主演：莱昂纳多·迪卡普里奥、凯特·温丝莱特、比利·赞恩、格劳瑞亚·斯图尔特、凯西·贝茨

剧情：1912年4月15日，载着1 316名乘客和891名船员的豪华巨轮"泰坦尼克"号与冰山相撞而沉没，这场海难被认为是20世纪人间十大灾难之一。1985年，"泰坦尼克"号的沉船遗骸在北大西洋两英里半的海底被发现。美国探险家洛维特亲自潜入海底，在船舱的墙壁上看见了一幅画，洛维特的发现立刻引起了一位老妇人的注意。已经是101岁高龄的露丝称她就是画中的少女。在潜水舱里，露丝开始叙述当年在船上发生的故事。年轻的贵族少女露丝与穷画家杰克不顾世俗的偏见坠入爱河，然而就在1912年4月14日，一个风平浪静的夜晚，"泰坦尼克"号撞上了冰山，"永不沉没的""泰坦尼克"号面临沉船的命运，露丝和杰克刚萌芽的爱情也将经历生死的考验，最终不得不生死相隔。老态龙钟的露丝讲完这段哀恸天地的爱情之后，把那串价值连城的项链"海洋之心"沉入海底，让它陪着杰克和这段爱情长眠海底。